礼赢天下：中华与世界礼仪全览

非洲国家礼仪

名家手笔， 打造最权威的礼仪百科！
深入浅出， 成就举手投足间的魅力！

非洲是文化历史古老而悠久的地区，受地域文化和本民族文化传承的深刻影响，非洲各国的礼仪风俗具有明显的当地文化色彩，与欧、美等西方国家有着很大的不同。本书全面介绍了非洲主要国家的日常生活礼俗、社交礼仪、商务礼仪、节庆婚丧礼俗等，从多重视角介绍了非洲各国的礼仪和风俗习惯，对我国企业、公民与非洲各国友好往来、增进文化交流有着重要的参考价值。

舒静庐 主编

ETIQUETTE OF AFRICAN COUNTRIES

羡慕别人有魅力？
《中华与世界礼仪全览》助你一臂之力！

涵盖日常、商务、职场方方面面，高端大气上档次的礼仪百科！

以礼赢人心，以礼赢天下，展中华之传统，扬世界之精华

《中华与世界礼仪全览》让你一览礼仪之天下

 上海三联书店

图书在版编目（CIP）数据

非洲国家礼仪／舒静庐主编．—上海：
上海三联书店，2014.12
ISBN 978-7-5426-5001-6

Ⅰ.①非… Ⅱ.①舒… Ⅲ.①礼仪—介绍—非洲
Ⅳ.①K894.026

中国版本图书馆 CIP 数据核字（2014）第 277660 号

非洲国家礼仪

主　　编／	舒静庐
责任编辑／	陈启甸
特约编辑／	田凤兰　袁　梅
监　　制／	吴　昊
出版发行／	上海三联书店

　　　　　　（201199）中国上海市都市路 4855 号 2 座 10 楼

　　　　　　http：//www.sjpc1932.com

印　　刷／	三河市天润建兴印务有限公司
版　　次／	2015 年 1 月第 1 版
印　　次／	2016 年 1 月第 2 次印刷
开　　本／	787×1092　1/16
字　　数／	232.76 千字
印　　张／	16.75

ISBN 978-7-5426-5001-6/G.1370

定　价：28.80 元

目 录

Contents

❋ 绪章　古老之洲，灼热大地 ❋

❋ 第一章　埃及的礼仪 ❋

目 录

❈ 第二章　南非的礼仪 ❈

✳ 第三章　阿尔及利亚的礼仪 ✳

非洲国家礼仪

✳ 第四章　摩洛哥的礼仪 ✳

目　录

❋ 第五章　坦桑尼亚的礼仪 ❋

❋ 第六章　尼日利亚的礼仪 ❋

一、尼日利亚概况

二、尼日利亚的日常生活礼俗

三、尼日利亚的社交与节庆礼仪

❋ 第七章　几内亚的礼仪 ❋

✻ 第八章　赞比亚的礼仪 ✻

非洲国家礼仪

❋ 第九章　肯尼亚的礼仪 ❋

一、肯尼亚概况

二、肯尼亚的日常生活礼俗

三、肯尼亚的社交与商务礼仪

四、肯尼亚的商务与旅游礼仪

❋ 第十章 埃塞俄比亚的礼仪 ❋

✳ 第十一章　乌干达的礼仪 ✳

非洲国家礼仪

❋ 第十二章　西非有关国家的礼仪 ❋

一、西非有关国家概况

二、西非有关国家的生活礼俗

三、西非有关国家的社交礼仪

四、西非有关国家的商务与旅游礼仪

五、西非有关国家的婚丧礼俗

❋ 第十四章　南非有关国家的礼仪 ❋

绪 章

古老之洲，灼热大地

非洲的全称为阿非利加洲。"阿非利加洲"在希腊文里是"阳光灼热之地"的意思。赤道横贯非洲的中部，非洲四分之三的土地受到太阳的垂直照射，年平均气温在摄氏 20 度以上的热带地区占全洲面积的 95%，其中有一半以上地区终年炎热，故称为"阿非利加"。

一、 非洲的地理与主要国家

1. 非洲的地理与气候

非洲位于东半球的西南部，地跨赤道南北，西北部的部分地区伸入西半球。东濒印度洋，西临大西洋，北隔地中海和直布罗陀海峡与欧洲相望，东北隅以狭长的红海与苏伊士运河紧邻亚洲。非洲面积约为 30297 万平方公里（包括附近岛屿和亚洲境内的埃及领土西奈半岛），约占世界陆地总面积的 20.2%，次于亚洲，为世界第二大洲。

非洲大陆北宽南窄，呈不等边三角形状。 非洲地形的主要特点就是高原面积广阔，大体呈现为一个由东南向西北倾斜的大高原，有"高原大陆"之称，地势比较平坦，明显的山脉仅限于南北两端。全洲平均海拔 750 米。海拔超过 1000 米的高原占全洲面积 60% 以上。东南半部较高，西北半部较低。非洲有世界上最大的沙漠撒哈拉沙漠和最长的"地球伤疤"东非大裂谷。

非洲大部分地区处热带纬度，有"热带大陆"之称。气候有高温、干燥、雨水分布极不均匀和气候带分布南北对称等特点。赤道横贯中部，全洲（除高山地区外）平均气温，最热月在 80℃ 以上，最凉月在 40℃ 左右。降水量一般从赤道向南北两侧减少。赤道多雨带，有的地方年降水量多达 10000 毫米以上，是世界上降水最多的地区之一；撒哈拉和纳米布沙漠等许多地区年降水量在 10 毫米以下，甚至数年无雨，是世界上大面积雨量最少的地区。

2. 非洲的主要国家

非洲现有 53 个主权国家，按地理位置可以分为北非、西非、中非、东非和南非几个次区域。非洲与中国有着友好的关系，绝大部分国家都与中国建立了正式外交关系。

◇ 北非各国

北非通常包括埃及、苏丹、利比亚、突尼斯、阿尔及利亚、摩洛哥、亚速尔群岛和马德拉群岛等国。**其中埃及、苏丹和利比亚有时称为东北非，其余国家和地区称为西北非。**北非地区面积820多万平方千米，人口约1.2亿，阿拉伯人占70%左右。

◇ 东非各国

东非通常包括埃塞俄比亚、厄立特里亚、索马里、吉布提、肯尼亚、坦桑尼亚、乌干达、卢旺达、布隆迪和塞舌尔，有时也把苏丹作为东非的一部分。东非地区面积约370万平方千米，人口1.3亿，主要是班图语系黑人。

◇ 西非各国

西非包括毛里塔尼亚、西撒哈拉、塞内加尔、冈比亚、马里、布基纳法索、几内亚、几内亚比绍、佛得角、塞拉利昂、利比里亚、科特迪瓦、加纳、多哥、贝宁、尼日尔、尼日利亚和加那利群岛。西非地区面积约656万多平方千米，人口1.5亿，其中黑人约占总人口的85%。

◇ 中非各国

中非通常包括乍得、中非、喀麦隆、赤道几内亚、加蓬、刚果、扎伊尔、圣多美和普林西比，有时也把赞比亚、津巴布韦和马拉维作为中非的一部分。中非地区面积536万多平方千米，人口约5600多万，其中班图语系黑人约占80%。

◇ 南非各国

南非通常包括赞比亚、安哥拉、津巴布韦、马拉维、莫桑比克、博茨瓦纳、纳米比亚、南非、斯威士兰、莱索托、马达加斯加、科摩罗、毛里求斯、留尼汪岛、圣赫勒拿岛和阿森松岛等，地区面积661万多平方千米，人口约为1亿，其中班图语系黑人占85%，欧洲白种人占5%以上。

延伸阅读：

非洲的历史与发展

非洲是人类文明最早的发祥地之一。19 世纪以来，考古学者在非洲陆续发现许多上古人类化石，其中包括 1974 年在肯尼亚与埃塞俄比亚交界地区出土的距今 320 万年前的女性猿人化石，这些化石被认为是世界上第一个走出热带森林、开始直立行走的女人的遗骸。目前，一些人类学者利用遗传学技术对人类基因进行研究，认为全世界的民族共同起源于约 20 万年前的一个非洲原始部落。

非洲亦是世界最早跨入文明社会的地区之一。公元前 5000 年尼罗河下游的古埃及居民就掌握了谷物栽培、修建水利工程的技术。公元前 3500 年，古埃及人又创造了世界上最早的象形文字。公元前 3200 年，古埃及出现中央集权奴隶制国家。在此后近 3000 年时间里，古埃及人创造了灿烂文化，修建了古代七大奇迹之一的金字塔。那时许多古埃及国王（法老）东征西讨，扩大古埃及疆域。最盛时的埃及疆土，南到苏丹，西到利比亚，北至小亚细亚，东及两河上游。古埃及在扩张的同时，也将文化向四周传播。埃及象形文字传人古希腊，衍变为希腊字母。希腊字母后来又衍变为现代西方拉丁文。强大的古埃及存在了近 3000 年，在此期间，埃及也受到四周强大民族多次入侵。

另外，位于尼罗河中游的苏丹和埃塞俄比亚北部地区也是非洲古代文明中心之一，距今 5400～3600 年之间，埃塞俄比亚人创造了青铜文明。公元前 8 世纪中叶，当地人建立了库什王国，这是非洲历史上第一个王国。而位于非洲西部的尼日尔河流域和塞内加尔河流域则是古代非洲又一个文明中心，早在 6000 多年前，这里的农牧业就已经相当发达。

到 19 世纪中后期，已完成或正在进行工业革命的西方国家急需大量工业原料和广阔市场，他们加紧了对非洲的侵略，开始从沿海向非洲内陆侵入。到第一次世界大战前，整个非洲大陆只有利比里亚和埃塞俄比亚还保持着独立，其他国家和地区全部沦为西方列强的殖民地或半殖民地。

第二次世界大战后，非洲人民争取民族独立和解放运动的蓬勃兴起。1974 年安哥拉、莫桑比克等国宣布独立，非洲整个殖民体系宣告解体。自此到 1980 年 4 月 18 日津巴布韦宣布独立，西方国家的殖民统治完全从非洲消失，这时非洲独立的国家达到了 50 个。

在国际社会支持和非洲国家的共同努力下，非洲许多历史遗留问题得到了解决。1990 年 3 月，非洲最后一块殖民地纳米比亚摆脱了南非统治宣告独立。实行种族隔离政策的南非白人政权也逐渐放弃了种族歧视政策，1994 年南非全国举行了历史上第一次不分种族的大选，黑人领袖曼德拉当选为总统，宣告新南非诞生。古老的非洲进入一个全新发展阶段。

二、非洲的民族、语言与宗教

非洲是世界上民族最多样化的大陆，各民族在体质特征、语言文化、宗教信仰、经济生活等方面呈现出非常复杂的景象。

1. 非洲的民族与种类

非洲大陆有许多不同的民族、语言和文化。人口最多、分布最广的首推次撒哈拉非洲的"纯种黑人"，即森林地区尼格罗人。他们的皮肤呈棕色或黑色，头发呈黑色且卷曲，鼻子宽扁，嘴唇外翻，身高差异颇大，但都高于 150 厘米。常被归为森林地区尼格罗人变种的是尼罗亚种，身材较为高瘦，鼻子较窄，嘴唇较少外翻，他们主要居住在大湖和东部苏丹区，经常与邻近的森林地区尼格罗人混居。在赤道非洲森林区内与森林地区尼格罗人混居的是匹美人，他们与森林地区尼格罗人的主要差异是平均身高低于 152 厘米。另一个种族是西南非的布希曼人种（亦称开普人种），人口较少，以桑人（亦称布希曼人）和科伊科伊人（亦称何坦托人）为代表。桑人平均身高略高于 152 厘米，皮肤微皱，肤色呈较深的黄褐，头发短黑且相当卷曲。

据统计，非洲现有民族 500 多个，民族成分构成比较复杂。**民族单位**

众多、大小差别甚大是非洲民族的一大特点。既有人口多达数千万的现代民族，又有人口仅为数百人的原始部落，至于各种不同类型的过渡型民族（介于部族与民族之间），为数就更多了。再加上欧洲列强两次瓜分非洲大陆，人为地肢解了许多民族共同体，造成了数以百计的跨界民族。这使得民族地域和政治疆界很不一致，从而使非洲的民族状况更加复杂。

非洲人口 2005 年已达到 8.5 亿。人口分布极不均匀，整块大陆有 30% 是人烟稀少的沙漠，而大量人口则集中在尼罗河谷下游地域、维多利亚湖附近和几内亚海岸中部。撒哈拉南部与林波波河北端就很少有人口密集的城市。西非的尼日尔河湾带和濒临几内亚海岸的约鲁巴兰则有密集的传统都市，其聚居年代较欧洲人的到达早好几世纪。而其余各地，人口大举迁至城市则是近年来的现象。传统非洲主要是由定居于小村的村民，游牧与半游牧民族构成的。

在非洲各岛国，除马达加斯加岛的马尔加什族外，大多为新兴民族。不少是欧洲移民和非洲黑人以及欧洲移民、非洲黑人和南亚移民混血的后裔。主要有佛得角人、圣多美人、印裔毛里求斯人、塞舌尔人、留尼汪克里奥尔人和科摩罗人等。此外，欧洲移民在非洲大陆作为民族存在的有两个，即阿非利坎人和英裔非洲人。

大部分北部非洲人的体型属高加索人种体型。非洲的高加索族是近代才自欧亚移入，仍不能视为土著。有许多非洲人，如西非撒哈拉南方的富拉尼人与承继尼格罗和高加索祖先特征的索马里人，他们可能完全被视为混血种族。

2. 非洲的语言

非洲的语言十分复杂，种类多达 600 多种，绝大多数则没有文字。就目前而言，按地区划分，非洲语言基本上分为四大语系。

◇ 尼日尔—科尔多凡语

这是非洲最大的语系，有一半以上的非洲居民使用该语系的诸语言。该语系包括两个语族：科尔多凡语族和尼日尔—刚果语族。属科尔多凡语族的民族，人口只有 46 万，主要分布在苏丹共和国科尔多凡省东南的努巴山区。属尼日尔—刚果语族的民族则相当庞大，包括 5 个语支：贝努埃—刚果语支、西大西洋语支、克瓦语支、曼德语支及沃尔特语支。使用民族遍布撒哈拉以南广大地区。

◇ 闪含语系

主要包括 5 个语族：闪米特语族、柏柏尔语族、库希特语族、科普特语族和乍得语族。使用闪米特语族的绝大多数为阿拉伯人，占非洲人口的 20%。使用柏柏尔语族的民族多为北非的土著居民，多数人分布在沙漠绿洲和比较偏僻的山区。使用库希特语族的民族，大部分分布非洲之角和东部非洲，人数超过 2000 万。**使用乍得语族的民族主要分布在撒哈拉以南、西苏丹与中苏丹一带之间，主要为豪萨语，人数已超过 3000 万，成为西非最大的民族语言共同体。**使用科普特语族的民族人数较少，仅限于埃及的科普特人。

◇ 尼罗—撒哈拉语系

该语系包括 6 个语族：沙里—尼罗语族、桑海语族、撒哈拉语族、马巴语族、富尔语族和科马语族。使用沙里—尼罗语族的民族大多分布在苏丹南部，乌干达和肯尼亚的北部，中非、乍得、埃塞俄比亚和刚果（金）境内。使用桑海语族的民族主要分布在尼日尔河中游一带。使用撒哈拉语族的民族主要分布在乍得湖地区和撒哈拉中部。使用马巴语族的民族仅限于乍得东部的马巴人。富尔语族由苏丹东部一带的富尔人使用。科马语族由生活在苏丹和埃塞俄比亚的交界地区的科马人使用。

◇ 科伊桑语族

使用该语系语言的民族，大多生活在非洲西南部卡拉哈里沙漠一带。多是一些古老的非洲民族，主要有布须曼人、霍屯督人、达马拉人、桑达维人和哈察人。

马尔加什语主要是马达加斯加岛和科摩罗岛上的部分民族使用，这种语言与非洲大陆诸语言截然不同，属产生于亚洲的南岛语系印度尼西亚语族。

礼仪提醒

由于过去欧洲殖民者的长期占领，欧洲语言对非洲大陆有一定影响。在非洲许多独立国家中，仍以前宗主国的语言为官方语言。在非洲，以英语、法语为官方语言的国家分别有14个；以葡萄牙语为官方语言的国家有5个；以西班牙语为官方语言的国家只有赤道几内亚；喀麦隆同时以英语和法语为官方语言。

3. 非洲的宗教

几乎每个民族都有自己的宗教信仰和相应的祭祀礼仪。其宗教信仰大体可分为两类：一是"世界性的宗教"，如伊斯兰教、基督教等；二是当地的各种传统宗教。宗教信仰作为一种意识形态，对非洲民族来说，即是每个民族的内聚力，又是其民族文化的一种主要标志。它可以使不同的民族接近，又可使它们分离。宗教信仰对非洲民族的影响相当大。

基督教早在公元1世纪就传入非洲。15世纪以后，随着欧洲殖民者的扩张，基督教随之大规模而来。据20世纪80年代初统计，非洲有基督教徒1.2亿人，占全洲总人口的20%。其中天主教徒5200万，他们是佛得角、圣多美—普林西比、赤道几内亚、加蓬、留尼汪、塞舌尔各国的主要居民；在布隆迪、卢旺达、刚果（金）、乌干达、安哥拉等国占人口的1/3～1/2。基督教新教徒在非洲约5000万，其中36%在东非和中非。基督教新教徒占南非和纳米比亚各国人口的40%；占博茨瓦纳、莱索托、加蓬、喀麦隆、马拉维、马达加斯加等国家人口的25%～33%。基督教新教徒人数最多者为南非，其次为尼日利亚及刚果（金）等。**信仰基督教的居民多是一些新兴民族、外来移民以及非洲民族中的知识分子、上层人员。除乌干达人、巴刚果人以外，很少有整个非洲土著民族信仰基督教的。**

伊斯兰教于公元7世纪时开始传入北非，8世纪传遍马格里布，并延伸到撒哈拉南沿。据20世纪80年代初统计，全非洲穆斯林达1.89亿。其中，46%的在北非和东北非；32%的在西非；18%的在东非；3%的在南部非洲和中非。就穆斯林在各国居民中的人口比例而言，穆斯林占索马里人口的99.8%，占阿尔及利亚的99.6%，占摩洛哥的99%，占埃及的91%，占毛里塔尼亚的90%，占尼日尔的85%，占几内亚的81%，占塞内加尔的80%，占苏丹的72.3%，占马里的65%，占乍得的60%，占尼日利亚的46%，占埃塞俄比亚的28%。非洲穆斯林中99.8%为逊尼派，什叶派教徒计约15万。

今日非洲，约有2亿多居民仍保持着传统信仰。这些人多是当地土著民族，他们保持着祖先世世代代流传下来的民间信仰。人们崇拜万物有灵，祭祀祖先，保持着图腾崇拜、魔法和巫术；不少民族还保留着与人的生老病死相关的各种禁忌，以及割礼、文身等。在非洲保持传统信仰人数最多的国家为尼日利亚，其次为利比里亚、加纳、苏丹、肯尼亚、坦桑尼亚、乍得、中非共和国等。随着非洲社会的发展，基督教、伊斯兰教的影响则呈上升趋势，传统宗教的信徒在日渐减少。

礼仪提醒

在非洲还有印度教徒120多万。居民多为印度移民后裔，大多集中在毛里求斯、南非、肯尼亚、坦桑尼亚等国。信仰犹太教的居民在非洲约有35万，主要分布在南非、摩洛哥、突尼斯、埃塞俄比亚等国。

第 一 章

埃及的礼仪

　　埃及位于非洲的东北部，地跨亚、非两大洲，是中东地区典型的沙漠之国。绵长的尼罗河养育了埃及人民，并且创造了与中国、印度、古巴比伦齐名的文明。在数千年的历史沉浮中，在伊斯兰宗教文化深刻影响下，今日埃及，已成了古老与现代融合的旅游圣地，并且形成了民族色彩强烈的文明礼仪。无论在日常生活、社交活动，还是在传统节日、婚嫁表彰中，埃及人都恪守着严格的礼仪，并希望各个国家的人们尊重这些礼仪风俗。

一、埃及概况

埃及的正式名称叫做阿拉伯埃及共和国。埃及是四大文明古国之一，也是阿拉伯世界的文化中心。埃及之名，译自英语。在阿拉伯语里，它叫做"米斯尔"，其含意是"辽阔的国家"。埃及是世界上历史悠久的文明古国，属伊斯兰国家。拥有雄伟的金字塔和狮身人面像等闻名世界的古迹。在日常生活礼仪方面，埃及人也很有自己的特色，不仅与西方国家有很大的不同，即使与其他伊斯兰国家相比，也有本国的特点。

1. 埃及的自然地理

埃及位于中东地区，地跨亚、非两大洲，大部分国土位于非洲的东北部，只有苏伊士运河以东的西奈半岛位于亚洲西南部。**埃及西部与利比亚为邻，东部与以色列交界，并且隔红海与沙特阿拉伯相望，南部与苏丹接壤，北部则濒临大西洋。**

埃及的总面积约 100.2 万平方公里，有约 2900 千米的海岸线，全境 96% 为沙漠，是典型的沙漠之国，**世界最长的河流——尼罗河从南到北贯穿埃及 1350 千米，被称为埃及的"生命之河"。**

尼罗河两岸形成的狭长河谷和入海处形成的三角洲，是埃及最富饶的地区。虽然这片地区仅占国土面积的 4%，但却聚居着全国 99% 的人口。

埃及境内的最高山峰为沙伊卜巴纳特山，海拔 2187 米。

埃及全国干燥少雨，尼罗河三角洲和北部沿海地区属地中海型气候，平均气温 1 月 12℃，7 月 26℃，年降水量不足 30 毫米。其余大部分地区属热带沙漠气候，炎热干燥，沙漠地区气温可达 40℃。

2. 埃及历史简介

埃及是世界四大文明古国之一。公元前 3200 年，出现奴隶制的统一国家。当时国王称法老，主要经历了早王国、古王国、中王国、新王国和后王朝时期，前后 30 个王朝。古王国开始大规模建金字塔。中王国经济发展、文艺复兴。新王国生产力显著提高，开始对外扩张，成为军事帝国。后王朝时期，内乱频繁，外患不断，国力日衰。公元前 525 年，埃及成为波斯帝国的一个行省。在此后的一千多年间，埃及相继被希腊和罗马征服。**公元 641 年阿拉伯人入侵，埃及逐渐阿拉伯化，成为伊斯兰教一个重要中心。**1517 年被土耳其人征服，成为奥斯曼帝国的行省。1882 年英军占领后成为英"保护国"。1922 年 2 月 28 日英国宣布埃及为独立国家，但保留对国防、外交、少数民族等问题的处置权。1952 年 7 月 23 日，以纳赛尔为首的自由军官组织推翻法鲁克王朝，成立革命指导委员会，掌握国家政权。1953 年 6 月 18 日宣布成立埃及共和国。1958 年 2 月同叙利亚合并成立阿拉伯联合共和国。1961 年叙利亚发生政变，退出阿拉伯联合共和国。1971 年 9 月 1 日改名为阿拉伯埃及共和国。

延伸阅读：

埃及法老

埃及法老简称法老，是古埃及国王专有的称呼，这个词的原意是"大房子"，即宫殿。埃及法老既是历史人物，也是神话角色。埃及法老自称"太阳神之子"，以此表明自己的神性。在古埃及人的传统观念中，法老是神在人间的代理，人与神交流的中介，法老统治是神定秩序的一部分，是理想的社会状态。

3. 埃及的民族文化与宗教

埃及的总人口现在约为 7367 万，由阿拉伯人、科普特人、贝都因人、努比亚人等多个民族所构成。作为主体民族，阿拉伯人占全国居民总数的 87%。埃及人口绝大多数生活在河谷和三角洲地区。

埃及的国语是阿拉伯语，通用英语和法语，中上层通用英语。

在埃及，**近现代出现了许多世界驰名的文学家、思想家和艺术家。最**

著名的诗人为哈菲兹·易卜拉欣、艾哈迈德·邵武基、阿拔斯·迈哈穆德·阿嘎德。最著名的散文小说家是塔哈·侯赛因。最著名的戏剧作家是陶菲格·哈基姆。最著名的现实主义小说家为纳吉布·马哈福兹，他以自己的著名三部曲（《宫间街》、《恩宫街》、《甘露街》）和48部中长篇小说及短篇小说集，于1988年10月荣获当年的诺贝尔文学奖，为埃及文学和阿拉伯文学在世界文坛上赢得一席之地。

埃及最著名的女歌唱家是乌姆·库鲁苏姆。最著名的音乐家为穆罕穆德·阿卜杜·瓦哈布。最著名的无冕之王是新闻工作者穆斯塔法·艾敏。

埃及的主要宗教是伊斯兰教。阿拉伯人普遍信奉伊斯兰教，他们多属逊尼派，占总人口的84%，信奉基督教的科普特人约占11.8%。希腊东正教、天主教等其他基督教徒约25万，还有少数犹太教徒。**埃及宪法规定伊斯兰教为国教，并且明言"伊斯兰教的立法原则是立法的主要依据"。**

4. 埃及的行政区划首都

埃及全国划分为29个省：开罗省、吉萨省、盖勒尤比省、曼努菲亚省、杜姆亚特省、达卡利亚省、卡夫拉·谢赫省、贝尼·苏夫省、法尤姆省、米尼亚省、索哈杰省、基纳省、阿斯旺省、红海省、西部省、艾斯尤特省、新河谷省、亚历山大省、布哈拉省、北西奈省、南西奈省、塞得港省、伊斯梅利亚省、苏伊士省、东部省、马特鲁省、哈勒旺省、十月六日省、卢克索省。

首都开罗，位于尼罗河三角洲的南端，由开罗、吉萨、盖勒尤比3省组成，人口1665万（2006年）。开罗是世界上10个人口最多的城市之一，是非洲最大的城市，同时还是非洲及阿拉伯国家的文化中心。开罗市内交通便利，行人往返川流不息。开罗市可游览的著名景点很多，如尼罗河大桥等，游客一定不可错过。

开罗是一座古城，公元前3200年，上埃及国王统一上下埃及，在尼罗河三角洲顶端建立了首都孟菲斯城，古埃及许多代王朝都以此为统治中心，并在附近修建金字塔和大批陵墓。该城距现在的开罗市区约30千米。公元696年，法蒂玛王朝征服埃及，在该城附近建立新城，命名为开罗，即征服者、胜利者之城。1805 年，穆罕默德·阿里成为埃及的统治者，开罗成为埃及的政治中心。

延伸阅读：

埃及的国旗、国徽、国歌与国花

埃及的现用国旗启用于 1984 年 2 月 4 日，长宽比例为 3∶2。国旗自上而下由红、白、黑三个平行的长方形组成，中央绘有一只金黄色的萨拉丁雄鹰图案。红色象征革命，白色象征纯洁和光明前途，黑色象征过去的黑暗岁月。金鹰是国徽的图案，象征勇敢。

埃及的现用国徽图案是一只昂首挺立、展开双翅、注视西方的金黄色萨拉丁雄鹰，既展示日益丰盈的埃及文明，又象征胜利、勇敢和忠诚。雄鹰胸部盾形纹章代表与先知穆罕默德有关的库里希部落。基座的绶带上用阿拉伯文书写着国名"阿拉伯埃及共和国"。它启用于 1972 年。

埃及的现用国歌是《阿拉伯埃及共和国国歌》。

埃及的国花是莲花。埃及人极热爱莲花，他们不仅将其称作"埃及之花"，而且还正式将其定为国花。

---

5. 埃及的经济与社会

在古代文明时期，埃及是一个农业民族。人们以农为本的生产方式可以从古代宗教信奉中找到佐证。埃及人信奉太阳神"拉"。地位仅次于"拉"的是土地和丰收之神——奥西里斯，他是太阳神拉的曾孙子，后来取代了太阳神"拉"的地位，可见农业在埃及的重要性和神圣的地位。

埃及属开放型市场经济，拥有相对完整的工业、农业和服务业体系。服务业约占 GDP 的 50%。工业以纺织、食品加工等轻工业为主。农村人口占总人口的 55%，农业占 GDP 的 14%。石油天然气、旅游、侨汇和苏伊士运河是四大外汇收入来源。

政府加强基础设施和旅游配套设施建设，降低税收和关税，保持金融稳定，改善投资环境，吸引外资，扩大出口，努力创造就业机会，提高国民收入，建立和完善社会、医疗、养老保障体系。

二、埃及的日常生活礼俗

1. 埃及的服饰礼俗

埃及人的服饰种类和式样繁多，而且随着社会的发展变化也很快。在埃及，城市中的男人多是很现代化的，尤其是在政界、商界、军界、文化界、教育界，埃及人的穿着打扮早已与国际潮流同步。西服、套装、制服、连衣裙、夹克衫、牛仔裤，在埃及的街头巷尾处处可见。他们崇尚白色和绿色，讨厌蓝色和黑色。上班的妇女多数穿职业装。**他们穿鞋时先穿右脚，后穿左脚。因为埃及人以右为吉祥，以左为晦气。**

然而，埃及的普通百姓，尤其是上了年纪的人的着装观念依旧较为保守。从总体上讲，埃及人的穿着依旧主要是长衣、长裤和长裙。又露又短又小又紧又透的奇装异服，埃及人通常是不愿问津的。

埃及城市里的平民，特别是乡村中的平民，平时主要还是穿着阿拉伯民族的传统服装——阿拉伯大袍。同时还要头缠长巾，或是罩上面纱。

礼仪提醒

在埃及，男士在一般场合下穿衣可以随便些，但最好不要穿短裤。埃及人绝对不会穿绘有星星、猪、狗、猫以及熊猫图案的衣服，因为它们有悖其习俗。

埃及的乡村妇女很喜爱佩戴首饰，尤其是讲究佩戴脚镯。另外，她们还喜欢梳辫子，并且习惯于将自己的发辫梳成单数。在每根辫子上还要系上三根黑色丝线，然后再挂上一小片薄薄的金属片。

2. 埃及的饮食礼俗

在餐饮方面，埃及人对礼仪极为讲究。在通常情况下，他们以一种称为"耶素"的不用酵母的平圆型面包为主食，并且喜欢将它同"富尔"、"克布奈"、"摩酪赫亚"一起食用。"富尔"即煮豆，"克布奈"即"白奶酪"，"摩酪赫亚"则为汤类。有时也吃米饭，煮三小碗的米饭需配四小碗水和四匙植物油。吃的时候，米饭和菜或糖渍水果一起混合食用。人们喜欢在面条中掺入适量的糖和素油，制成各种甜食，有类似粉丝压的糖糕，有用木杏仁和花生做馅的油炸饺子等。

用餐的时候，埃及多以手指取食。在正式一些的场合，他们也惯于使用刀、叉和勺子。用餐之后。他们一定要洗手。

埃及人在用餐时，有两点禁忌。其一，忌用左手取食。其二，忌在用午餐时与别人交谈。他们认为那样会浪费粮食，是对真主的大不敬。

埃及人很爱吃土豆、豌豆、南瓜、洋葱、羊肉、鸡肉、鸭肉、茄子和胡萝卜。**他们口味较淡，不喜油腻，爱吃又甜又香的东西。**冷菜、带馅的菜以及用奶油烧制的菜，特别是被他们看作是象征着"春天"与勃勃生机的生菜，均受其欢迎。埃及人尤其喜爱吃甜点。在他们举行的正规宴会上，最后一道菜必为甜点无疑。此外，他们还习惯于以自制的甜点待客。客人要是婉言谢绝，一点儿也不吃，会让主人极为失望，而且也是失礼于主人的。

埃及的国菜却是不起眼的蚕豆，也是他们食用最多的食品之一。蚕豆的做法很多，最常见的有四种：焖烂蚕豆、油炸蚕豆饼、炖蚕豆和焖豆芽。其中油炸蚕豆饼最富盛名，埃及人叫它"塔阿米耶"。做法是：把蚕豆浸泡一夜，放在臼中捣碎，加上碎欧芹（茎叶似芹菜，但没有芹菜强烈的气味）、葱头、蒜和薄荷干，也可以加些韭菜，搅拌均匀，炸至深黄色，外焦而内嫩。如果在饼中加点肉末，在奶油中炸，味道就更加鲜美。

埃及人偏爱羊肉，烤羊肉为上等佳肴。烤羊肉的做法很别致：饭店里常竖立着一种 U 型柱状电烤炉，中间有一长金属棍，新鲜的羊肉裹叠在棍上，形成一个厚厚的肉柱。金属棍缓缓地、不停地转动着，油水不时下滴，吱吱作响。厨师站在一旁，用锋利的长刀把外层烤熟的羊肉一片片削下，放入盘内。另一格盘内盛放着已切口的小圆饼。厨师再将羊肉塞入饼内，放进一些切细了的洋葱、西红柿等，浇上调料，便成为风靡世界的快餐夹肉饼。温热的饼配上鲜嫩的瘦羊肉，十分清香可口。据说，这种烤法源于古代战场上无锅烤肉，战士们用战刀挑着肉烧烤的传统。

此外，**烤全羊更是埃及和阿拉伯国家的一道大菜，是在婚庆喜筵和款待嘉宾时推出的最名贵的珍馐**。制作方法是：用香料把宰杀洗净的小羊羔周身涂抹一遍，放入调料中浸渍，将大米、松子、杏仁等塞满羊肚，然后放进制作的大烤箱内烤数小时。熟后，取出整羊，使其爬卧于大盘的中央，再把肚内的米饭和果仁掏出，置于四周。四溢的芳香、脆嫩的羊肉，令人垂涎欲滴。食用时，埃及人常撕着大块羊肉咀嚼，或用右手五指把米饭和羊肉捏成小团，塞入口内。

埃及饮食从最简单的乡村菜肴开始，均受到希腊、黎巴嫩和法国菜的影响。

埃及的餐饮场所主要有三类，西餐馆以经营法国菜为主，菜的品种相应较多；中东餐馆经营包括从埃及到利凡特菜（埃及、土耳其、法国及其他国家的混合体）的所有菜肴；还有一些特色餐馆，经营希腊、中国或仿法老时代的菜肴。此外，一般的咖啡馆里也卖小菜。埃及的传统食品有炭烧山羊肉、油炸圈饼、甘蔗酒、奶茶等。主食有米饭、面包、鱼、羊肉和火鸡，还有一种特有的调味品：由芝麻、油、大蒜和柠檬制成的酱。配菜有土豆、酸乳酪和黄瓜。

开罗名菜是烤鸽子，烤的鸽子肥瘦适度，酥脆可口，深得埃及人的喜爱。

埃及人在公历4月下旬的惠风节时特别喜欢吃鸡蛋，认为在这个期间吃鸡蛋预兆着吉祥，不吃眼睛就会凸出来。此外，他们对蔬菜中的生菜尤为偏爱，认为它象征着春天的葱绿，能强壮身体、促进生育。

埃及人不吃猪肉类食品，也不用猪皮制品。埃及人按照伊斯兰教教规，忌食的东西有：猪肉、狗肉、驴肉、骡肉、龟、虾、蟹、鳝，动物的内脏、动物的血液，自死之物，未诵安拉之名宰杀之物。**整条的鱼和带刺的鱼，埃及人是不喜欢吃的。**

埃及人不喜欢饮酒但也不戒酒，有时也用啤酒招待客人，而酸牛奶、咖啡、红茶、果汁、雪梨、桃子、西瓜、香蕉等则是受欢迎的食品。埃及人吃饭时一般不互相交谈，平时不浪费食物，特别是"耶素"。他们忌讳黄色，认为黄色是不幸和丧葬的代表色。埃及的"惠风节"已有五千年的历史。**节日这天，人们总是要吃上几个鸡蛋，吃点腌鱼和生菜，寓意万事如意，连年有余，充满生机。**

礼仪习俗　　在饮料上，埃及人酷爱酸奶、茶和咖啡。在许多大城市里，街头巷尾的咖啡摊随处可见。平时，埃及人有在街头的咖啡摊上用午餐的习惯。在那里，他们买上一杯咖啡，再用几块甜点，也就算做一顿便饭了。饮茶聊天，是埃及人一大乐趣。

3. 埃及的居住民俗

7000 多年以来，埃及人一直没有走出尼罗河狭长地带和尼罗河三角洲。人口的绝大多数就集中在约占国土面积 4% 的区域，而 96% 的国土上却人烟稀少。为了分散过于集中的人口，埃及政府近年来开发出了很多新的城市。

埃及贫富分化严重。埃及的富人，大多住在带有庭院、围墙的二层小楼里。埃及民居具有明显的轻外重内的特点，一般的居民楼都外表简陋，其实内部装修却相当讲究。埃及人都十分注重室内环境的温馨与浪漫，一般家庭都必须有宽敞的客厅、卧室、洗澡间和厨房。埃及人的卧室家具都非常华丽，一般是不允许外人进入卧室的。

三、埃及的社交礼仪

埃及人的交往礼仪既有民族传统的习俗，又通行西方的做法，上层人士更倾向于欧美礼仪。无论是会面礼仪，还是拜访、待客礼仪，都有自己的礼仪特点。

1. 埃及的会面礼仪

一般而言，埃及人见面时非常热情。如果是老朋友，特别是久别重逢，就会拥抱并行贴面礼，即用右手扶住对方的左肩，左手搂抱对方腰部，先左后右，各贴一次或多次，而且还会连珠炮似的发出一串问候语："你好吧？""你怎么样？""你近来可好？""你身体怎样？"等等。

女性更多地采用温柔的贴面礼，一般是先右边贴一次后左边一次。异性之间通常是握手，只有亲戚之间行贴面礼。男女之间也可不握手，男士不宜主动伸手。男士在握手时必须从座位上站起来，女士则不必，可以继续坐在椅上。

为了表示亲密，埃及人只要当时有时间，问候起交往对象来，往往会不厌其烦。除个人隐私问题之外，当时所能想到的人和事，他们几乎都会——不漏地问候一遍。他们的这种客套，有时会长达几分钟，甚至十几分钟。

同样是为了表示亲密或尊敬，**埃及人在人际交往中所使用的称呼也有自己的特色**。在埃及，老年人将年轻人叫做"儿子"、"女儿"，学生管老师叫"爸爸"、"妈妈"，穆斯林之间互称"兄弟"。这一类做法，往往并不表示二者具有血缘关系。而只是表示尊敬或亲切。

礼仪提醒

埃及人很欢迎外国人的访问，并引以为荣。但异性之间不会相互拜访，即使男女同学、男女同事也不会相互到家拜访。拜访时应主动问候老人并与之攀谈，埃及人喜欢天南海北地神侃。一般应在聊完一个话题后告辞。

跟埃及人打交道时，除了可以采用国际上通行的称呼，**倘若能够酌情使用一些阿拉伯语的尊称，会令埃及人更加开心**。这类尊称主要有："赛义德"，意即"先生"，可用于称呼任何男性。"乌斯塔祖"，意即"教授"，可用以称呼有地位的人。"莱文斯"，意即"主席"，其用法与"乌斯塔祖"相同。"答喀突拉"，意即"博士"，可用于称呼政府官员。

埃及人与宾朋相见或送别时，一般都以握手为礼，或拥抱对方，有时候还行亲吻礼，埃及人称其为"布斯"，并分为多种亲吻礼节。嘴对嘴的接吻局限于情人和夫妇之间，而且在公开场合是禁止的，夫妻一方出远门，在车站或机场送别和迎接时，丈夫只能吻妻子的脸颊。吻手礼，即吻手背，大多是为了表示尊敬，儿女对父母，弟弟对兄长，年轻人对长者，地位低的人对地位高的或有权势威望的人可行吻手礼。吻脸多是女子们相见时的一种礼节，即先吻一下右颊，再吻左颊，如果是亲戚或者关系密切的人，则再吻一下右颊。男子相见也可以行亲吻礼，不过他们先吻左颊，再吻右颊，如果是亲戚或关系密切的人，再吻一下左颊。还有一种吻为"吹吻"，方法是将右手掌张开，用嘴向手掌吹一口气，把吻"吹"给远处的人。

当地人的社交活动时间通常开始得比较晚，晚餐可能十点半左右或更晚一些时候才开始。**应邀去吃饭时，习惯上要带鲜花或巧克力作为礼物**。递送或接受礼物时要用双手或右手，切忌用左手。招待埃及客人时，一定要备有非酒类饮料，尽管酒类饮料的消费正日益广泛地被当地人接受。和埃及人交谈的恰当话题是埃及的进步与成就、其领导人的杰出声誉、当地优质的棉花和古老的文明，不愿谈论中东政治问题等话题。

埃及人进入清真寺之前要脱掉鞋子。每周的工作日是从星期六到星期四，星期五是穆斯林的休息日。

2. 埃及的拜访礼仪

埃及人非常好客，贵客临门，会令其十分愉快。

在埃及，拒绝邀请是不礼貌的。到埃及人家拜访，可带一些鲜花或巧克力或具本国特色的小礼品。凡精致小巧又便于携带的，具有本国特色的小型或稍大的礼品，始终很受欢迎。送礼物时，必须用右手。就座之后，切勿将足底朝外，更不可朝向主人。客人一定要喝完主人倒的茶，按照风俗，不喝主人茶就意味着主人的女儿嫁不出去。在埃及，女性是不见不相识的客人的，也不陪客人吃饭的。他们习惯用自制的甜点招待客人，客人若是谢绝一点也不吃，会让主人失望也失敬于人。吃饭时，主人请客人多食，只说"请"，而不给客人夹菜。客人如酒足饭饱，就将右手掌放于左胸，说声"感谢真主"，而不要说"吃饱了，不要了"。**吃光盘子里的食品是不礼貌的。**

去埃及人家里做客时，应注意以下三点：其一，事先需预约，并要以主人方便为宜。通常在晚上六点以后以及斋月期间不宜进行拜访。其二，按惯例，穆斯林家里的女性，尤其是女主人是不待客的，故切勿对其打听或问候。其三，就座之后，切勿将足底朝外，更不要朝向对方。

3. 埃及的待客礼仪

埃及人自古以来就慷慨好客，接待宾客的礼仪也十分独特。除习见的拥抱、亲吻以外，有时还用击鼓、鸣枪等方式表示热烈的欢迎。如果客人是首次光临，按照惯例，饭后主人要点上从国外进口的檀香。这样做，一方面表示对客人的深情，另一方面也意味着请客过程的结束。埃及人非常好客，贵客临门，会令其十分愉快。去埃及人家里做客时，应当注意要事先预约，并且在主人方便的时候为好。

在待客之时，主人往往在客人登门之时便送上茶水，并且还要挽留客人用餐。对于主人所上的茶水，客人必须喝光。要是杯中遗留了一些茶水的话，是会触犯埃及人的禁忌的。就座之后，一定不要将足底朝外，更不要朝向对方。在主人家中用餐时，一定要尽量多用一些，否则就会被视为瞧不起主人，令主人不高兴。劝客人多用餐，在埃及乃是主人的一项义务。

埃及人认为浪费面包是对真主的不敬。在埃及人举行的正规宴会上，最后一道菜一般是甜点。此外，他们还习惯于以自制的甜点待客。客人若是婉言谢绝，一点儿也不吃，这会让主人极为失望，而且也是失敬于主人的。

在阿拉伯国家的上流社会中，每逢喜庆节日，人们相见时常以触鼻为礼。很多埃及人都吸烟，即使主人自己没有这一习惯，他也决不会阻止客人吸烟。与阿拉伯人交谈应避免涉及宗教和政治敏感问题（如以色列与巴勒斯坦争端等），而应谈大多数拉伯人感兴趣的话题。

四、埃及的商务与旅游礼仪

1. 商务活动中的时间安排

到埃及从事商务活动，最好在 10 月至次年 4 月往访。选择斋月时节前往埃及开展商务活动是不适宜的，这期间，人们都缩短工作时间，生活的节奏一般也放得很慢。在埃及开展商务活动，在行前必须查明伊斯兰教的假日。当地每周工作日是从本星期六到下星期四，星期五是伊斯兰教的休息日。商务活动用英语，持有阿拉伯文和英文名片均可。但埃及商人时间观念不强，时常不按照约定的时间到达。他们口头上常常挂着"请等 5 分钟"，可是常常到了 30 分钟还见不到人。如果他们说请等 1 小时，那么就等于要再约时间了。

2. 商务活动中的交往礼仪

和埃及商人交往，不要急于谈生意，首先要跟埃及商人建立一个比较牢固的友谊关系，然后水到渠成。和埃及商人交往，可以喝茶聊天，可以一起吃饭，还可以一起参观一些地方，分别后可以用电子邮件保持联系。

埃及人都很和蔼，很容易结交。他们不喜欢急性子的人，因此客商只要有耐心便能建立起友好关系。

如果别人有什么差错，只要说声很抱歉，便能大事化小、小事化无。埃及人不重视时间，约会经常不准时。停留埃及期间尽量不要喝酒，因伊斯兰教禁止喝酒。主人招待的茶水要喝，依照埃及习惯，只有喝了他们的茶，你下次才会再来。

在埃及，会见客户或朋友，要事先预约，宜持用有阿拉伯文与英文对照的名片。但是，若因特殊情况直接登门，他们通常不会生气，而会微笑表示欢迎。工作方面的会见一般会在办公室进行，会见时他们往往一边交谈一边做其他工作。对于这样的冷落，不要认为受到了怠慢，因为这是他们的会客习惯。

礼仪提醒

埃及货币为埃镑，海关允许埃币进出关。埃及海关的外汇申报制度相当严格，外国货币进出关不限数量，但需先报数额。否则，将受到严厉的惩罚。

3. 埃及的旅游礼仪

埃及是个伊斯兰教国家，去埃及旅行，男女都不能穿裸露肩膀的衣服，男子不能穿短裤、背心。女子不能穿超短裙．紧身衣也不要穿。夏季去埃及旅游，应携带防晒物品、感冒药、止泻药。在换币或购物时，最好带上计算器，以防上当。开罗的地铁卫生、安全。**特别提醒的是：第一节车厢为妇女专用。**乘坐公交巴士时，应给妇女让座。坐出租车不按计价器收费，谈好价钱再上车。公共汽车人多、拥挤，开罗的公共汽车从不关门行驶。在埃及，接受埃及人服务，需要付小费的。

五、埃及的节庆礼仪

埃及是有着 6000 多年悠久历史的文明古国，埃及人创造了灿烂的古代文化，并自豪地将自己的国家称为"永恒的埃及"。今日埃及不仅有金字塔、狮身人面像、卢克索神庙等一大批人类文化艺术的宝藏，还有众多体现古埃及文明习俗的民族传统节日。

1. 埃及闻风节的礼仪

4 月 12 日是埃及人传统的闻风节。"闻风节"始于公元前 3000 年左右，传说是慈善神战胜凶恶神的日子。虽经过约 5080 年的历史演变，人们在"闻风节"里祈祝人间祥和太平和春光永驻的习俗却历久不衰，该节也是埃及最古老的传统节日之一。

闻风节在阿拉伯语中叫"夏姆纳西姆"，"夏姆"是闻、嗅的意思，"纳西姆"为微风、惠风的意思。所以，也有"惠风节"的中文译法。

有趣的是，古埃及人是以金字塔为坐标确定闻风节到来和开始庆典的精确时间。当前一天黑夜渐消，闻风节黎明来临，金字塔在朦胧中依稀可见时，各种庆典活动就开始了。在历史上，大金字塔的太阳神庆典仪式十分壮观。从下午 6 时开始，古埃及人就聚集在大金字塔前，朝北仰望塔上空的艳丽夕阳，他们认为此刻太阳神正在塔上俯视大地与臣民。此刻，大金字塔恰好一半洒满阳光，另一半笼罩在阴影之中，似乎被居中分为两半，增添了更为神秘的色彩。几分钟后，红日从金字塔后消失，标志太阳神已经离去，庆典仪式在靓丽的晚霞衬托下完毕。

时至今日，吉萨金字塔地区仍是闻风节时许多埃及老百姓向往的去处。这一天，很多人都想攀登金字塔，亲身领略闻风节的古老神韵。多年来，吉萨金字塔内部湿度升高，损伤加剧，政府已明令禁止游人攀登。然而，每逢闻风节，攀登金字塔现象仍屡禁不止。从今年起，当局干脆下令，闻风节期间金字塔只接待外国游客。

闻风节当天，从清晨起，举国上下一片欢腾。全国各地数以百万计的男女老幼潮水般地涌向公园、海滨、尼罗河畔等地，共同欢庆这一传统佳节。对埃及人来说，一年一度的闻风节是家人团聚和外出春游的日子。从早至晚，全埃及的郊游景点游人如织，到处欢歌笑语。首都开罗的各大公园更是人山人海。仅近郊尼罗河畔的水坝公园和市内动物园的游人就分别达到近 108 万与 60 多万。

节日期间，春风荡漾，万木葱茏。居住在城市里的人们换上舒适的春装，举家远足踏青，呼吸新鲜空气；农村的人们也要走出村庄，来到开阔的郊野，享受春天的光明和温暖。尼罗河畔，金字塔下，城市的公园广场的树阴花丛中，到处是席地而坐的人们。他们身着鲜艳的节日服装，带着食物和炊具，或一家人来到公园，或亲朋好友乘车去游览踏青。人们在尽情地欣赏自然风光之后，便围在一起享受节日佳肴。

礼仪提醒　　按照传统风俗，闻风节中要吃煮鸡蛋、腌沙丁鱼和葱。鸡蛋在埃及人眼中是生命的起源和象征。吃了节日鸡蛋，一年中才能交好运，否则眼睛就会突出来。

野炊后，人们伴着欢快的音乐载歌起舞，说说笑笑，尽兴而归。而在农村，惠风节则是另一番景象。年轻人聚集在一起，头戴彩色帽子；手里拿着彩纸糊成的各式各样的风车，载歌载舞。蓄着长发、身穿卡拉比亚长袍的民间艺人们在枣椰树下、村落场地上席地而坐，打起手鼓，讲述神话传说，美妙的鼓声和神奇的故事吸引着众多的人。

吃特定的传统食品是闻风节中不可缺少的内容。闻风节期间春风荡漾、鲜花盛开，许多人往往按传统习俗自带煮鸡蛋、生菜、葱及咸鱼等食品，在踏青处寻一合适地点席地野餐。古埃及人认为大葱可以治病驱邪，生菜和生咸鱼可以健身强体。尤其能够增强生育能力。不过最为流行的，还是吃煮鸡蛋。古埃及人把鸡蛋视为生命的起源，认为是太阳神给予鸡蛋和地球生命，因此，鸡蛋孵化成小鸡，大地产生生灵。古埃及人不仅把鸡蛋作为节日餐桌上必备的神圣食品，而且借助鸡蛋祈求好运。他们在夜间用彩色颜料在煮熟的鸡蛋上描绘种种祝愿，然后将这些彩蛋装入筐里，或摆放于房前屋后，或挂于附近的树杈上，等待太阳神显灵。**在节日中互致问候时手持彩蛋相互碰撞，也是埃及人祈求好运的一种方式**，谁的鸡蛋没有破裂，就意味太阳神将满足他的愿望。

2. 埃及尼罗河泛滥节的礼仪

每年的 8 月 28 日，为了感谢尼罗河为埃及带来的沃土、甘露，人们要举行大规模的庆典活动，这就是尼罗河泛滥节。

江河泛滥，淹没良田和村庄，夺走人们的生命和财产，一般都被视为莫大的不幸和灾祸。而埃及人根据他们的传统习俗，对此所持的态度却截然相反。文明古围埃及的人民世世代代生活在世界最大的河流——尼罗河的两岸，在尼罗河冲积成的肥沃绿洲上休养生息繁殖后代。所以埃及人视尼罗河为圣明，**每年河水泛滥之际，都要举行隆重的庆祝活动，感谢尼罗河赐予他们的恩典。**

按照旧俗，要把活人抛到河里去，求河神保佑不泛滥成灾。如今的庆典活动仍然一年举行一次，但不再向河神献新娘了，而是以更为文明的方式庆祝。节日这一天，人们在街上表演各种传统的民间歌舞，象征丰收的花车激起鼓乐的声浪，在熙熙攘攘的人流中漂浮隐现，同时还有水上表演。当尼罗河新娘来到人群聚集的地方时，尼罗河畔顿时鼓乐喧天，河心的音乐喷泉射出几十米高的水柱。随后，上百艘插着各种彩旗的橡皮艇破浪驶来，时而编队行进，时而在水面变化队形。与此同时，在水上舞台，"尼罗河新娘"的舞剧又再现了远古的历史传说。

传说，尼罗河泛滥是因为伊兹斯女神痛哭之故。女神伊兹斯的丈夫乌兹利斯遇难身死，伊兹斯悲痛欲绝，一时泪如雨下。泪水落到尼罗河里，致使河水上涨，洪水泛滥。

这一古老的传说，直至今日仍流传不衰。每年 6 月 17 或 18 日，尼罗河水开始变绿，这是尼罗河即将泛滥的预兆。人们便举行一次欢庆，称为"落泪夜"。8 月，当洪水漫过河床堤坝淹没土地的时候，人们还要欢庆一次，庆祝泛滥的河水为两岸的田地带来沃土。古时的庆祝活动，法老本人、文武群臣和宗教首领都要参加，与民共庆。**来自四面八方的人们喜气洋洋云集一处，祭司手托尼罗河神的木雕像，并将它放在岸边。人们看到这个雕像，都恭敬地低头以示诚意。**然后祭司高声朗诵祷词，以求吉祥幸福。人们则开始和着乐曲，唱起宗教赞歌，跳起欢快的舞蹈。

在库姆·阿姆布山区，祭司们把印有文字的纸扔到水中，纸上写着"河水来访，绝对自由"，表示人们永远欢迎这泛滥的尼罗河水。作为庆祝活动的一部分，许多人还泛舟尼罗河上。无数船只浮游水面，晴空碧蓝无云，一轮骄阳，倾洒万道金光。水面波光粼粼，人们在船上载歌载舞，尽情欢乐。埃及人还把拉姆西斯三世雕成美女，敬献给尼罗河，使他们结为夫妻。秋季到来，汛期过去。河水下降，人们再把雕像请回，归置原处。

六、 埃及的婚丧礼俗

1. 埃及的婚姻礼俗

拥有数千年古老文明又在近代向西方开放的埃及，其婚姻民俗因宗教信仰、地域、经济、教育和环境的差异而有所不同，而其传统的婚俗更多地显现了民族特点。

◇ 订婚

按照埃及人传统的婚姻习俗，婚前男方不能直接面见女方，只能托媒人或自己的母亲、姐妹去相看姑娘。看后再将情况转告男方。男方如果满意，就将订婚礼物送到女方家，并商定订婚日期。直到正式订婚那天，未婚夫才能见到未婚妻。

在现在社会，城里青年主要是通过自由恋爱选择配偶，但父母的意见具有举足轻重的作用。农村依然是遵从父母之命、媒妁之言。双方十分看重对方家庭的名望、经济状况和社会地位以及本人的名声。**议婚时男方及**

家属去女方家，女方要亲自上茶，双方的男性共念《古兰经》开篇章。然后商议彩礼数额和结婚日期，择日举行订婚仪式。订婚仪式可以在男方家或公共娱乐场所举行。女方身着鲜艳纱裙礼服，佩戴男方赠送的首饰、戒指，与男方共坐在大厅，接受亲友们的祝福。订婚后可以双双出现在公众面前，共筑爱巢。如果反目，双方也可以解除婚约。

◇ 结婚仪式

埃及人的婚礼，无论城乡都非常热闹，充满喜庆气氛。在农村是按传统习俗举行婚礼的。婚礼前一天，新郎家在房前搭起帐篷，接受亲友们的贺喜：新娘要沐浴洁身，用黏糖除去脸上的汗毛，更换新衣，梳妆打扮。第二天傍晚，新郎在众人的陪同下，奏鼓乐去迎接新娘。新娘母亲端出用米和鸽子肉做的晚饭让一对新人吃。米饭代表多子多孙，新郎吃了饭表示已经接纳了新娘，两个人的幸福生活由此开始。这一天男方家也盛宴招待来宾。当通宵达旦的活动结束后，新郎新娘在众人的拥簇下走入洞房。旁边的人向新郎新娘身上抛大米，新郎的母亲或姐妹向他们身上淋洒点水，祝福他们多生孩子、生活美满。**进新房时要先迈右脚，以求真主赐福。**

城市人的婚礼近似西方，既有传统的民族风俗，也受西方婚礼的影响。婚礼在晚间举行。新娘身着白色婚纱，新郎身着西装。特邀舞女在迎新队伍前边走边舞，另有歌女和众人在队伍两边唱民间的迎新歌。新郎新娘进入婚礼大厅后坐在特定的位置上，接受众人的祝贺，或和大家一起跳舞。之后举行宴会感谢亲友的光临，婚宴一直持续到次日清晨。

在埃及，有的上层富裕人家的婚礼要持续好多天，甚至长达三、四十天。来宾们又吃又喝，学生们可以任意玩闹；聘请乐队、杂技团和著名男、女歌唱家分别为男女贵宾助兴；将嫁妆、首饰、珠宝和十分讲究的家具陈设出来进行展览。上层富人的彩礼有的多达一千埃镑。

穷人结婚就简单多了，彩礼少的只有 5 个埃镑。他们用蜡烛代替枝形灯架，用本地鼓代替洋乐队，用轿子代替花车，用埃及啤酒代替名酒和高级饮料。人们随着笛声跳起家乡舞蹈，高高兴兴共庆新婚之喜。

埃及人婚姻中保留了一些古老的婚俗。近亲结婚的旧俗还在流行，尽管有现代科学潮流的冲击，但传统的观念根深蒂固，即使是知识分子，表兄妹结婚也绝非罕见。

延伸阅读：

埃及的一夫多妻制

埃及和其他阿拉伯国家一样，实行一夫多妻制。《古兰经》规定一个男子最多可以有四个合法妻子。这就使男子在家庭生活中居特殊地位，丈夫可以随意离婚。过去丈夫可以单方面终止婚姻，而不通知妻子。近几十年来，埃及政府已采取了一些措施，扩大妇女受教育的机会，提高妇女的政治权利和家庭地位。虽实行一夫多妻制，但实际上一夫多妻的为数很少。随着科学文化的不断发展，旧的传统婚俗在不断地受到新潮流的冲击，新的婚俗也在逐步确立。

2. 埃及的丧葬礼俗

埃及人信仰伊斯兰教，其丧葬习俗基本上是依教义而行。埃及人认为在天空中有一棵生命之树，世界上任何一个生命都是树上的一片叶子，当那片叶子枯黄了的时候，他（它）的生命就结束了。**人生的一切都是真主安排的，能够一生行善，死后就可以进入天国，所以他们都平静地对待死亡的来临。**

人死后，其家属立即为他洗浴，之后用白布或者绿布裹尸。白色象征圣洁，绿色象征生命。洗浴水泼在远方，以便驱走死神的阴影。按伊斯兰教教义，人死后基本上在 24 小时内下葬。在整个丧葬过程中，都要念《占兰经》，既是送死者灵魂进入天国，也是为了将阴魂驱走，以免为害活人。埃及人非常注重亲情和友情，得知丧讯之后，立即赶来吊唁。男人系黑领带，女人穿黑色长裙，头戴黑色纱巾。送葬时，男人争相抬棺，这是免罪的善举。送葬队伍通常先到清真寺，为死者祈祷，然后去墓地。埃及人认为，下葬是死者新生活的开始，所以要亲自送死者一程。葬礼结束后，送葬者返回时不得走原路，另择其他道路，避免将鬼魂带回家。

现代埃及人的葬礼非常俭朴，无论死者生前贫富贵贱，都用同样尺寸白布裹尸，都举行一样程序的葬礼，都埋葬在同样大小墓穴里，不允许任何物品陪葬，不主张谤墓碑、留坟头，更不建高坟大墓。现代埃及人提倡厚养薄葬，教导子女要孝敬、善待父母，对丧失劳动和生活能力的，更应充分满足其物质及精神生活的各种需要。然而一旦父母辞世则应本着节俭精神，力行薄葬，禁止以孝为名，大操大办，挥霍浪费。

　　死者下葬后的第二天，开始三天的悼念活动。在院内搭大棚，为死者念经，接受亲友的凭吊，为死者哭丧。死者下葬后第三周的周四，其女性的家属亲友去墓地为亡灵诵经、向穷人布施。据说周三的晚上死者的灵魂会回到墓地，周四停留一天，所以要前去祭奠。**习俗认为死者死后的第40天，尸体腐烂，仅存白骨，死者彻底摆脱尘世进入另一个世界**。所以这一天死者的男性家属和亲友前往墓地祭奠，为亡灵诵经，送他的灵魂进入天国，同时也是宣告家人开始新的生活。

礼仪习俗　　在埃及首都开罗的东南部，有一座"死者之城"。这里的一排排的平房，是死者生前为自己建造的"住所"。每逢伊斯兰教的重大节日，死者的亲友都来此祭奠亡者。形成了埃及的独特葬俗。

第 二 章

南非的礼仪

　　南非位于非洲大陆最南端，长期以来一直是英国的殖民地。独立之后因推行种族隔离制度，曾广遭国际社会制裁。南非著名民族英雄曼德拉担任南非首任黑人总统后，南非开始走上民族团结和平发展道路。南非有着历史悠久、丰富多彩的文化传统。南非人擅长音乐舞蹈，大多数人都信仰基督教，虽然日常生活中的服饰、礼节都已西方化了，但饮食与社交活动中仍保留着传统习俗，有很多礼仪禁忌，在与南非人接触交往中应加以注意。

一、 南非概况

南非的正式名称是南非共和国。作为国家的名称，南非得名于它所处的地理位置，即位于非洲大陆的南部。在当地人的口中，它被称为"阿扎尼亚"。"阿扎尼亚"一词源于阿拉伯语，意为"黑人的土地"。由于盛产钻石，它是举世闻名的"钻石之国"。绕经南非海域的好望角航线，是沟通东西方的海上要道。

1. 南非的自然地理

南非位于非洲大陆最南端，北邻纳米比亚、博茨瓦纳、津巴布韦、莫桑比克和斯威士兰，莱索托在其东部，被其领土包围，东、南、西三面濒印度洋和大西洋。**南非地处两大洋间的航运要冲，地理位置十分重要。**其西南端的好望角航线，历来是世界上特别繁忙的海上通道之一。

南非国土总面积为 1221038 平方公里，海岸线长 2954 千米。南非除东南沿海为平原外，大部分为高原。全境大部分海拔为 600～1 600 米，地势从东南向西北逐渐降低。高原的最低部分是卡拉哈里盆地，海拔在 600 米左右。西北部为沙漠，是卡拉哈里盆地的一部分。除著名的德拉肯斯山脉（又称喀什兰巴山）外，还有香巴尼城堡峰、巨人城堡峰、蒙特奥索斯峰等。卡斯金峰是最高峰，海拔 3660 米，为全国最高点。西南部的开普山系，由一系列东西走向气候。沿海为狭窄平原。奥兰治河和林波波河是南非境内两大主要河流。

南非矿产资源丰富，但没有石油储藏。黄金、铂族金属、锰、钒、铬、钛、硅铝酸盐的储量居世界第一位，蛭石、锆居第二位，氟石、碳酸盐居第三位，锑、铀居第四位，煤、钻石、铅居第五位，锌居第六位，铁矿石居第九位，铜居第 13 位。南非拥有丰富的野生动物资源．如大羚羊、犀牛、河马和长颈鹿等。

南非属全年温暖的亚热带气候，气候差异大。12 月至次年 2 月为夏季，最高温度可达 32～38℃；6～8 月为冬季，最低温度为 -10～12℃，比勒陀利亚年平均气温为 17℃。年平均降水量分布不均，东南沿海可达 1500 毫米以上。西南部沿海属地中海式气候，降水量在 600～800 毫米以下。内陆高原降水量从东向西由 600 毫米减到 60 毫米以下，最少地区仅几十毫米。

2. 南非历史简介

南非最早的土著居民是桑人、科伊人及班图人。17 世纪后，荷兰人、英国人相继入侵并不断将殖民地向内地推进。19 世纪中叶，白人统治者建立起四个政治实体：两个英国殖民地，即开普、纳塔尔殖民地；两个布尔人共和国，即德兰士瓦共和国和奥兰治自由邦。1899～1902 年英布战争以英国人取胜告终。1910 年四个政权合并为"南非联邦"，成为英国的自治领地。1961 年 5 月 31 日退出英联邦，成立南非共和国。南非当局长期在国内以立法和行政手段推行种族歧视和种族隔离政策。1948 年南非国民党执政后，全面推行种族隔离制度，镇压南非人民的反抗斗争，遭到国际社会的谴责和制裁。1989 年，南非推行政治改革，取消对黑人解放组织的禁令并释放曼德拉等人。1991 年，非国大、南非政府、国民党等 19 方就政治解决南非问题举行多党谈判，并于 1993 年就政治过渡安排达成协议。1994 年 4～5 月，南非举行首次不分种族大选，曼德拉当选为南非首任黑人总统。南非国大、国民党、因卡塔自由党组织成民族团结政府。国庆日为 4 月 27 日，也称宪法日、自由日。

3. 南非的行政区划与首都

1993 年 11 月 18 日，南非多党谈判会议通过《临时宪法草案》，对南非的行政区划进行了较大的调整。将全国划分为 9 个省：北开普省、西开普省、东开普省、西北省、奥兰治自由邦省、PWV 省（比勒陀利亚—威特沃特斯兰德—弗里尼欣省，现改名豪登省）、夸祖鲁—纳塔尔省、普马兰加省（东德兰士瓦省）和北方省。同时共设有 287 个地方政府。

比勒陀利亚（Pretoria）为行政首都，人口约 235 万；开普敦（CaPe-Town）为立法首都。人口约 350 万；布隆方丹（Bloemfontein）为司法首都，人口约 75 万。比勒陀利亚世称"花园城"或"玫瑰花园"，开普敦被誉为"南非诸城之母"，布隆方丹则意为"花之源"。

延伸阅读：

南非的国旗、国徽与国歌

南非的现用国旗启用于 1994 年 4 月 27 日，长宽比例为 3：2。国旗被一个横放的绿色"Y"字分为三部分，左侧为黄边黑色三角形，右侧上下分为带白边的红色和蓝色直角梯形。红、白、蓝三色是原德兰士瓦南非共和国国旗的颜色，黄、黑、绿三色则是南非非洲国民大会旗帜的色彩，汇合在一起象征民族团结和国家统一，"Y"字形表示将历史传统融汇入统一的新国家的实践和进步之中，共同走向未来。

南非的现用国徽为椭圆形，下半部中心图案为盾形，黄色盾面上有两个褐色石刻人像，是南非著名的克瓦桑族人石刻艺术图案；两侧环绕的麦穗象征富饶和发展的潜力，象牙象征智慧、力量和永恒；盾面上方是交叉的长矛和圆头棒，象征权力和国防。上半部的主体为展开双翅的蛇鹫，象征时刻保卫国家；蛇鹫的胸部为山龙眼图案，其花瓣由绿、黄、红等传统的颜色构成，象征南非美丽的国土以及南非致力实现非洲复兴所展现的光彩；顶端光芒四射的太阳象征生命和光明之源。底部绿环上用克瓦桑族语书写着："多样化的民族团结起来"。

南非的现用国歌是《佑我南非》，启用于 1996 年。

---

4. 南非的民族文化与宗教

南非的全国总人口大约为 4932 万左右。**从人口构成上讲，南非人可以分为黑人、白人、有色人与亚裔人等四大种族。**其中黑人是南非人的主体，它约占全国居民人数的 79.4%，由祖卢人、哲豪萨人、斯威士人、茨瓦纳人、苏陀人等部族组成。白人过去长时期在社会生活的各方面居于主导地位，其人数约占全国居民总数的 9.3%，主要为荷兰人与英国人的后裔。南非荷兰人的后裔现称为阿非利卡人，亦称布尔人。现在，南非的有色人与亚裔人分别占全国总人口的 8.8% 和 2.5%。南非的亚裔人主要是印度人与华人。

南非的官方语言有 11 种，英语和阿非利卡语为通用语言，还有祖鲁语、班图语等。

南非有着丰富多彩的文化历史传统。南非土著居民具有历史悠久的传统绘画与雕刻艺术，其中最著名的布什曼人的洞穴壁画雕刻是人类原始艺术的瑰宝。南非白人绘画最早始于对南非风土人情的描写，绘画流派由西方各国不同流派所组成。非洲艺术家们最富成就的艺术表现手段是雕塑，他们一般选用青铜、木材、陶瓷等材料工作，在这一领域产生了许多杰出的艺术作品。

南非人也同样擅长于音乐和舞蹈。**传统音乐以其强烈多变和自由奔放的节奏为黑人传统舞蹈伴奏出丰富多彩的音乐旋律。**

小说家纳丹·戈地麦以其小说《说谎岁月》获得 1991 年诺贝尔文学奖。大主教图图因其在消除种族隔离方面的杰出贡献获得 1984 年的诺贝尔和平奖。埃伯特·卢梭里毕生致力于用非暴力方式解决种族冲突，获得 1960 年诺贝尔和平奖。曼德拉和德克勒克因成功结束了种族隔离的历史而共享了 1993 年的诺贝尔和平奖。

因长期实行种族隔离的教育制度，黑人受教育机会远远低于白人。自 1991 年起，公立学校开始面向所有种族招生。学龄儿童入学率为 98%。1995 年 1 月，南非正式实施 7~16 岁儿童免费义务教育，并废除了种族隔离时代的教科书。目前，成人识字率达 84.6%，8.4% 的人口接受了高等教育。政府不断加大对教育的投入。南非有 21 所大学和 15 所技术学校。20 世纪 80 年代期间，南非国内大学实施官方种族隔离政策，但之后，各大学均开始向各个民族的学生开放。到目前为止，原白人大学中的非洲学生数量已占到 60% 以上。

南非的主要宗教是基督教。白人、有色人的绝大多数和大约 60% 的黑人，都信仰基督教。亚裔人约 60% 信奉印度教，20% 信奉伊斯兰教；部分黑人信奉原始宗教。

5. 南非的经济与社会

南非基础设施良好，经济开放程度较高，是非洲经济最发达的国家。2006 年主要经济指标如下：国内生产总值：2 551 亿美元。人均国内生产总值：5 381 美元。国民生产总值占整个非洲生产总值 1/4 左右。

◇ 农业和工业

农业较发达。正常年份粮食除自给外还可出口。农业生产总值约占国内生产总值的 4.1%，并提供 13% 的正式就业机会。各类罐头食品、烟、酒、咖啡和饮料质量符合国际标准，畅销海外。其葡萄酒在国际上享有盛誉。全国 2/3 的土地为牧草地。森林约占土地总面积的 4%，原木的采伐可满足国内一部分的需求。近海捕渔业发达，主要位于西部海域。

矿业、制造业、建筑业和能源业是南非工业的四大部门。矿业与相关行业的产值约占国内生产总值的 14%（其中矿业占 6.6%），制造业产值约占国内生产总值的 25%。采矿业以黄金生产为主。煤的开采十分广泛，并大量出口。不过，南非没有石油储藏，必须进口石油。制造业门类齐全，技术先进。主要产品有钢铁、金属制品、化工、运输设备、机器制造、食品加工、纺织、服装等。钢铁工业是南非制造业的支柱。

◇ 交通运输业

南非有非洲最完善的交通运输系统，对本国以及邻国的经济发挥着重要作用。交通运输以铁路、公路为主，空运发展迅速。近年来加强了城镇及经济开发区交通基础设施建设，航空、公路国营公司的私有化进程已迈入实质性阶段。

铁路总长约 3.41 万千米，其中 1.82 万千米为电气化铁路。由比勒陀利亚驶往开普敦的豪华蓝色客车享有国际声誉。

南非水运海洋运输业发达，与非洲以外国家贸易的 99% 要靠水运来完成。主要港口有开普敦、德班、东伦敦、伊丽莎白港、理查兹、萨尔达尼亚和莫瑟尔拜。德班是非洲最繁忙的港口及最大的集装箱集散地。

南非空运共有各类航运飞机 5900 多架，南非航空公司是世界最大的 50 家航空公司之一。**每周有 600 多个国内航班和 70 多个国际航班，与非洲、欧洲、亚洲及中东一些国家直接通航。**主要国际机场有约翰内斯堡国际机场、德班国际机场和开普敦国际机场行等。其中约翰内斯堡国际机场是非洲大陆最为繁忙的机场。

二、 南非的日常生活礼俗

1. 南非的服饰礼俗

南非是一个多民族国家，特色鲜明、多姿多彩的民族服饰是这个"彩虹国度"最好的体现之一。南非每个民族的服饰都各有特点，城乡差别、职业差别使服饰的样式也不尽相同。

在日常生活中，南非人大多爱穿休闲装，白衬衣、牛仔装、西短裤均受喜爱。南非黑人往往喜欢色彩鲜艳的颜色，尤其爱穿花衬衣，如"马迪巴衬衫"。"马迪巴"在南非土语中意为"父亲"。南非前总统纳尔逊·罗利赫拉赫拉·曼德拉经常穿一种真丝印花的长袖衬衫，人们出于对这位领导者的无限敬仰，把他穿的衬衫称为"马迪巴衬衫"，并纷纷仿效，蔚然成风。

大凡正式一些的场合，南非黑人都讲究着装端庄、严谨。因此，与南非人进行官方交往或商务交往时，最好要穿样式保守、色彩偏深的套装或裙装，不然就会被对方视作失礼。

南非黑人通常还有穿着本民族服装的习惯。不同部族的黑人在着装上往往会有自己不同的特色。

例如，祖鲁族是南非最大的部族，绝大部分住在南非东部的纳塔尔省。祖鲁族少女常在腰间围一块装饰有珠链的彩布，在头上、脖子上、手臂上及胸前挂满了彩色珠链；结婚后则在胸前系一块用棉布和竹子做成的帘子。有的部族喜欢用兽皮做成斗篷，将自己从头到脚遮在里面。

再如，在恩特瓦纳部族，男子通常都围着一种奇特的腰布。它既非束腰，又非擦汗用，而是他们纪念其部族祖先的一种特殊服饰。妇女则往往穿着下摆带开口的长内裙，外面套上长袍。这种长袍是有其含义的：宽大的长袍表示已婚或做了母亲；而未出嫁的少女或新娘子，则穿着齐腰的短外衣，并在上面缀满珠子。**妇女们在婚后，她们的饰物必须要比婚前少，否则将会被视为对丈夫不忠。**外出时，她们还必须穿上黑裙子，不能裸露胸脯和双肩。如果你见到脸上有红色油彩的黑人妇女，一定不要大惊小怪，这不过是恩特瓦纳部族妇女外出的一个标记。

此外，有的部族的黑人，喜欢用兽皮做成斗篷，将自己从头到脚遮在里面；有的部族的黑人，则喜欢上身赤裸，仅在腰间围上一块腰布。

礼仪提醒

在南非的一些有的部族中，妇女的门牙必须拔掉，在该部族的人看来，这是一种美，惟其如此，才不至于在微笑或用餐时露出牙齿；在另外一些部族，已婚妇女通常比未婚妇女佩戴的首饰要少得多。据说，这种做法有助于使其表现出对自己丈夫的忠贞。

2. 南非的饮食礼俗

南非是非洲经济较发达的国家，汇聚了多种民族和文化的国家，餐饮业充分体现了这个"彩虹国度"的多元文化特色。

在游客经常光顾的大城市，餐饮种类可以说是一应俱全：非洲烤肉、意式通心粉、葡式海鲜、印度咖喱、中式炒菜、日本寿司、连锁快餐等，甚至连越南、朝鲜、波斯风格的菜肴都能找得到。

近年来，随着来自中国大陆的侨民人数越来越多，南非的中餐业已经日益多样化，在西罗町唐人街上，四川火锅、上海小炒、北方水饺等应有尽有，不仅当地华人喜欢光顾，连一些南非人也慕名而来。不过，来南非如果不品尝一下具有非洲特色的菜肴，的确是一件很遗憾的事。

南非黑人以玉米、高粱和小麦为主食，薯类、瓜类和豆类食品也在日常饮食中占很大比例。主要副食品是牛、羊肉，一般不吃猪肉和鱼类。

他们爱吃熟食和烤牛、羊肉，以自制啤酒和牛、羊奶为饮料。**当地黑人喜欢用刚挤出的牛、羊奶待客，客人为感谢主人的盛情，应一饮而尽。**南非白人以吃西餐为主，牛肉、鸡肉、鸡蛋和面包是主要食品，以红茶和咖啡为饮料。如宝茶是南非著名的饮料，它与钻石、黄金一道，被称为"南非三宝"。

虽然南非的饮食多种多样，但是南非人每天却只有一顿正餐，即晚餐。南非人的早餐是牛奶、面包和黄油。午餐十分简单，女人通常仅仅吃几块饼干一杯咖啡和一枚水果，男人吃的是一个三明治或者是一个夹肉馅饼和一杯咖啡。到了晚上下班回到家里，就会做烧烤或者煎牛排。

南非人的肉食以牛肉为主，牛舌等不同部位的牛肉有着不同的滋味。风干肉干也是南非的特色美食之一，一道"风干牛肉沙律"，经过风干的牛肉嚼劲十足。若是想吃素食，"咖喱桃沙律"是最好的选择。本身清甜的桃和浓郁的咖喱交汇在一起，带出的是一种截然不同的味道，有些辣、有些酸、有些甜，加在一起，感觉很复杂。**南非美食无法抗拒，南非美酒也同样不容错过。**各款产自南非的葡萄美酒酒味醇香、口感怡人，与美食相伴，如此完美的组合定能挑动你的味蕾。

延伸阅读：

南非的美食重镇

南非的美食"重镇"是开普敦，是南非美食的发源地。长久以来，深受东西方以及非洲饮食文化的影响。形成了自己独特的美食文化。来到开普敦的人都有一个愿望就是品龙虾、吃鲍鱼。那里既有各色各样的本地风味佳肴，也有融合了世界各地口味的美食。那里的饮食以海鲜为主，又以龙虾、鲍鱼为特色。每年秋季都是吃龙虾的最好季节，龙虾只只膏满肉肥，鲜嫩甜滑。南非的鲍鱼和澳洲的鲍鱼不一样，被称为青鲍。

3. 南非的居住民俗

南非因为长期受欧洲殖民统治，其居住习俗深深地打上了欧洲色彩的烙印。南非的建筑文化是欧非亚建筑的大熔炉，它有壮丽的英国维多利亚式的建筑；典雅的荷兰开普式建筑。南非的剧院、博物馆、艺术馆和土著村落以及早期移民时期的欧式房屋都反映了这段历史。

在殖民统治时期，欧洲人在南非实行了种族隔绝和种族歧视政策，根据肤色对人种进行了划分，把南非人分成了白人、有色人和黑人，有色人又分为印度人、华人、马来人和其他有色人等。不同肤色的人种有不同的居住区，不得混杂。**风景优美的城镇中心区，一般由白人居住，黑人和有色人种只能到偏远的、环境较为恶劣的地区居住。**

随着南非社会的发展，人们的居住习俗也出现了很多新变化。原来只有白人才能居住的豪华别墅区，现在很多黑人或者有色人种的新贵们也开始挤了进来，慢慢融入白人的生活。在城市中心的公寓住宅里，也出现了许多黑人的身影，这些住宅以前多是由白人平民居住的。城市近郊的一些连体平房住宅，是现今南非城市居民住宅的主体，有专用的车库，有的还有私家游泳池，是南非中产阶级的主要居住区。在连体住宅和公寓住宅之间，还有一种中档住宅，分为甲房式和楼房式两种。平房式住宅房子之间有一定的距离，每户都是独立的，有自家的车库；楼房式住宅不超过三层，每家都自成单元，但没有院子，车库公用。黑人非常喜欢装饰自己的庭院，房屋大多用白灰抹墙，墙上用赭石粉作颜料画上色彩斑斓的壁画，构成一个"艺术画廊"。

南非一些城市的建筑也有各种独特的风格。

首都比勒陀利亚著名的教堂大街全长 18.64 公里，为世界上最长的街道之一。约翰内斯堡市金光闪闪的街道价值连城。据说 100 多年前，这个市修建街道时，铺路用的沙子是从开发金矿的废石场运来的，沙子含金量很高，如果用现代的技术工艺将这批金沙加工提炼，可以收回黄金 1 千吨。

延伸阅读:

科萨人的奇俗

在非洲东南部印度洋沿岸一带，居住着一个有300万人左右讲班图语的黑人民族，有人称之为卡菲尔人，他们自称为科萨人。在这个民族中，特别是在土著居民区和偏僻的农村地区，仍然保留着不少奇特的风俗习惯。科萨人害怕春天的山洪，总是在山地上建筑起他们的村庄。他们的基层单位是村。村以上有酋长。一个酋长管辖着几十个村的几千个村民。酋长由科萨人提名，经过当地白人的行政长官同意任命。

在一个个山顶上，散落着无数圆形的茅舍。这些茅舍的造法是把柔软的树条插在地上成一圆形，上面编成骨架，吊间用一根柱子支撑，骨架周围再用成捆的干草或藁杆牢固地堆起来，顶上盖以芦苇席。茅屋的中央装设炉灶，上面伸出一个烟囱，直穿屋顶。科萨人的茅舍是简陋的，可是科萨人居住的地区是美丽的。当太阳慢慢地沉入地平线，落日的余辉映照着翠绿的山头和金黄色的田野，构成一幅美妙的图画时，一群群科萨人走出矮小的茅舍，去参加一个割礼盛会。

篝火燃烧起来，黑蓝色的浓烟腾空而起，熊熊的火焰照耀着科萨人身上佩带的金光闪烁五颜六色的珠子、饰针、手镯、耳环。人们围着篝火唱歌跳舞。

科萨人在十八岁到二十岁之间要按照传统习惯举行割礼。割礼前的孩提时代，可以享受种种自由，尽管打闹，而不受责罚；割礼后，这些自由受到了限制，但从此可以享受成人的一切权利。参加部落会议、选举酋长、结婚……因此，割礼之日，便是科萨人成人之时。

割礼这天，设有盛宴，附近的人们都赶来参加。典礼要等清晨日出时举行。在这之前，人们在欢快的乐曲声中通宵唱歌、跳舞，主人要宰好几头牲畜招待来宾。客人们挥舞一种叫做"印杜古"的粗棍互相角斗，场面惊心动魄，往往有不少人被打得血流满面。按这里的风俗，在这种场合，即使打死人也不受法律追究。他们把这种角斗当作艰苦训练的一部分。人们还跳一种雄壮活泼、速度飞快的舞蹈。舞蹈者脚上系着许多小瓜铃，在全体参加者合唱、拍手的伴奏下表演。他们用这种方式欢迎又一些新伙伴加入成年人的队伍。黎明时分，科萨人的巫医在酋长的陪同下，拿着一把锋利的长刀和一块软山羊皮做的绷带来进行割礼。在初升的阳光照射下，滴滴鲜血洒落在沙地上，巫医将沙和泥土搅和，涂在小伙子的脸上。从此，他就变成一个勇敢的成年人。也可以结婚了。

三、南非的社交与节庆礼仪

南非社交礼仪的主要特点，可以概括为"黑白分明"与"英式为主"。在较为正式的官方活动与商务交往中，这些特点表现得有点突出。

说南非的社交礼仪"黑白分明"，指的主要是：由于受到各自种族、宗教、习俗的制约，南非的黑人与白人所遵从的社交礼仪，往往差别不小，甚至大相径庭。这方面的特点，可以说是遍及待人接物的方方面面。说南非的社交礼仪"英式为主"，则是指：因为在过去很长的一段历史时期内，白人掌握南非的政权，并且长期推行种族歧视政策，对黑人倍加压制，久而久之，白人的社交礼仪，特别是英国式的社交礼仪，便渐渐广泛地流行于南非社会。

要对南非黑人真正表示尊敬，一个重要的做法，就是要对他们特殊的社交礼仪表示认同，而万万不可大惊小怪，讥笑非议。有的时候，在黑人部族中，尤其是在广大农村，南非黑人的待人接物往往会表现出不同于主流社会的另外一种风格。

1. 南非的会面礼仪

以目前而论，在见面场合，南非人所采用的见面礼节主要是握手礼、亲吻礼和称呼礼。

在行见面礼时，握手一定要用全力，因为南非人认为，用力的程度跟对方的好意是成正比的，如果握手时有气无力，就被认为是毫无诚心。**有**

些黑人会行一种形式独特的握手礼，即先用左手握住自己的右手手腕，然后再用右手去与人握手。

亲吻礼是南非的日常礼节，而且有约定成俗的章法。首先是在接吻的时机上，久别重逢、送别、过年过节、红白喜事、就职升迁升学、获得成就、宗教礼仪，甚至安慰人的时候，亲人、朋友、同事、同学等都有可能亲吻。其次，亲吻的次数和轻重，也视关系的密切程度而定。一般关系的，亲吻一下，蜻蜓点水即可；关系亲密的，可以在左右脸颊各亲一次，而且要重重地亲，甚至发出声响；为了显示关系特别地亲密或表示深深的爱意，可以亲三下甚至四五下，而且要亲得让人听到嘴唇的响声。再次，在亲吻的主动性方面，一般是男性主动亲吻女性；年轻人主动亲吻老人以示尊重和祝福。**当然也有例外，如果老年人觉得这位年轻人特别可爱，是值得祝福的年轻生命，有时也会主动吻年轻人。**

南非黑人的姓名尽管大多已经西方化了，"乔治"、"威尔逊"、"海伦"、"爱丽丝"都是他们常用的姓名，然而，在一般情况下，他们还是更喜欢在具体称呼上保留自己的传统，即在进行称呼时在姓氏之后加上相应的辈分，以表明双方关系异常亲密。比如，称南方黑人为"乔治爷爷"、"海伦大婶"，往往会令其喜笑颜开。

此外，在迎送客人时，许多地方的黑人往往会集体出动，列队相迎，载歌载舞，欢呼狂啸。他的习惯于以鸵鸟毛或孔雀毛赠予贵宾，客人们此刻得体的做法，是要高高兴兴地将这些珍贵的羽毛插在自己的帽子上或头发上。

延伸阅读：

南非人的手势语

南非人用不同的手势来表达喜怒哀乐；举起和挥动右手并竖起大拇指，双目注视，表示尊敬；五指握拳不停地挥动，表示诅咒和谩骂；用拇指和食指拈出"达达"的声音，表示对话题很感兴趣，完全同意对方意见；用手指头迅速地刮自己的耳朵，表示话不投机或完全不同意对方的见解；一只手摸另一只手的手背，表示此事与己无关；两手手掌朝上，表示疑问；一只手掌拍另一只手掌表示惊异和奇怪；用手指指某人，然后张开手掌，举起手左右转动，这是在骂某人是傻瓜；用食指朝着某人，表示蔑视或看不起；伸出手并张开五指，或是用手指刮别人的鼻子，双方势必有一场激烈的争吵甚至斗殴。

2. 南非的拜访礼仪

前往南非黑人家中做客时，十分好客的主人一般都要送上刚刚挤出来的新鲜的牛奶或羊奶，诚心诚意地请客人品尝。有的时候，他们则会献上以高粱自制而成的、风味独特的啤酒。遇到这种情况，不论自己渴不渴，爱不爱喝，都一定要大大方方地"来者不拒"，尽量多喝一些，并且最好一饮而尽。若是百般推辞，坚决不喝一口，主人必定会很不高兴。

到南非人家里拜访时，首先需要了解交往对象的宗教信仰，并且认真地对其予以尊重。这一点，是至关重要的。信仰基督教的南非人，最为忌讳"13"这一数字。对于"星期五"，特别是与"13日"同为一天的"星期五"，他们更是讳言忌提，并且尽量避免外出。

南非的黑人，特别是乡村里的黑人，有很多人都信仰本部族传承下来的原始宗教。 他们一般都相信存在一种神秘力量，支配着人世间的一切。在许多地方，羊被视为宠物，人们对双角卷曲的羚羊尤为喜爱。一般而论，南非的黑人都非常敬仰自己的祖先，认为祖先不仅有消灾祸的本领，而且还拥有惩罚子孙的力量。所以，他们特别忌讳外人对其祖先的言行举止表现出失敬。在有些部族中，即使是儿媳直呼公公的名字也被禁止。

由于历史的原因，南非人为人处事非常大胆直爽。拜访时与主人进行交谈时，过分地委婉或者兜圈子，是不受欢迎的。

跟南非黑人交谈时，有四个方面的话题切莫涉及。其一，不要为白人评功摆好。其二，不要评论不同黑人部族或派别之间的关系及其矛盾。其三，不要非议黑人的古老习俗。其四，不要为对方生了男孩而表示祝贺，在许多部族中，这件事并不令人欣喜。在南非，根据法律规定，同性恋婚姻是合法的。

3. 南非的节庆礼仪

◇ 自由日的礼仪

1994 年 4 月 27 日，南非历史上第一部体现各族平等的宪法开始生效，每年的这一天成为南非的国庆日，也称"自由日"。

◇ 和解日的礼仪

和解日为每年 12 月 16 日，在南非原称"丁冈日"或"誓言日"，是为了纪念 1838 年的这一天向北迁徙的南非布尔人（荷兰人后裔）打败祖鲁王丁冈，夺取了南非内陆大片土地而设立的。1994 年新南非政府成立后，这一天被改名为"和解日"，寓意是希望南非黑、白两大种族面向未来，和平共处。

◇ 喧闹艺术节的礼仪

喧闹艺术节每年 9 ~ 10 月在约翰内斯堡举行，为南非最大的民间节日。节日期间，各部落的艺术家云集此地，展示具有丰富非洲文化内涵的文艺节目，如土著音乐和舞蹈等。

◇ 兰花节的礼仪

每年 10 月，首都比勒陀利亚到处兰花盛开，该月第三个星期举办兰花节，公园里有音乐会和歌舞表演。附近的跳蚤市场和小吃摊也门庭若市，一派热闹气氛。

◇ 求雨节的礼仪

求雨节为坟达部族人的节日，每年的 11 月在伯乐百都地区举行。**求雨仪式极为特别，全由"雨后"莫家姬一人主持，这在父系氏族里是极为少见的。**首先由酋长从众多少女少男中选出跳神人选，然后开始进行传统的祭神礼仪，当中伴有原始舞蹈，跳舞者全都赤身裸体。但身体和脸上涂有彩色泥巴。

四、南非的商务与旅游礼仪

1. 充满商机的国度

南非是公认的世界上最具投资吸引力的新兴市场之一。

◇ 市场大

南非人口只占非洲总人口 16%，但购买力却占到 50%。作为非洲门户，在南非设立据点，就意味着打开了企业通往非洲其他国家的大门。值得一提的是，根据非洲发展与机遇协定（AGOA），企业在南非制造的很多产品，进入美国时免关税免配额。

◇ 健全的法律体系

做生意最怕的就是无法可依，有法不依，而南非的商业、劳工、商标版权专利、纠纷解决以及竞争等各方面的法律制度都与国际规范接轨，有力地保障了投资各方的权益。

◇ 基础设施完备

拥有非洲最大的铁路运输和航运，南非七个商业港口构成了非洲大陆最大、设备最完善的港口网。南非的工业区均离主要港口和机场不远，在报关、纳税方面享有优惠，南非是非洲信息业最发达的国家，包括固定线路、无线通讯及卫星通讯在内，实现了 99.8% 的数字化。

◇ 低廉的商务成本

原材料、能源成本属全球最低的国家之一，南非的电费相当便宜，劳动力成本显著低于其他主要新兴市场国家。企业所得税为 28%，比美国、澳大利亚、巴西、印度等国家都低。

◇ 优惠政策

南非制定了多种多样的优惠政策以鼓励投资，包括中小企业发展计划、工业开发区发展计划、外国投资补贴、重大基础设施发展基金等等，甚至对国外到南非来拍电影，也给予津贴。

2. 商务时间安排与着装礼仪

在南非进行商务活动，必须事先约会，并且严格做到准时赴约。最好持英文名片，商务谈判只允许使用英语。南非人很少外出旅游，所以，一年四季均可造访。但要在圣诞节与复活节前后避免前往。

事实上，南非人的穿着打扮都已经西化了。**正式场合，人们穿着讲究、端庄的西装。**与南非人进行官方或商务交往时，最好要穿样式保守、色彩偏深的套装或裙装，不然就会被对方视作不懂礼数。南非全年并不炎热，全年只穿西服就够了。

3. 商务洽谈礼仪

南非商人偏重于英国式的处事风格，做事比较认真，处理问题坚持原则，交易方式力求正式。南非人商务洽谈喜欢由具有决定权的负责人出面，这样商业谈判不会拖延时间，当然，也希望中方商谈时也派出具有决定权的代表。

南非人重视契约，一旦双方签了字，不管是正式的合同，还是事前的备忘录，就是一件很严肃的事情。一些南非企业到中国来做生意，为了体现诚意，他们会事先要求签订一份非正式的约定，中方千万不要以为这份约定不具有法律效力，应该视同正式合同。

需要注意的是，南非商人一般不直接付款，有20天、30天或者60天的预收期。南非商人的商业意识较强，他们讲究信誉，一般不会赖账，南非市场还是规范的。

商务洽谈时中国人如果不失时机地展现幽默感，会为自己增色不少。平时联络感情时，拉拉家常等都是很好的方式。不过，一定要诚实，有一说一，有二说二。

4. 南非的旅游礼仪

旅游业是南非第三大外汇收入和就业制造部门，资源丰富，设施完善。2005 年到南非旅游的外国旅客达 752 万人次，创造了 74 万个就业机会。旅游业及相关行业产值占国内生产总值比重达 8%（其中旅游业占6%）。旅游点主要集中在东北部和东、南沿海地区。

南非美丽独特的景观令人神往。主要包括生态旅游与民俗旅游。生态景区有罗本岛、克鲁格国家公园、奥赫拉比斯瀑布、卡拉哈里大羚羊公园、图盖拉瀑布、旺德韦克山洞、大林波波河跨国公园、大圣卢西亚湿地公园等。

克鲁格国家公园是南非最大野生动物园。位于东北部德兰士瓦省。公园长 320 千米，宽 64 千米，占地约 2 万平方千米。这里生息着大象、狮子、犀牛、野水牛、羚羊、长颈鹿等。还生长着非洲特有的数丈高的猴面包树。

奥赫拉比斯瀑布是世界最大瀑布之一。位于开普省西北部的奥兰治河上。第一级落差 146 米，第二级落差 43 米，气势壮观，景色宜人。1966年在附近建起奥赫拉比斯国家公园。

好望角地处非洲大陆西南端大西洋和印度洋相汇合处的著名岬角。附近海域多风暴。1486 年葡萄牙探险家迪亚士将此地命名为"风暴角"。1497 年葡探险家达·伽马经此赴印度，满载而归，次年葡国王约翰二世将风暴角改名为好望角。表示绕过此角，能带来美好的希望。苏伊士运河开通前，好望角航道是沟通欧亚的唯一海上通道。现仍为世界繁忙的海上航道之一，每年绕道这里的船只仍有 4 万余艘。卤盖拉瀑布世界最高瀑布之一，位于纳塔尔省西部图盖拉河上游。分五级，落差共 948 米，其中最高一级落差为 441 米，气势雄伟壮观。

民俗旅游是南非另一大特色。但在黑人部族里，至今还保留着种种的习俗禁忌。你对此可得小心，不要有意无意地同他们尽力维持的风俗习惯"过不去"。

例如，如果你是一位女士，去黑人部族拜访时就更需要注意了：你千万不要好奇地随便走进当地的牲口棚。**在院子里，除非主人主动邀请你到火堆边去谈天、观舞，否则，你最好离火堆远点。**

在南非，目前黑人部族大多还处于父系氏族时期，因而对妇女有相当的轻视。他们认为，牲口棚是节日里宰杀牲口、举行宗教仪式的场所，所以是很神圣的。而火堆是男人们回顾部族历史，以土制啤酒待客的地方。是故，这两种地方都不欢迎妇女。

在南非，人、房屋、家畜一律不准拍摄。如果想拍，一定要经过对方或主人的同意，否则很可能引起不必要的麻烦。

在某些黑人部族里，他们与白人有一种传统的对立情绪，因此你不要当着黑人的面主动提及与白人有关的事。

在南非，充满创意的流行饰品在路边摊贩或店铺都有出售。游客可以从路边小贩手中买到肥皂石雕刻品，或从食品店购买咖喱饼，从跳蚤市场中购买皮包、皮带、书籍，从装潢亮丽的市郊商场购买象牙公文包。至于南非比较具有地方色彩的手工艺品，则可在艺品村和路边摊贩买到，在这里，菠萝啤酒，乡野味的桌巾、鸵鸟蛋，光鲜耀眼的珍珠项链和葫芦雕饰品，都是令人惊喜的好东西，一句话，来南非不怕买不到。

在南非，除了白人和已经西化的黑人庆祝圣诞节、复活节等基督教节日外，其他的部族主要庆祝的则是他们各自的宗教和传统节日。

在南非，游客可以享受到很好的医疗卫生服务，但他们大多采用一些在你看来也许非常可笑也是很落后的方式，比如利用巫医来治病。对这些事情，无论你自己心里有什么样的想法，都最好保持沉默，少去说三道四，以免惹出一些不必要的麻烦。

南非人民贫富分化严重，像约翰内斯堡黑人区，治安环境还相当恶劣。犯罪形式主要是持刀、枪抢劫财物、车辆及施暴、强奸等。若到这些繁华地带游玩，最好以车代步（要将车窗摇上），切忌穿金戴银独自走在街上。万一遭遇抢劫，不要反抗，事后报警（出行时身上最好带几十元钱，以图买个平安）。

到南非旅游，参观野生动物园是一大趣事。不过，坐观光车游览时，切记不要随意将手和头伸出车窗。尤其是夜游野生动物园，一定要听从向导的安排，严格按规定在车内观赏。否则，一旦遭遇野兽，很可能发生不测。

五、南非的婚丧礼俗

1. 南非的婚俗礼俗

南非人的传统婚俗，尽管因所属种族不同而各有所异，但有一些是大家必须共同遵守的。

男方家向女方家奉送聘礼的习俗是共同的。**按传统的习俗，当部落里的一个男子看上一位女子以后，他须向女子的父亲或监护人送去一定数额的牛作为聘礼**。如果对方收下了他的牛，就意味着同意了这门亲事，就可以把这个女子娶回家去。这种以牛为聘礼的迎娶礼仪称为"洛勃拉"。现在虽然不再以牛作为财富的象征，但是下聘礼之俗在南部非洲其他国家中仍然还很流行。就连南非前总统曼德拉 1998 年 7 月与莫桑比克总统萨莫拉·马歇尔的遗孀格拉萨·马歇尔结婚时，曼德拉也是按传统习俗给她的娘家送去一头牛作为聘礼。"洛勃拉"的影响之深远，由此可见一斑。

南非人的婚姻，从前是由家庭或部落长老包办。现在的南非社会，婚姻风俗发生巨大变化，婚姻完全足自由的。南非人认为男女相爱是个人私事，只要双方互相看中，便可以订婚。当然，对于这个人生大事，也会征求父母的意见，以期获得他们的支持和祝福。

南非祖鲁人有试婚习俗。南非科萨人中妙龄少女一般要被禁闭在幽暗的茅屋里，亲朋好友绕屋而行，且边走边唱，少女则要赠以礼物。南非祖鲁族的女子若是双乳袒露，表示尚未婚嫁；若是头戴斗状饰物，则表示已经订婚。

南非黑人部族中流行裸浴相亲的习俗。当女孩子在父母带领下在河中裸浴时，男子从中发现了理想对象后，即登门求婚，一旦被女方看中，女方父亲便在次日送小牛给男方的父亲，就算是定亲。

南非是一个多民族、多宗教的国家。举行婚礼的仪式也各有不同。受西方文化影响，南非人的婚礼多数是在教堂举行，应邀双方家庭成员和亲朋好友出席。**婚礼通常是由神职人员主持，在经过例行的宗教礼仪后，即被宣布为合法夫妻。**证婚人在婚书上签字，男女双方交换戒指，并互相亲吻对方，婚礼结束。但有些人在举行通常的婚礼后，往往还按本民族的习俗再举行一次传统的婚礼。不论举行哪一种形式的婚礼，仪式结束后新婚夫妻都要举行庆祝酒会，招待前来祝贺的亲友。此后，大多新婚夫妇都会外出度蜜月，在新的环境中尽情享受甜蜜。

从新娘的公公允许她在家里喝牛奶时起，她就正式成为这个家庭新的一员。从此以后，在她的一生中，再不准许说起含有她公公名字第一个音节的任何词句。一个女人，要是触犯了这个忌讳，她父亲就得被罚一头山羊以上的牲畜。这种奇异风俗的结果，使得科萨人的语言经常变化。

凡是新娶的妻子，不但要替丈夫干活，而且也得替丈夫先娶的妻子干活，一直到丈夫再娶一个妻子，她才能卸掉一部分活儿。牲畜在当地十分高贵，牲畜圈是神圣不可侵犯的地方。过去，女子既不能碰牲畜，也不准踏进牲畜圈。饲养牲畜，挤牛奶是男子的事情，女子主要从事农业和其他一些家务劳动。现在，由于男子大量外出做工，这种风俗逐渐有所改变。科萨人的财富主要以牲畜头数来计算，而妻子的数目倒在其次。妻、妾之间并不妒忌，各个妻子分开居住。如果丈夫有钱，就给每个妻子造一所圆形小茅屋。假如妻子有外遇，也并不受罚，只要情夫给她的丈夫赔上几头牛羊，生下孩子，便属情夫所有。做母亲的仍负责哺育孩子。

南非黑人实行一夫多妻制。一般说来，娶一个像样的妻子要花上几头牛羊。为了挣这笔钱，男子在结婚前，就得到远离家乡的城市，如几百里外的约翰内斯堡金矿去做工。南非盛产黄金，占世界黄金总产量一半以上，约翰内斯堡就坐落在金矿的上面。南非黑人在深达两公里半窄长的坑道里工作。然而他们所得的工资却远比白人低得多。**他们在那里待多久，主要取决于他打算娶几个老婆。**

礼仪习俗

南非祖鲁族姑娘一旦出嫁，就永远属于丈夫的家族。如果丈夫不幸去世，亡夫的弟弟便要娶嫂嫂为妻，故称为"转房婚"。该族少女如果婚前怀孕，男方不仅要被该族酋长罚款，而且还要送给女方父亲一头阉牛。

2. 南非的丧葬礼俗

南非一些黑人部族的葬礼别具特色。人死后，送葬人要在墓地举行三天三夜的仪式，附近村庄的人也都得赶来参加。送殡者手持战鼓，男子们佩戴头缨，拿着弓箭，高声呐喊。据说这是要把鬼魂赶走。然后，鼓乐齐鸣，男人们开始跳舞。舞姿表现出他们是在同鬼魂进行一场模拟战。随后，女人们手持用葫芦制作的沙锤开始跳舞。舞间休息时，死者的姐姐要身涂木灰，坐在坟上哭泣，口中念念有词。她一边哭，一边给新坟培土。再过片刻，死者的其他女眷也围成一圈跪在坟边。向坟上泼水，以表示她们对死者的哀悼。她们缓慢的动作还伴随着阵阵哀歌。最后，人们杀一只野鸡，将鸡的内脏放在坟上。死者的直系亲属必须亲手抚摸鸡内脏。他们相信只有这样做，才能避免死者的阴魂缠身。如果死者是妇女，为她举行的葬礼结束时，她生前使用过的罐子、碾槌等物品必须打碎放在坟上。如果死者是男人，他用过的旅行箱等必须同他的遗体一起下葬。人们相信死人的阴魂会跟着活人行走。为了驱散这些鬼魂，必须砍掉一棵树上特定的一根树枝。据信，当树枝掉下来时，鬼魂也就随之消失了。

在葬礼进行的几天中，死者所在的村子必须为来参加葬礼的外村人提供膳食。如果正赶上青黄不接的季节，粮仓就会被一扫而空，这个村子就将面临饥荒。

此外，南非人的丧葬礼仪主要还有"避居俗"和"图腾俗"两种。

南非人死后，一般由亲属把死者侧放，两膝弯曲，使之摆成卧姿势。埋葬在死者住房附近，并把死者生前的全部东西都随葬。最后在坟墓上堆上一些石头。**埋葬之后，所有亲属都要迁居到别的地方去，并且在两年之内不再回到这个地方。**这种丧葬习俗称为"避居俗"。

图腾部族的成员都相信他们死后灵魂会转化为图腾，或与图腾同处一个世界。南非人认为，人死后的灵魂变为狮子、鳄鱼，他们有的将尸骸化装为图腾而后埋葬，有的用图腾实物的一部分作为殉葬者，称之为"图腾俗"。

第 三 章

阿尔及利亚的礼仪

　　阿尔及利亚位于非洲西北部，幅员辽阔，以山地、沙地为多。国民大多是阿拉伯人，并以伊斯兰教为本国国教。在饮食、社交等方面，其礼仪文化受宗教影响较大。到阿尔及利亚出访或旅游时应严格遵守相关的礼仪禁忌。

一、阿尔及利亚概况

阿尔及利亚的正式名称为阿尔及利亚民主人民共和国。阿尔及利亚作为国家的名称，据说来源于其国都阿尔及尔之名。在阿拉伯语里，"阿尔及利亚"意即"群岛"。

1. 阿尔及利亚的自然地理

阿尔及利亚位于非洲的西北部，东临突尼斯、利比亚，西接摩洛哥、西撒哈拉，南部与尼日尔、马里、毛里塔尼亚交界，北部则隔地中海同法国、西班牙相望。阿尔及利亚的全国总面积为 23.82 万平方公里，海岸线长约 1200 公里。

阿尔及利亚地形比较复杂，有山地、盆地、平原、高原和丘陵等。其中又以山地、高原、沙漠为多。**阿尔及利亚地形大致可分为两大部分：其一是北部的山地和山间大高原；其二是南部广袤地台上分布的准平原、火山、沙丘和高原**。阿尔及利亚地形呈南高北低。从北部沿海地区的塔萨拉山到南部撒哈拉地区阿特拉斯山脉，海拔高度相差 1 千米以上。因此，阿尔及利亚西北部的河流流向都是由南向北的。阿尔及利亚全国海拔在 800 米以上的高原占国土总面积的 50% 以上；低地和平原仅占总面积的 5% 左右。

阿哈加尔高原的塔哈特山，高达 2918 米，是阿尔及利亚的最高山峰；位于北部的奥雷斯山，其主峰高达 2329 米，是阿尔及利亚抵御外来入侵的天然屏障。

阿尔及利亚北部河流较多，南部较少。谢利夫河是阿尔及利亚境内最著名的河，不仅河流长，而且流域面积广，达 35000 平方公里。阿尔及利亚南部沙漠区有一条重要的河，是杰递干河，其长度与谢利夫河相差无几，是沙漠区水量最丰沛的一条河流，河水最终注入低于海平面的迈勒吉尔大盐沼。阿尔及利亚境内河流不能通航，只适于水力发电和人工灌溉。

阿尔及利亚矿产资源丰富，有石油、天然气、铁、磷酸盐、重晶石、汞、铅、锌、铜、铀等，主要矿藏集中在沿海一带，大高原、撒哈拉阿特拉斯山脉和大沙漠地区也有丰富的矿藏。阿尔及利亚的石油、天然气、磷酸盐为最重要的矿产资源，其产量居世界前几位。阿尔及利亚可耕地面积7400万公顷，其中已耕地面积约820万公顷。谷物以小麦为主，其次是大麦、燕麦、玉米和豆类。经济作物有椰枣、柑橘、葡萄、橄榄、无花果、烟草、棉花、蔬菜、香料等。阿尔及利亚森林面积辽阔，主要分布在撒哈拉阿特拉斯山脉以北。全国森林面积约700万公顷，与耕地面积相当。主要森林资源有栓皮栎、杜松、姜果棕、阿尔法草及其他禾草。

阿尔及利亚幅员辽阔，地形复杂，对气候的形成具有重要影响。以撒哈拉阿特拉斯山脉为分界线，阿尔及利亚全境可分为两个区域：北方区和南部沙漠区。北南两个地区气候截然不同，北方地区包括沿海平原和泰勒阿特拉斯山脉一带，气候属地中海式亚热带气候，雨量充足，适于植物生长；南部撒哈拉沙漠地区属热带沙漠气候，常年干旱，植物贫乏，人迹稀少；处于中间的大高原地区属于过渡性气候。阿尔及利亚自北向南大陆性气候逐渐增强。降水递减，呈北湿南干型气候特征。根据上述划分，阿尔及利亚由北向南可分成3个气候区，即：地中海气候区、大陆性气候区、沙漠气候区。

2. 阿尔及利亚历史简介

公元前3世纪，在阿尔及利亚北部建立过两个柏柏尔王国。后罗马、拜占庭、阿拉伯人、西班牙、土耳其和法国先后入侵。1905年全部沦为法国殖民地。1954年11月1日，阿尔及利亚人民发动武装起义。1958年9月19日，阿尔及利亚临时政府成立。**1962年7月3日正式宣布独立，7月5日定为独立日。**1963年9月，本·贝拉当选首任总统。1965年6月，胡阿里·布迈丁发动政变上台，1976年12月当选为总统。1979年2月，沙德利·本·杰迪德上校当选为总统。1992年1月，沙德利总统辞职，阿尔及利亚成立以穆罕默德·布迪亚夫为首的五人最高国务委员会行使总统职权。7 月，卡菲继任最高国务委员会主席。1994 年 1 月，最高国务委员会卸任，同时任命拉明·泽鲁阿勒为总统。1995 年 11 月，阿尔及利亚拉明·泽鲁阿勒当选为总统。1995～1997 年间，阿尔及利亚完成了修宪公投，通过了政党法并先后举行了总统、立法、地方及民族院（参议院）的选举，各级政权建设基本完成。1998 年 9 月 11 日，拉明·泽鲁阿勒总统宣布他将提前卸任，本应于 2000 年举行的总统选举提前至 1999 年 4 月举行。1999 年 4 月 15 日举行总统选举，阿布杜勒·阿齐兹·布特弗利卡当选为总统。任期 5 年。

3. 阿尔及利亚的行政区划与首都

阿尔及利亚的行政区划，是将全国划分为 48 个省。

阿尔及利亚的首都是阿尔及尔，人口有 256 万。在阿拉伯语里，它的含意是"岛屿"，正确的发音则应为"贾扎伊尔"。"阿尔及尔"实际上是"贾扎伊尔"的法文发音。近年来，阿尔及利亚政府提倡本国地名"阿拉伯化"，已将首都名称正式恢复为"贾扎伊尔"。但是，国际上目前仍然习惯于将其称为"阿尔及尔"。

延伸阅读：
阿尔及利亚的国旗、国徽、国歌与国花

阿尔及利亚的现用国旗启用于 1962 年 7 月 3 日，长宽比例为 3：2。国旗由绿、白两个竖长方形组成，中央有一弯红色新月和一颗略微倾斜的红色五角星图案。绿色象征未来的希望，白色表示纯洁与和平，红色代表革命和献身精神，新月和五角星则是伊斯兰国家的象征。

阿尔及利亚的现用国徽为圆形，中央是伊斯兰国家闻名的"法蒂玛之手"，是幸福和吉祥的象征，手掌中三个手指直指向上，象征工业、土地和文化革命。山峦象征国家北部的山脉，朝阳象征独立和对未来的希望，厂房、石油井架和树林代表工矿、石油和林业，麦穗和绿色橄榄枝象征农业，星月是伊斯兰国家的标志。图案外围以阿拉伯文字构成圆环，书写着国名。它启用于 1976 年。

阿尔及利亚的现用国歌是《誓言》。

阿尔及利亚的国花有两种，为鸢草和夹竹桃。阿尔及利亚人对这二者均十分喜爱。

4. 阿尔及利亚的民族文化与宗教

阿尔及利亚的全国总人口现为3810万左右，由阿拉伯人、柏柏尔人、沙维亚人、姆扎布人、图雷格人等五个主要民族组成。此外，还有极少量的外来移民。阿尔及利亚的主体民族是阿拉伯人，其人数约占全国居民总数的83%左右。

阿尔及利亚独立后确定阿拉伯语为国家的正式语言，取代殖民统治时期法语作为官方语言的地位。阿尔及利亚全国75%以上的人口讲阿拉伯语，其余约有20%的人讲柏柏尔语。2002年3月12日，阿尔及利亚政府正式宣布柏柏尔语为第二国语。此外，还有小部分人讲法语，主要是法裔。法语在阿尔及利亚全国仍然通用，特别在政治、经济、文化、图书报刊等方面仍有很深的影响并依然很流行，说法语者多为知识分子阶层和中产阶级。

延伸阅读：

撒哈拉沙漠中的文明

位于阿尔及利亚东南、撒哈拉沙漠中部的阿杰尔高原，气候干燥，植物稀少，是一片人迹罕至的不毛之地。然而就在这样一片荒凉的沙漠上，却令人惊奇地蕴藏着5000多幅新石器时代的岩石壁画——塔西利岩画。岩画大致可以分为4个时期。即公元前8000年～公元前6000年左右的狩猎时期，画面上有长颈鹿、犀牛和鸵鸟等热带动物。公元前6000年～公元前1200年的饲养牲畜时期，以强烈的自然主义手法表现了牛的神态和牧牛人的生活。约公元前1200年的牧人时期，岩画中不再出现犀牛、长颈鹿等动物，取而代之的是马、牛等牧畜；约公元前50年开始的骆驼时期，以骆驼题材为主，记载着当时通过沙漠的商队的骆驼头数和商队旅途中发生的事情。这些岩画不同时期的特点，充分向人们揭示了撒哈拉沙漠气候的演变、动物的迁徙和人类生活的变化，同时也向世人展示了撒哈拉地区曾经拥有过的独特文明。

阿尔及利亚的主要宗教是伊斯兰教。在全国人口中，约99%的人信奉伊斯兰教，并且属于逊尼派。伊斯兰教是阿尔及利亚的国教。天主教徒6万人，犹太教徒200人。

5. 阿尔及利亚的经济与社会

阿尔及利亚的国民经济严重依赖碳化氢产业，天然气和石油出口收入占国家外汇收入的90%以上，粮食与日用品主要依赖进口。1989年开始经济改革，向市场经济过渡。1995年加快了经济结构调整，至今宏观经济运行状态良好，工农业生产持续增长。

◇ 农业

近几年，阿尔及利亚的农业生产形势良好，农业生产总值占国内生产总值的比重都保持在10%以上。根据阿尔及利亚农业部统计历年的农业发展情况看。阿尔及利亚农业平均每年实现产值80亿美元；农业产值占国内生产总值的12%；平均年增长率为4%。阿尔及利亚是世界粮食、奶、油、糖十大进口国之一，每年进口粮食约490万吨。

◇ 畜牧业及畜牧产品

阿尔及利亚历史上曾经是畜牧业出口国，牲畜的出口仅次于葡萄酒和谷物，排在出口的第三位。但到独立前夕，阿尔及利亚的牲畜总数不足400万头，而历史最高水平是1500万头。独立后，政府重视发展畜牧业，畜牧生产得到较快发展。

阿尔及利亚的畜牧业主要集中在高原地带和南部地区，以饲养绵羊和山羊为主。

◇ 交通运输业

阿尔及利亚国铁路总长4290公里，与阿尔及利亚所拥有的国土面积相比，铁路拥有量很低，平均每 555 平方公里的面积只有 1 公里铁路。近几年阿公路网建设加快，目前全国公路总长为 10.7 万公里。

二、阿尔及利亚的日常生活礼俗

1. 阿尔及利亚的服饰礼俗

在阿尔及利亚，伊斯兰教的影响一向占据着主导地位。与此同时，由于过去殖民占领与近日国际交往等方面的原因，西方的影响也随处可见。因此，在西方文化和伊斯兰文化并存的阿尔及利亚，在服装上表现出既传统又现代的特点。简而言之，阿尔及利亚人的着装可以分为三种情况。

其一，城里人的穿着。在沿海城市，尤其是在大都市里，阿尔及利亚人不仅接受了西装、套裙。而且还有许多人对各色流行服装趋之若鹜。穿牛仔装、紧身衣的人往往到处可以见到。

其二，乡下人的穿着。在乡村里，阿尔及利亚人则大都穿着本民族的传统服装。它们通常是指，男子穿白色大袍，戴白色无檐软帽，身披白色羊毛斗篷。**妇女则一般是穿罩袍，但是戴面纱的人并不太多**。在卡比利山区的柏柏尔人爱穿花衣服。在阿哈加尔山地的图阿雷格人，喜欢用蓝色面纱遮盖头部。

其三，介于两者之间的穿着。在阿尔及利亚，现在有一些人的穿着打扮可以称之为"亦土亦洋"，他们将西式服装与传统服装巧妙地穿着搭配在一块儿，走的是中间路线。例如，一个小伙子很可能是内穿一件西装，外披一件大袍。

近年来，阿尔及利亚人的穿着日趋保守，"阿拉伯化"的走向十分明显。除在喜庆节日外，男女一般不化妆。

2. 阿尔及利亚的饮食礼俗

在饮食上，阿尔及利亚人注重菜肴的色香味，一般口味不喜太咸，爱酸、辣味，喜欢用煎、炸、烤、炒、扒、熘、烩等烹调方法制作的菜肴。

以米饭为主，也喜欢吃烧麦、锅烙、蒸饺等食品；爱吃牛肉、羊肉、鸡肉、鸭肉及蛋品等，蔬菜爱吃西红柿、黄瓜、洋葱、茄子等；调料喜用咖喱、橄榄油、辣椒、盐、葱等。

阿尔及利亚的主食主要是面包，最通常的是法式长棍面包，也有其他面包，街头巷尾都设有面包铺。**长棍面包是老百姓最基本的主食，政府给予补贴，售价比其他面包要便宜。**阿尔及利亚人还吃面条和意大利通心粉，另有一种叫"鸟窝面"（形为团状，酷似鸟窝）。阿尔及利亚人平时吃饭，一般只做一两种菜，不像中国人讲究"四菜一汤"。

礼仪习俗　　阿尔及利亚人接待客人最名贵的菜肴是"烤全羊"。阿拉伯语称做"米苏伊"。"烤全羊"就是把一只整羊架在火上熏烤，烤熟后再涂上各种佐料。拿出来招待客人。其中的羊肝和羊腿给最尊贵或是最敬重的客人享用。

阿尔及利亚每逢节日，都做他们的传统饭菜"库斯库斯"。这种饭菜有点像中国的"盖浇饭"，主食副食都混在一起食用。"库斯库斯"做起来也颇为费事，先要把蜀米加上少许葡萄干和几粒绿橄榄蒸熟，还要同时把羊肉、蔬菜加香料一起炖熟。用餐时，把炖好的肉菜和汁浇在米饭上，用手搅拌后抓着吃，其吃法就像中国少数民族的"手抓饭"。

阿尔及利亚人通常不用筷子和刀叉，也不习惯用右手抓饭吃，而是使用汤匙做餐具。上层人士爱吃西餐，也爱吃中国以辣味著称的四川菜和湖南菜。

在饮品方面，阿尔及利亚人偏好茶与咖啡，也是招待客人必备的饮料。他们喜欢饮用绿茶，喝茶时，他们惯于在茶里加入二三片新鲜薄荷叶和冰糖，喝红茶时更是要兑牛奶并且加糖，他们感觉这样喝既解渴又解暑，味道甜美。

　　阿尔及利亚人在社交场合用餐是比较讲究的。喜欢餐桌陈设华丽和装饰美观。**尤以对于现代服务中摆设餐巾和递送香巾等服务项目是比较欣赏的。**他们对新鲜蔬菜很感兴趣。特别喜欢用咖喱作调料来制作菜肴。

　　此外，阿尔及利亚杜勒格人是很少食肉的民族，他们的主要食品是骆驼奶和一些淀粉制品，吃饭时也不像其他穆斯林国家的人那样用手抓饭，而是使用汤匙做餐具。

　　礼仪禁忌：

　　　　伊斯兰教规严禁教民饮酒，因此，阿尔及利亚虽是葡萄酒主要生产国之一，产品也畅销世界80多个国家和地区，可是，他们自己国家的商店里却不售酒。家庭不饮酒，甚至连酿酒工人也没尝过酒的滋味。

3. 阿尔及利亚的婚姻礼俗

　　阿尔及利亚人的婚姻习俗是"重礼嫁女"。女儿出嫁时必须得到一份重重的彩礼。**阿尔及利亚人的传统观念认为，索要贵重彩礼是要让新郎不能轻易地休掉妻子。**阿尔及利亚人结婚的费用一般由男方承担，但女方也不是"空手套白狼"。按照传统的习惯，女方家要送给新郎及其家人一定数量的黄金或衣服，这也是一笔数额不小的开支。再加上，女儿出嫁时，还需戴上母亲或是祖母为她准备的材质高级的披肩、面纱以及被子和家具等嫁妆。所以，女方所花费的钱财也并不比男方少，有时甚至要超过男方的花销。

　　阿尔及利亚人婚礼仪式也很讲究。婚礼的前一天，新娘和新郎都要用一种专门的指甲草（当地称"哈姆"）涂染手指甲。传统习俗把这一形式看作是吉祥、幸福的象征。婚礼的当天要有隆重庆典仪式，除设有丰盛的酒席外，还要唱歌跳舞，一般做法是邀请民间文艺团体前来演出为婚礼助兴。出席婚礼的亲朋好友，必须赠送礼品。主人将亲朋好友赠送的礼品和钱财都要张榜公布，并把收到的礼品摆放出来，向客人展示。新婚之日，新娘要精心装束，格外打扮，穿上专门的结婚礼服。新娘的结婚礼服是一件用金色丝线刺绣的天鹅绒长袍和一顶绣着金色椰枣和花朵图案的天鹅绒圆锥形小帽，当地称这帽子为"沙西那"小帽。

小帽价值不菲，上面有3个分别用黄金、宝石和珍珠编结起来的花环，帽子的两侧挂着许多金环，帽子的前面还有成串的遮掩整个面庞的珠帘。新娘额头上还要戴一条被称为"阿卜鲁嘎"的金色丝织的额头圈，耳朵上佩带着晶莹璀璨的珍珠耳环。婚礼的当天下午，新娘要由十几个女子陪着，到西班牙式的浴池里去洗浴，晚上新娘才被送进洞房。新郎和新娘入洞房后，将"贞节布"当众抛出。这时，婚庆活动高潮掀起，男男女女载歌载舞，妇女们还以阿拉伯人特有的"吁吁"欢呼声来增加热闹的气氛。阿尔及利亚人的婚礼一般都要持续7天，若是富商大贾之子，或是独子，婚礼还要隆重，时间还要延长，可持续两周。**阿尔及利亚人的传统做法是迎亲，新郎要亲自上门迎亲。**新郎迎亲要穿传统的结婚礼服：一件白色毛织物的传统斗篷，里面是深色的结婚礼服，配一条红色领带，在一队亲朋好友的陪同下前去迎亲。新郎进门，女方父母要馈赠黄金和衣服作为见面礼。迎亲队伍规模有大有小，过去都用马车。现在都改用汽车，有用几辆车的，也有用十几辆车的，车队一般披花挂彩，前有乐队开路，后有歌舞队压轴。迎亲车队一路走过，引人驻足观望。婚后第7天，新娘要系上围裙和金箔制成的腰带，这是阿尔及利亚姑娘成为少妇的标志。

礼仪习俗　阿尔及利亚的图阿雷格人在举行婚礼前，男女双方的家人要先行聚会，相互认识。举行婚礼时，年轻人聚在一起，姑娘们弹奏一种单弦琴，其余的人则以一种皮鼓伴奏。仪式结束后，新郎新娘单独走向沙漠去"考验"他们的爱情。

有些阿尔及利亚人还会选择在清真寺举行传统的宗教婚礼。宗教婚礼只有男女双方家里的男人参加，新郎新娘都不出席，由教长宣读《古兰经》并举行仪式。之后，新郎新娘在证婚人、父兄的陪同下到当地政府登记，接着进行各种庆祝活动，而且要延续1~2个月，而在此期间新郎新娘各住在自己家里。

阿尔及利亚少数民族还有一个最奇特的风俗，即人们在婚礼上见不到新郎。**按照当地的习俗，新郎不但不参与婚礼的所有准备活动，在举行婚礼时要躲起来，躲到一个只有朋友知道、甚至父母都不知道的地方。**对此，当地人的解释是：要结婚了，新郎不好意思见人；或者要和父母分开了，不好意思见人。而且，这种状况一直要持续到婚后的第三天。

三、阿尔及利亚的社交礼仪

1. 阿尔及利亚的会面礼仪

在人际交往中，阿尔及利亚人的所作所为，既具有阿拉伯世界的共性，同时也有着自己的特点。

与其他人相见之时，谦恭好礼的阿尔及利亚人必定会以右手抚胸，然后问候对方："愿真主保佑你。"然而，跟阿尔及利亚人打交道时，无论如何都不能向对方的女性亲眷进行问候。在当地，这种做法是极其无礼的。

在一般情况下，阿尔及利亚人在交际应酬中所用最多的见面礼节是握手礼。无论是见面还是分别，一般都是握手礼。与亲朋好友相见时，他们有时也会与对方相互拥抱，或是贴面为礼，贴面礼是先左后右再左，共贴面3次。但是，以上所述的各种做法仅限于同性之间。换而言之，在阿尔及利亚，异性之间不宜相互握手或是拥抱贴面。

阿尔及利亚人在跟别人握手时，有一些传统规矩，熟悉的人见面，先用内左手握住右手的手腕，然后再用右手去握对方的手；此外，还有一个独特的讲究，即：在握手的时候，越是用力气，越是表示对交往对象的敬意。原来，**阿尔及利亚人认定，与别人握手时用力的程度，是与对方友好、敬重的程度成正比的。**因此，阿尔及利亚人在握手时往往会握得对方又麻又痛。出于同样的原因，他们也希望交往对象能够对自己也这么做。

阿尔及利亚人跟别人握手时的另外一个讲究，是绝对禁止使用被他们视为"肮脏"与"下贱"的左手。

礼仪习俗　　在人际交往中，阿尔及利亚人特别喜欢问长问短，跟交往对象进行长时间的寒暄。有时，这种礼节性的寒暄竟然会长达几十分钟。在有的地方，朋友间相遇，喜欢边谈话边用自己的右手掌拍打着对方的左手掌，用以表示亲热和友善。

阿尔及利亚人在寒暄的时候，对称呼十分在意。在一般情况下，他们习惯于以交往对象的姓氏加上适当的头衔相称。此外，他们还喜欢与穆斯林彼此以"兄弟"相称，或是将男子称为"先生"，将未婚女子成为"小姐"，将已婚妇女称为"夫人"。

在沙漠地区，游牧民族见面时还有独特的礼仪。他们通常是紧握双手，互通姓名，长时间寒暄，有时还要相互咬一下对方的手臂，留下一道深深的印记作为纪念。临别时，双方都要下跪，虔诚地嘱咐一番，然后道别。

2. 阿尔及利亚的拜访礼仪

到阿尔及利亚人家中做客有送礼的习俗，在很多地方都有做客送花的习惯，客人把花束扎得很精致悦目，花朵的数量一般为双数。到主人家后，要谦恭地弯身鞠躬，双手捧送鲜花，同时说一些祝福的话语。

进屋后，先寒暄一番，可以问候对方及其家庭，要给主人带礼品。通常女主人不露面。当客人坐定时，主人通常要先问一句："请问要喝咖啡还是喝茶？"而且在未喝之前，客人是不能匆忙起身告辞的。

如果客人喝完后没有摇摇杯子以示不要了，主人就会接着倒上第二杯。不过在许多地方，喝茶一般是非正式的，客人喝完茶以后还要再喝上一杯咖啡后才可以告辞。而且，逢遇节假日时，他们还惯用敬茶三杯之俗来欢迎客人，客人只有喝完三杯才算合乎礼节。

与阿尔及利亚人交谈比较恰当的话题是工业化的增长和土地改革。在交谈时应回避政治问题和工伤问题。

在阿尔及利亚，阿拉伯人不喝酒，也不吸烟，因此，作为客人，若主人不吸烟，也未请吸烟，则最好不要吸烟。

四、阿尔及利亚的商务与旅游礼仪

1. 阿尔及利亚的商务活动礼仪

与阿尔及利亚人做生意，应事先安排好会晤时间。会谈时切不可炫耀自己国家和民族的长处以及产品的优越性，切忌扯开嗓门大喊大叫，更不能公开斥责对方。**谈判达成协议时，最好让他们自己首先宣布达成协议的情况。** 特别注意的是：阿尔及利亚的市场容量不大，大多是综合商，专营商较少。订货要求一般是小批量，品种齐全。

礼仪提醒

在商务活动中拜访阿尔及利亚人时，赠送双数的鲜花，是最受欢迎的。猪皮、猪毛制品，带有熊或熊猫图案的物品，雕塑、公仔、女人照片，都是不受欢迎的。

2. 阿尔及利亚的旅游礼仪

阿尔及利亚旅游业十分发达，其优美的自然景观和悠久的人文景观总使游客流连忘返。

阿尔及利亚首都阿尔及尔是一座美丽的山城，沿地中海岸边而建。它的历史可追溯到公元前 7 世纪，腓尼基人在此建立了港口。后来罗马人建立了伊高西姆城，土耳其人曾在此建过居民区，法兰西人曾统治了这里130 多年。**因为阿尔及尔的历史悠久，联合国科教文组织于 1992 年将阿尔及尔市的老城区卡斯巴区列为"世界人类文化遗产"。**

进入卡斯巴区，顿觉时光倒流数百年。饱经沧桑的老清真寺，磨得发亮的石阶，高高的白墙，狭小的门窗，里面依然居住着蒙头的妇女、长须的男人。卡斯巴区正在维修，数年之后，这座老城将成为仅供人怀古忆旧的旅游区。走出卡斯巴区，是颇具法兰西风情的新街区，人们说这与隔地中海相望的法国占城马赛极为相似。

当年，法国人登陆阿尔及尔，在这里大兴土木，建造了成片的欧式风格的楼群。漫步阿尔及尔城，会感到处处弥漫着法兰西风情。城区里矗立着法兰西的建筑，街道上跑着法兰西的车，市民们讲的是法语，袋子里装的是法国长棍面包。城市各个商店的标牌、道路的路标，均使用阿拉伯文和法文两种文字。就连阿尔及尔的小伙子，看上去既有伊斯兰的豪爽率真，又有法兰西的柔情浪漫。阿尔及尔是一座英雄的城市。第二次世界大战时期，北非盟军指挥部就设在此地。阿尔及尔人正在进行大规模的城市建设，相信数年之后，地中海之滨的阿尔及尔将变得更美丽。

尤巴二世王后墓，位于阿尔及尔西郊，为圆锥形砖石结构。王后名克娄巴特拉·塞累妮，是埃及女王克娄巴特拉与罗马将军安东尼所生。1865年法国人发现墓穴，但已无棺椁及葬品。

君士坦丁，北非历史名城。位于东北部安纳巴港西南。城四周有石墙。迦太基人称卡尔塔，罗马人改称锡尔塔。公元 311 年被毁，两年后君士坦丁大帝在位时复修，故名。城中多罗马时代和中世纪古迹。

非洲圣母院，阿尔及尔市内的罗马式教堂。坐落在博格里丘陵上。

杰米拉古城遗址，位于东北部塞蒂夫城与君士坦丁城之间。1982 年列入世界遗产名录。

阿杰尔的塔西利位于撒哈拉东南与尼日尔和利比亚交界处，拥有公元前 6000 年至公元最初几个世纪的壁画和雕刻 5000 多幅。1982 年列入世界遗产名录。

廷加德，位于巴特纳省的廷加德市，是古罗马的军事要塞，后发展为城市。1982 年列入世界遗产名录。同时被列入世界遗产名录的还有卡拉城、蒂帕萨等，都是人类文明的遗迹。

　　在阿尔及利亚旅游有一些礼仪规范，需要我们去遵守。

　　5～6月或9月前后，是阿尔及利亚最适宜的旅游季节。到沙漠旅游，别有一番情趣。但切忌单独行动。须经当地警方许可并有两组以上人员协同前往。蒙头巾、太阳镜、防晒油、睡袋以及食品和水是沙漠旅行的必备物品。特别提出的是：**到阿尔及利亚做生意或旅游观光，不论是乘坐出租车，还是出入宾馆餐厅，一般给5%～10%的小费**。这里的汽车都是靠右行。闯红灯、随意横穿公路，会被罚款。

第 四 章

摩洛哥的礼仪

摩洛歌位于非洲西北端，是大西洋入地中海的门户。摩洛歌是一个古老的农业国，地理环境优越，风景迷人，是世界著名的旅游圣地。同其他穆斯林国家一样，信奉伊斯兰教的摩洛歌人的礼仪文化带有鲜明的宗教色彩。饮食上禁食猪肉，酷爱饮菜不能饮酒，女性习惯戴面纱，讲究穿戴金银饰品。未经主人许可，不脱鞋不能进入宅屋。

一、摩洛哥概况

摩洛哥由于处在欧洲、非洲两个大陆和地中海、大西洋两个水域的交界处，扼守着地中海出入大西洋的门户，是欧洲、非洲、西南亚和美洲各国海、陆、空之间最活跃的交通要道。摩洛哥北方的丹吉尔港和休达港，是地中海通往大西洋的咽喉，其战略地位十分重要。

1. 摩洛哥的自然地理

摩洛哥位于非洲大陆西北部，北濒地中海，与南欧各国隔海相望；西北角的领土隔直布罗陀海峡（宽约 15 公里）与欧洲西南角的西班牙相对；西濒大西洋，与美洲大陆遥相呼应。**摩洛哥东面和东南面与阿尔及利亚接壤，南面是西撒哈拉地区。**

摩洛哥国土面积约为 44.66 万平方公里（不包括西撒哈拉的 25.21 万平方公里），陆地面积 44.63 万平方公里，水域面积 250 平方公里；陆地边界线长达 2017.9 公里，其中与阿尔及利亚的边界线长 1559 公里，与西撒哈拉的边界线长 443 公里。海岸线长 1835 公里。领海范围为 12 海里，经济区为 200 海里。

摩洛哥的地形十分复杂，大部分为非洲大陆西北端的阿特拉斯山脉（Atlas Mountains，阿尔卑斯山系的一部分）所盘踞，这是由在第三纪时期形成的最高和最崎岖的山系组成的；山地占全国面积的 1/3 以上。阿特拉斯山脉由四条山脉组成，由北向南分别为：里夫山、中阿特拉斯山、大阿特拉斯山和小阿特拉斯山。这些山被狭长低缓的平原和高原所围绕。西北部的沿海一带为狭长低缓的平原。

摩洛哥的矿物资源丰富，主要有：磷酸盐、油页岩、石油、天然气、无烟煤、铁、磁铁、铅、锌、铜、钴、锰、钡、锡、金、盐、石墨、云母等。磷酸盐是摩洛哥的最主要的矿物资源，**目前已探明的磷酸盐储量为**

1100 亿吨，占世界总蕴藏量的 75％，被人们誉为"磷酸盐王国"。 主要分布在阿特拉斯山脉以西一直到大西洋沿岸的地区。其中，最大的胡里卜加盖磷酸盐矿区面积达 4000 多平方公里，矿脉总厚度为 10 米，含量高达 70％以上，可列为世界上最大、最好的磷酸盐矿之一。

摩洛哥的油页岩储量也较多，达 1000 亿吨以上。其中，含原油 60 亿吨。

近十多年来摩洛哥发现了石油。2000 年，根据最新的地震测定技术探明，在摩洛哥内陆的几个地区和近海的几个地区拥有具有开采价值的油气资源。

摩洛哥地处非洲西北部，属亚热带气候；夏季较干燥炎热，冬季温和潮湿。由于摩洛哥濒临大西洋和地中海，阿特拉斯山脉又挡住南部撒哈拉沙漠的热浪，所以摩洛哥的气候温和宜人，四季花木繁茂，有"烈日下的清凉国土"的美誉。但是，摩洛哥又是一个位于不同自然带交接处、濒临海洋的山国，自然环境独特，具有多种多样的气候，自北向南分为四种类型。

2. 摩洛哥历史简介

摩洛哥最早的居民是柏柏尔人。现在的阿拉维王朝建立于 1660 年，穆罕默德六世国王是该王朝的第 22 位君主。从 15 世纪起，西方列强先后入侵。1912 年 3 月 30 日沦为法国保护国。同年 11 月 27 日，法国同西班牙签订《马德里条约》，摩北部狭长地区和南部伊夫尼等地区划为西班牙保护地。1947 年，摩苏丹穆罕默德五世要求独立，改变保护制度。1953 年，法国废黜并放逐穆罕默德五世，另立阿拉法为苏丹。1955 年 1 月，法国被迫同意穆罕默德五世复位。1956 年 3 月 2 日获得独立。1957 年 8 月 14 日定国名为摩洛哥王国，苏丹改称国王。1963 年 1 月，穆罕默德五世国王逝世。同年 3 月，哈桑二世国王登基，1999 年 7 月 23 日因病逝世。王储西迪·穆罕默德于同日即位，7 月 30 日正式登基，称穆罕默德六世。

3. 摩洛哥的民族文化与宗教

摩洛哥人基本上是由阿拉伯人和土著柏柏尔人及许多外来移民长期融合而形成的。阿拉伯人和柏柏尔人占人口的 99.1%，犹太人占 0.2%，其他人占 0.7%。

1996 年 9 月颁布的摩洛哥宪法规定，摩洛哥的官方语言为阿拉伯语，通用法语，一部分人讲柏柏尔语。

山区的柏柏尔人因生存环境闭塞而只会讲柏柏尔语。柏柏尔语没有文字。

摩托洛哥政府把教育作为国家发展的根基，努力实现教育普及化、教材统一化、教师摩洛哥化和教学阿拉伯化。摩洛哥宪法中规定所有国民在寻求教育和就业方面享有平等的权利。为此，摩洛哥政府每年投入大量资金用于教育事业，每年教育预算约占国家预算总支出的 1/4。政府几次改革教育制度，以减少地区性的教育不平衡和保证普及教育。

摩洛哥宪法中明确规定：伊斯兰教是国教。摩洛哥居民中 98.7% 的人信奉伊斯兰教，主要信奉逊尼派的马立克教法学派；伊斯兰教义对摩洛哥的社会生活和家庭生活影响极大。

摩洛哥的基督教徒占总人口的 1.1%，犹太教徒占 0.2%。基督教徒人数约为 6.9 万，在卡萨布兰卡和丹吉尔建有教堂。摩洛哥的犹太人大多数已返回以色列，目前只有 4 万人左右。

4. 摩洛哥的经济与社会

摩洛哥是一个古老的农业国，在阿拉伯世界中，摩洛哥是仅次于埃及的第二大农业国。多年以来，农业生产一直是摩洛哥经济的主要部门，在国民经济中占据主导地位，直接影响其经济发展的增长走势。

◇ 工业

进入 21 世纪，摩洛哥工业又有进一步的发展。摩洛哥共有 7.5 万家企业，其中拥有 100 名以上员工的企业达 2000 家，其余为个体小企业。手工业仍在国民经济中占重要位置，从业人员占就业人数的 20%，主要产品有毛毯、皮革制品、金属加工品、陶瓷和木制家具。

◇ 交通与通信业

交通运输业和通信业在摩洛哥的国民经济和社会生活中占有相当重要的位置。铁路总长 2958 公里，公路总长 68550 公里，现拥有港口 30 多个，机场有近 30 个。具有良好的有线和无线通讯系统。

◇ 对外贸易

进入 21 世纪，对外贸易作为摩洛哥重要的经济部门，在国民经济中仍然占有重要的地位，由于摩洛哥资源结构和国民生产体系的特征，决定其经济在很大程度上依赖对外贸易，而经济投资的重要方向是发展出口产品的生产。**对外贸易继续扩大。由于渔业产品出口的竞争力下降，贸易逆差又有所上升。**

二、 摩洛哥的日常生活礼俗

1. 摩洛哥的服饰礼俗

摩洛哥人的服装和服饰分两类，一类是传统服装，在城市和农村，多数人仍穿着传统的民族服装；一类是受西方影响的服饰。随着时代的变迁，摩洛哥的服装和服饰在式样和色彩方面都发生了很大的变化。在西北地区的旅游观光圣地，可以看到穿着时髦的青年人。

在摩洛哥传统服装中，男人一般穿一件长到脚面的、带帽的白色长袍。长袍有多种用途，既作大衣和外套，又当作睡衣和毯子。头戴一顶有黑色流苏、四寸高的硬壳红绒帽，脚上穿一双白色或黄色的生羊皮的尖头拖鞋。头上还经常戴着一块厚头巾，天热时用于隔热防晒，天冷时用来御寒防风。摩洛哥虽然是穆斯林国家，但是，现在妇女很少戴面纱，只有少数妇女保持这种习惯。这些妇女在脸上裹着黑色或素色的面纱，只露出两只眼睛。已离婚或孀居的妇女，穿的是光顶斗篷，以示她们可接受求婚，不必经过家长出面，也不必长期交往。在室内或在某些场合中，则穿长袖长衫。

2. 摩洛哥的饮食礼俗

摩洛哥饭菜丰盛、食品讲究传统。主要菜肴有：一种是被称为"巴斯蒂亚"的大酥饼，它的外面是一层极薄而酥脆的面皮，上撒一层糖粉，里面包有鸽子肉、鸡蛋、杏仁、蔬菜等。每张大饼直径 2 尺、厚 2 寸，可七八个人同桌而食。还有一种是被称为"哈里拉"的斋月汤，这是一种糊糊汤，里面有肉丁、大米、鹰嘴豆、面粉及各种香料。吃的时候往汤里挤一些鲜柠檬汁。其味道可口，能润肠，增食欲。另外，还有被称为"库斯库斯"的饭和烤全羊、羊肉串、甜食、水果等。

摩洛哥人喜欢饮绿茶，但均在煮后加入薄荷和糖。摩洛哥已经有 2000 年的饮茶历史，茶是摩洛哥文化的一部分。摩洛哥人一日三餐都喝茶。在亲朋相聚、婚礼、喜丧、宗教活动和官方宴会等场合，摩洛哥人均以茶缤客，这已成为一种民族礼节。

延伸阅读：

讲究喝茶的摩洛哥人

摩洛哥人喝的茶是一种薄荷茶。摩洛哥人煮、饮薄荷糖茶的方法十分讲究，有一套专用茶具，包括阿拉伯式银合金煮茶壶，配有高尖、红帽的壶盖和 4 只壶脚（一般居民则用搪瓷茶壶，小玻璃杯数只）。煮茶的方法是取绿茶 25 克左右入壶，冲进温开水后，摇晃几下，立即将水倒掉，谓之"洗茶"（此乃中国古代饮茶的方法），再加水、白糖和鲜薄荷（冬季有时加点苦艾），把茶壶放在炉上熬煮。几分钟后，将茶水倒进杯中。当地人认为泡沫越多说明茶的质量越好，此谓"一道茶"。之后，再加水、糖和薄荷一起煮，此谓"二道茶"。饮"三道茶"时，如果茶的味道不浓，则再加一些干茶，如法调饮。茶的渣用来喂食牛羊或骆驼。

3. 摩洛哥的居住民俗

摩洛哥的建筑艺术颇具特色。传统的摩洛哥房屋与中国四合院相似，但墙壁更高，且临街的墙上没有窗户，为的是不让外面的行人看见屋里的情形，更不让女眷看见外面。一般屋门都是用优质木料雕花油漆而成，地板用陶瓷或大理石碎块拼成各种图案，四面墙围也是用陶瓷片镶嵌的五彩图案，天花板用雕花细木组合的图案或用石膏粘、砌而成，看上去极其讲究和精致。

摩洛哥的农村住宅式样种类较多。**南部地区居民的住宅多用砖砌而建，其他地区的住宅则大都用木头和石块建造。**这些住宅一般都有一间用作厨房、起居室、卧室和粮仓的大房间。有些村民至今仍然遵循游牧民的生活方式，住在帐篷里。

4. 摩洛哥的婚姻习俗

摩洛哥存在父母包办婚姻的情况。一般先由男方的母亲或媒人到女方家进行交涉，然后女方的父亲开始打听男方家的情况。双方家长同意后，商定聘礼的数目和确定订婚的日期。从订婚到结婚时隔半年至两年，男方将彩礼全部交清后，双方到公证处签署婚姻契约。

婚礼前两个星期，待嫁姑娘独居一室。婚前 5 天，女傧相被请来陪伴新娘，布置新房。

婚礼当天，新娘的面颊、额头、下巴上用浓胭脂点上梅花点，手脚用花汁涂上几何图案，腰系一条缀满宝石的金的或银的宽腰带，头戴与腰带相配的金的或银的花冠。女傧相高举点燃的大蜡烛，嘴里念着赞颂真主的词句，簇拥着新娘与女客人们见面。入夜后，新郎要回去理发并穿上白袍。同时，两家设宴招待至亲。宴后，新郎再返回。此时，朋友们借机把新娘抢出来，让头戴面纱的新娘骑马或者坐轿子，在乐曲声的伴随下，把新娘送到婆家门前，新郎的母亲出来迎接儿媳，并送上鲜奶和椰枣。**然后，新郎出来把新娘领到证婚人面前，共同表示要相爱相随白头偕老，并**

由公证人将他们的誓言记录在案。婚礼一般从星期四开始，持续几天。婚礼第二天，新娘要举办盛大宴席招待女亲友；第三天，新郎要为男亲友举办大型欢宴。

三、摩洛哥的社交与节庆礼仪

1. 摩洛哥的会面与拜访礼仪

摩洛哥人讲究礼仪，注重礼貌。当众高声谈论、发怒和激动，都会被人看作是无教养和下层人的表现。摩洛哥人见到客人行握手礼。熟悉的朋友见面，握手后还要相互贴面，表示亲密友好。但是，与人握手后不能搓手或洗手，这些行为都被看作是极不礼貌的举止。

摩洛哥人接待贵宾的最高礼遇有两样东西，一是堆起冒尖的一大盆椰枣，二是盛一小碗鲜牛奶放在托盘里。当外国元首来访，检阅完仪仗队后，他们就要捧出这两样东西。宾客要吃两颗椰枣，呷两口牛奶或一饮而尽。

去摩洛哥朋友家做客，未经邀请和允许是不得进门的。进入室内之前要脱鞋；摩洛哥人一般不让家眷出来会客，客人不要打听主人家人的情况，也不要盯着主人的妻子看。主人敬的茶一定要喝，否则是对主人的不尊敬；晚餐后，喝完第三杯薄荷茶后，客人即应起身告退。吃手抓饭时要用三个或五个手指，不要用两个。

2. 摩洛哥的节日礼仪

◇ 独立日

3月2日为摩洛哥独立日。1912年，摩洛哥沦为法国和西班牙的殖民地。第二次世界大战期间，摩洛哥人民开展民族解放运动，举行大规模的罢工和示威游行，要求国家独立。1953 年，苏丹穆罕默德五世要求独立，遭到殖民当局的废黜并被流放。摩洛哥人民为争取民族解放和国家独立继续进行反法武装斗争。1955 年 11 月，在摩洛哥人民的坚决斗争下，法国殖民当局被迫同意苏丹穆罕默德五世回国复位。**1956 年 3 月 2 日，法国承认摩洛哥独立。同年 4 月 7 日，西班牙也被迫承认摩洛哥独立。**

◇ 国庆日

7 月 30 日为摩洛哥国庆日。摩洛哥国王的登基日即国庆日。1956 年 3 月 2 日，摩洛哥获得独立，1957 年 8 月 14 日，定国名为"摩洛哥王国"，原苏丹改称国王。1961 年 1 月，穆罕默德五世国王逝世。同年 3 月 3 日，哈桑二世国王继位登基。1999 年 7 月 23 日，哈桑二世国王因病逝世，王储西迪·穆罕默德于同日即位，7 月 30 日正式登基，称穆罕默德六世。

◇ 国王和人民革命日

8 月 20 日为摩洛哥国王和人民革命日。又称"忠诚和牺牲节"。摩洛哥独立前，苏丹穆罕默德五世因支持民族独立运动而遭到法国殖民当局的迫害。1953 年 8 月 20 日，法国殖民当局废黜苏丹穆罕默德五世，将其放逐国外，并对摩洛哥的民族解放运动进行镇压。1956 年 8 月 16 日，摩洛哥全国抵抗运动和解放军宣布每年 8 月 20 日为国王和人民革命日。

◇ 蜡烛节

教历 3 月 13 日，即伊斯兰教的节日——圣纪日的前一天。在这一天，人们在塞拉城举行盛大的庆祝活动，主要街道张灯结彩，红旗飘扬。**人们高举巨型蜡烛游行，乐队演奏当地流行的安达卢西亚民间乐曲，全城的人都上街欢度节日。**

◇ 皇家建军节

5 月 14 日为摩洛哥皇家建军节。1956 年 3 月 2 日，摩洛哥获得独立后，开始建立皇家军队，同年 5 月 14 日举行建军仪式，在长期的解放战争中同法国殖民军进行作战的 5000 人的摩洛哥解放军加入皇家军队。

◇ 赛羊日

赛羊日在每年 6 月上旬举行。比赛地点一般在提齐恩特雷登高原牧区。

节日期间，部落居民赶着数万只绵羊前来参加比赛，搭起数千顶帐篷就地住宿。在比赛中，获得最佳质量羊和最高质量羊毛的主人被授予奖品。在节日期间，还举行各种民间舞蹈表演。

◇ 宰牲节

宰牲节也叫"献羊节"。每年 7 月下旬举行，是摩洛哥穆斯林的盛大的宗教节日。节日前，人们就开始买卖羊的活动。节日里，举行盛大的献羊仪式，每家准备一只羊，在祈祷仪式后，由一名壮士用刀插入羊的颈，然后背起流血的羊跑向清真寺。**到清真寺时，羊还没死，就鸣枪表示吉祥、丰收的喜讯即将来到，接着开始狂欢活动。家家大摆羊宴，招待来宾。**每年在这一节日期间，摩洛哥人都宰杀数百万只羊。1981 年，哈桑二世国王号召在节日里不宰羊。该年，摩洛哥的穆斯林以不宰羊的方式过节。宰牲节还是摩洛哥传统的"和平节"。在节日期间，人们严格遵守自古流传下来的规矩，各部族和家庭的成员、邻居之间要和平相处；即便是敌对的部族，也不得发生冲突和纠纷。

◇ 赛马节

每年 9 月在梅克内斯举行，节期共 5 天。节日期间，每天下午表演赛马，骑手们云集赛马场，身着白色长罩袍，肩扛旧式大火枪，10 匹马为 1 组，列队冲杀，激烈地争夺冠军称号。赛后，骑手们高举火枪，欢呼而归，表现出摩洛哥人民英勇顽强的气概。

3. 摩洛哥的旅游礼仪

摩洛哥旅游资源丰富。在社会环境方面，摩洛哥国内的政治局面和社会环境相对稳定。在自然环境方面，摩洛哥幅员辽阔，地貌复杂，有广阔的海滩，明媚的阳光，一望无垠的大沙漠。冬季还有滑雪场。其田园风光、原始生态吸引大批的游客。在文化方面，摩洛哥历史悠久，文化源远流长，阿拉伯历史文化遗址很多，最早可追溯到古罗马时期；古城非斯和梅克内斯被列入联合国教科文组织历史文化遗产的古建筑。摩洛哥有丰富的人文景观，现代化的商业大都会卡萨布兰卡和古代与现代巧妙结合的首都拉巴特。摩洛哥独具特色的文化艺术和风土人情也吸引着外国旅游者。摩洛哥的音乐舞蹈、民间传统节日、柏柏尔人的求婚盛会等极具魅力。在地缘方面，摩洛哥位于非洲西北角，欧洲是摩洛哥旅游业的主要市场，法国是主要的游客来源地，其次是西班牙、英国、德国、意大利和美国。

摩洛哥的主要旅游点有丹尼尔、非斯、马拉喀什、阿加迪尔、梅克内斯等。

◇ 丹吉尔

摩洛哥的北部古城、海港，建于公元前 2 世纪。市区分新、老两部分。**新区多欧式建筑，街道整齐宽阔。旧区街道弯弯曲曲，如同迷宫，房舍比肩。窗棂相接，别有一番景象。**

◇ 非斯

北部古都，已有 1100 多年历史。为摩洛哥最早建立的阿拉伯城市。分新、老城两部分。老城古色古香，其建筑形式与居民的生活习惯、生产方式仍保持中世纪的风貌，具有伊斯兰特色的古城堡、宫殿、清真寺、博物馆等比比皆是，1981 年被列入世界遗产名录。

◇ 马拉喀什

有"南方明珠"之称。始建于 1062 年。历史上曾是摩洛哥几个王朝的故都。多名胜古迹和园林。旧城于 1985 年被列入世界遗产名录。

◇ 阿加迪尔

摩洛哥南部海滨城市，旅游胜地。

◇ 梅克内斯

摩洛哥北部古城。在中阿特拉斯山脉北坡，位于拉巴特以东 120 千米处。

第 五 章

第 五 章

坦桑尼亚的礼仪

坦桑尼亚位于非洲东部赤道以南，是由大陆和桑给巴尔等20个小岛组成的国家。坦桑尼亚是中国人民的老朋友，中坦两国人民的友谊已延续了半个多世纪。坦桑尼亚是个多民族国家，在风俗礼仪上每个民族都有自己的传统特点和不同习俗。当外宾来访时，坦桑尼亚人会以独特的礼仪方式表达亲热与友好。在礼仪禁忌上，不同宗教信仰的人会有不同的禁忌，在与之交往中应加以注意和区别。

一、 坦桑尼亚概况

坦桑尼亚的正式名称是坦桑尼亚联合共和国。作为国家的名称，显而易见，坦桑尼亚是由坦噶尼喀与桑给巴尔组合而成的。"坦噶尼喀"一词出自坦噶尼喀湖。在班图语里，其含意为"无数溪流在此汇合"、"许多部落在湖岸集居"。"桑给巴尔"一词则源自波斯语，意为"黑人的国家"或"黑人的土地"。由于盛产丁香与剑麻，坦桑尼亚在世界上有着"丁香之国"、"剑麻之乡"等种种美誉。

1. 坦桑尼亚的自然地理

坦桑尼亚地处赤道之南，位于非洲东部，主要由位于大陆的坦噶尼喀和桑给巴尔岛这两个部分所组成，外国领土有桑给巴尔岛、奔巴岛和马菲亚岛。其大陆部分北与肯尼亚、乌干达交界，南与赞比亚、马拉维、莫桑比克为邻，西与卢旺达、布隆迪、扎伊尔接壤，东部则濒临大西洋。

坦桑尼亚的全国总面积为 94.5 万平方公里，大陆海岸线约长 840 公里。

坦桑尼亚的地势西北高，东南低，大陆面积由 3 个主要地区组成。即海岸平原、东部低高原及较高的中部高原。 海岸平原低缓而狭长。东部高原南部最宽，从坦噶尼喀延伸至尼亚沙湖（即马拉维湖）。中部高原位于地质断层的东非大裂谷的东西分支之间。并占据了内陆的其余地区。大陆的海拔平均为 900 米高，孤立的高山地区处于本国边境上，北部的乞力马扎罗山高达 5895 米，为非洲最高峰。

坦桑尼亚主要河流有鲁菲季（长 1400 千米）、潘加尼、鲁伏、瓦米等。湖泊众多，有维多利亚湖、坦噶尼喀湖和马拉维湖等。

坦桑尼亚的矿藏资源丰富，已探明的主要矿藏及储量为：钻石 250 万吨（含量 6.5 克拉/吨），金矿 80 万吨，天然气 450 亿立方米。森林和林地面积约 4400 万公顷，占国土面积 45%，出产安哥拉紫檀、乌木、桃花心木等，水力资源丰富，发电潜力超过 4.78 亿千瓦。

坦桑尼亚东部沿海地区和内陆部分低地属热带草原气候，西部内陆高原属热带山地气候。大部分地区年平均气温 21～25℃。桑给巴尔的 20 多个岛屿属热带海洋性气候，终年湿热，年平均气温 26℃。年降水量各地差异很大，内陆为 760 毫米，沿海地区为 1500 毫米以上。而维多利亚湖区，降水量在 760～2 200 毫米之间。

2. 坦桑尼亚历史简介

坦桑尼亚是古人类发源地之一。公元前就同阿拉伯、波斯和印度等地有贸易往来。7～8 世纪，阿拉伯人和波斯人大批迁入。阿拉伯人于 10 世纪末建立过伊斯兰王国。1886 年，坦噶尼喀内陆被划归德国势力范围。1917 年 11 月，英军占领坦噶尼喀全境。1920 年，坦成为英国"委任统治地"。1946 年，联合国大会通过决议，将坦改为英"托管地"。1961 年 5 月 1 日，坦取得内部自治，1961 年 12 月 9 日宣告独立，一年后成立坦噶尼喀共和国。桑给巴尔于 1890 年沦为英国"保护地"，1963 年 6 月 24 日获得自治，同年 12 月 10 日宣告独立，成为苏丹王统治的君主立宪国家。1964 年 1 月 12 日，桑给巴尔人民推翻苏丹王统治，成立桑给巴尔人民共和国。**1964 年 4 月 26 日，坦噶尼喀和桑给巴尔组成联合共和国，同年 10 月 29 日改国名为坦桑尼亚联合共和国。**朱利叶斯·坎巴拉吉·尼雷尔任开国总统，后又两度连任，直至 1985 年主动辞职。

3. 坦桑尼亚的行政区划与首都

坦桑尼亚的行政区划，是将全国划分为 29 个省，117 个县。

达累斯萨拉姆是坦桑尼亚首都，同时也是坦桑尼亚第一大城市，是全国政治、经济、文化中心。人口约 600 万。达累斯萨拉姆位于非洲印度洋岸中段滨海平原之上，海拔 8～15 米，扼西印度洋航运要冲，距桑给巴尔岛 64.37 千米。"达累斯萨拉姆"意即"和平之港"，它是一个优良的天然海港，港区水深，港内有深水码头 6 处，可同时停泊海轮 13 艘，是东非重要的国际贸易港口。该市文化教育事业发达，设有达累斯萨拉姆大学、技术学院及若干图书馆和研究所，还有著名的国家博物馆和热带动物园。城市呈同心圆结构，中心是商业区，其东面是政府机关和使馆区，北面和西面是住宅区和文化区，南面是港区和铁路站场，外围是西北和西南两片工业区。新首都多多马尚在建设中。

延伸阅读：

坦桑尼亚的国旗、国徽与国歌

坦桑尼亚国旗呈长方形，长与宽之比为 3∶2。旗面由绿、蓝、黑、黄四色构成，左上方和右下方为绿色和蓝色的两个相等的直角三角形，带黄边的黑色宽条从左下角斜贯至右上角。绿色代表土地，还象征对伊斯兰教的信仰；蓝色象征河流、湖泊和海域；黑色代表非洲黑人；黄色象征丰富的矿产资源和财富。

坦桑尼亚的国徽是 1964 年在坦噶尼喀国徽的基础上稍事修改而制定的，中央的盾面分为四部分：最上面燃烧的火炬划破黎明前的黑暗，点亮了自由与希望的火种；其下绘有坦桑尼亚国旗的图案；再下面的红地上有交叉的战斧与长矛；最后是印度洋的海水以及境内的湖泊。盾徽下面是非洲第一峰——白雪皑皑的乞力马扎罗山；融化的冰峰雪水滋润了大地，山峰两旁长满咖啡和棉花，代表国家欣欣向荣的农业生产。一对当地男女守护在盾徽两侧，手持象牙。横跨山腰的白色饰带上，坦桑尼亚人用斯瓦希里语抒发出"自由与统一"的心愿。

坦桑尼亚的国歌为《上帝保佑非洲》。

4. 坦桑尼亚的民族文化与宗教

坦桑尼亚的全国总人口目前大约为 4600 万。在全国居民之中，非洲黑人约占 98.5% 以上，并且分属 126 个民族。较大的部族有：苏库马、尼亚姆维奇、斯瓦希里、赫赫、马康迪和哈亚。此外，该国还有少量的阿拉伯人、印巴人和欧洲人后裔。

坦桑尼亚独立后政府即规定斯瓦希里语为国语，并规定斯瓦希里语和英语两种语言为坦桑尼亚官方用语。

坦桑尼亚种族多、部族多，语言非常丰富。如上所述，坦桑尼亚当地居民分属非洲四大语系的四大人种，各个种族都讲各个种族的语言，即非洲的四大语系在坦桑尼亚均有代表。但是，由于各个种族包含着许多不同的部族，而各个部族的语言又有不同，所以坦桑尼亚的地方语言特别多。

坦桑尼亚实行免费义务教育，成人识字率为76%。近年来由于国家财政拮据，教育经费严重不足，不少中学濒临关闭。政府提出教育改革的政策，鼓励私人或集体办校。

坦桑尼亚的宗教信仰比较复杂。在坦噶尼喀（大陆部分）居民中35%信奉天主教和基督教，45%信奉伊斯兰教，其余信奉原始拜物教。在该国经济最发达的桑给巴尔（海岛部分），99%左右的居民都信仰伊斯兰教，其中多数人属于逊尼派。

5. 坦桑尼亚的经济与社会

坦桑尼亚为联合国公布的最不发达的国家之一。2006年主要经济指标如下：国内生产总值233.33亿美元。人均国内生产总值约553美元。在世界上排166位。

◇ 农业和工业

坦桑尼亚经济以农业为主，占国内生产总值的65.5%。农产品出口收入占外汇收入的75%～80%。农业人口占总人口2/3。主要农作物有玉米、小麦、稻米、高粱、小米、木薯等。主要经济作物有咖啡、棉花、剑麻、腰果、丁香、茶叶、烟叶等。其中剑麻和丁香产量居世界前位。

工业落后，坦桑尼亚大陆工业产值约占大陆生产总值的7.43%。桑给巴尔工业产值约占桑给巴尔生产总值的4.88%。大陆制造业以农产品加工和进口替代型轻工业为主，包括纺织、食品加工、皮革、制鞋、轧钢、铝材加工、水泥、造纸、轮胎、化肥、炼油、汽车装配、农具制造等。**桑给巴尔工业主要是农产品加工业，有椰子加工厂、丁香油厂、碾米厂、糖**

厂、石灰厂、自来水厂、发电厂和印刷厂等。1967 年实行国有化，开展严重脱离国情的"乌贾马村社会主义运动"，致使经济发展严重滞后。1999 年，执行以经济结构调整为中心的经济改革政策，推进经济自由化和国企私有化的进程，强化税收，使国民经济得到缓慢回升。目前，经济继续保持增长势头。

◇ 交通运输业

交通运输以公路运输为主。公路总长 8.5 万千米，其中沥青公路 3660 千米。铁路总长 3576 千米。

水运沿海有达累斯萨拉姆、姆特瓦拉、坦噶和桑给巴尔四大港口。达累斯萨拉姆为主要天然深水港，年设计吞吐量 1010 万吨。

空运全国有大小机场 104 个，其中达累斯萨拉姆、乞力马扎罗和桑给巴尔为国际机场。1977 年建立坦桑尼亚航空公司，以国内航线为主。国际航线主要飞往印度、欧洲、东南非和中东地区。1995 年 3 月，坦桑尼亚、南非和乌干达 3 家航空公司合营的非洲联合航空公司正式运营，2000 年 10 月，因经营不善停止运营。

二、坦桑尼亚的日常生活礼俗

1. 坦桑尼亚的服饰礼俗

坦桑尼亚人的日常穿着，与其他许多非洲国家一样，表现在城乡有别和男女有别。

在许多城镇，居民们的着装往往比较考究。在日常生活里，男子一般喜欢穿 T 恤衫、猎装和西裤。妇女们则大都爱穿圆领汗衫或背心，下穿色彩艳丽的裙子，并且经常头包一块花布。坦桑尼亚妇女所穿的裙子，往往是由两块很长的布料组合而成的。她们穿这种裙子的方法，是首先往身上围一块布料，在腰上一搭一掖；然后再以相同的方法，再往它的上面围上另外一块布料。

对于有地位、有身份的坦桑尼亚人而言，大凡正规一些的场合，他们少不了都要西服革履，或是身穿套裙。由于当地曾遭受英、德两国的殖民占领，所以人们的着装风格大体上与英、德两国接近，较为严谨和保守。不过，坦桑尼亚的年轻人对于欧美的流行服饰，一般都是欣然接受，非常喜欢的。

在广大的坦桑尼亚乡村之中，居民们在平日还是主要以穿着自己的传统服装为主。**不同部族的坦桑尼亚人，在穿着打扮上往往会相去甚远。**在有的部族里，人们讲究着装不分衣、裤，而以一块长布从肩至脚，将自己的身体严严实实地遮盖起来。而在另外一些部族里，人们则喜欢将身体的大部分裸露在外，而仅仅只是在自己的下身围上一块兽皮。

在不少部族之中，男女都有佩戴饰物的讲究。有的是男子要戴耳环，或是臂环；有的是女子要戴脚铃，或是足环。在有的部族里，妇女所戴的项圈越多，就表示其年龄越大。马康迪人的爱好，是在自己脸上刺花纹。

坦桑尼亚对发型的审美观很特别，男女发型截然不同，可谓别具一格。马赛的已婚妇女喜欢剃成光头，剃得越光、越亮就越漂亮，年轻姑娘们则爱将自己的秀发编一排一排的细小发辫，并在其上加上多种小发饰。而马赛的男子则好蓄长发、梳长辫，并以红泥涂身，以油脂或其他带有胶性粘合物涂在头发上，使其直挺挺地拖在脑后，这样当他手擎标枪、盾牌时，显得更加威武雄壮。有的部族妇女还以文面为美。

坦桑尼亚妇女的一种典型民族服装为"加鸟花"，一种长到膝盖的无褶长裙。穿着舒适、美观。以赛族男性穿一种在肩上打结的宽大外袍，外袍的下面装饰着涂上颜色的贝壳。

延伸阅读：

妇女多姿多彩的发型

坦桑尼亚妇女十分注重头发的打扮，发型多姿多彩。坦桑尼亚妇女的头发短而卷曲，柔软而富有弹性，能梳出各种各样的新颖发式。比较流行的发式有20多种，最时髦的发型要算"索科莫科"，这种发型是把头发从前向后梳成许多道道，在脑后收拢，打成小结，在头发上形成均匀的水渠式花纹。还有一种叫"斯瓦希里式"的发型。这种发型顺着头皮由上而下将头发编成一排排细辫。在辫梢处扎上黑线或金丝线，线的末端缀上五光十色的珠子。少女则喜欢把头发在头顶上分成若干块，每块独自编成一条条小辫，小辫或坠肩或直立或弯曲。

2. 坦桑尼亚的饮食礼俗

坦桑尼亚民风古朴，风俗独特。坦桑尼亚人民常年以玉米、高粱、豆类等杂粮和木薯、香蕉等为主食，用玉米面加糖和椰子油做成的手抓饭，是他们最爱吃的食物。副食有肉类、蔬菜、水果。当地的蔬菜价格高于水果，所以一般人宁可买水果，也不买蔬菜。**坦桑尼亚地处热带，自然条件优越，热带水果种类繁多，不少人还常常以椰子、香蕉、木瓜等果实充饥。** 在所有水果里，香蕉最受欢迎。它不仅被当作水果来吃，还被用来做菜、酿酒，或是做成点心。

在正式一些的场合，坦桑尼亚的上层人士对英式西餐普遍有所偏爱。以西餐宴请坦桑尼亚人士，是对方欢迎的做法。

一般而论，在肉类方面，坦桑尼亚人爱吃牛肉、羊肉，有些人也能够吃一些鱼、虾。他们不吃的东西，主要有猪肉、动物内脏、龟、鳖、蟹以及鱿鱼、海参。有些部族，在饮食上还有自己特殊的讲究。例如，哈亚人忌吃昆虫、鸡和飞禽。他们虽然养鸡，但只是为了用作祭品，对鸡肉和鸡蛋一律都是不吃的。

克拉依人用以待客的"蛇饭"也很有特点。它以一条不去头尾、不剥皮、只除去内脏的红花蛇与饭一起蒸煮而成。吃"蛇饭"时，必须将它一次吃掉，并不宜吐掉蛇皮。否则，就是对主人的友谊表示怀疑。

坦桑尼亚人一般爱喝啤酒、咖啡、汽水，不过，有个别部族则是禁止饮酒。

礼仪禁忌：

　　坦桑尼亚是个多宗教的国家，不同的宗教信仰也产生了许多不同的约束和禁忌。信奉天主教和基督教新教的人忌"13"和"星期五"；信奉伊斯兰教的人忌讳谈论有关猪的话题，忌食猪肉和使用猪制品。传递食物时忌讳用左手，他们认为用左手传递食物是对人的侮辱。还忌讳在公共场所随意吐痰，忌讳打听某人的隐私。

2. 坦桑尼亚的居住民俗

　　俯瞰坦桑尼亚地区，你会发现这里农村人们居住的房屋基本格调——圆形。城市的房屋跟世界其他国家的楼房大同小异。

　　坦桑尼亚比较富裕的百姓一般有较好的住房。房屋为砖石墙、铁皮顶。一般百姓的住房为土墙、铁皮屋顶。贫困落后地区的绝大多数百姓，住房较简陋。他们的住房是用树枝、木棍、茅草或柳叶搭成的窝棚和茅草屋。屋里除了一口用三块破砖或石块支起的煮饭锅外，几乎一无所有。人们睡在一块牛皮上、土地上或干草上。

　　坦桑尼亚大部分农村地区的住房，多以树枝、细棍竖插在地上，围成圆形，以横梁加以固定。房子上部为一伞状顶盖，整个房子的骨架呈一圆锥形，然后用泥巴或牛粪抹墙壁，茅草盖顶而成。由于地区、气候、自然条件和生产发展的程度不同，各个民族的住房建筑又有其不同的风格和特点。比如居住在首都达累斯萨拉姆近郊临海地区的扎拉莫人的住房，屋顶和墙壁都用草做成，并用压平的树皮贴在房壁四周，房子呈圆形或长方形。伦迪族的房子小而简朴，房屋结构以柳条编制而成，外形似碗状。南部高原上隆格威地区的住房，几乎全部以竹子搭造。当地百姓用竹杆围成墙壁，搭成顶盖，再用茅草盖顶。居住在北部地区的查加人的"姆巴"小屋，通常是将许多长木竿竖插在地上，竿顶拢集一起，扎紧固牢，呈圆锥形，然后用泥巴抹墙。再以茅草或香蕉叶、茎盖顶。房屋外形如同我国的蒙古包。

生活在维多利亚湖南的尼亚姆维齐人的传统住房，外形则是圆筒状和圆锥形。

中央高原东北部，尤其是多多马地区的戈戈人则以住房低矮为其特征，房屋为平顶形。

坦桑尼亚传统的民族建筑形式、建筑艺术和风格还用在发展旅馆事业上。旅馆附近的海滨沙滩上，用柳叶、茅草搭成的遮阳棚代替了太阳伞，显得更别致，更有非洲特色。素有"茅草屋旅馆"之称的首都远郊的海滨旅馆，由一座座茅屋顶两层楼构成，小楼呈圆锥形。古朴优雅，带有浓厚的非洲乡村气息。

延伸阅读：

以牛粪造屋

坦桑尼亚的马赛人从不制备任何饲料，只靠在牧场上放牧。为了追踪水源，寻找牧场，随着季节的变换，他们不得不四处漂泊，因此茅屋也是临时性的，比较简单。用一些柔软易弯的一点五米长的木杆子在地上插成椭圆形，将杆子的上端弯成拱形，固定在两端用柱子支撑着的横梁上。上面铺一层干草，干草外面再用掺泥土的鲜牛粪抹好。不留窗子，入口处用带刺树枝编制的栅栏遮挡。这种茅屋好象扣在地上的半个蚕茧，四周用树枝围成篱笆墙作牲畜栏，夜间圈牲畜。

茅屋内部高出的一块地方当作床，铺上干草和骆驼皮，人们在上面睡眠、休息。旁边设有用石头堆砌而成的灶台和用树枝编制成的碗架子。碗架前面放有几块大小不等的石头。这便是他们的桌子和小凳子。墙上挂着一排葫芦、角牛皮做成的袋子和各种器皿。

当牛群将附近的绿草吃完，向别处转移时，只带上简单用具。至于茅屋，则任凭风吹雨淋，直至倒塌消失。

如果部落不搬迁，只是赶着牛羊群到远处去短期放牧，则连简单的茅屋也不搭。晚上将牛集中在篝火周围，将羊赶进牛群中间，马赛战士们则在羊群中铺上骆驼皮，以绿地当床，以蓝天当被，逍遥自在，很快进入梦乡。

三、坦桑尼亚的社交礼仪

1. 坦桑尼亚的会面礼仪

坦桑尼亚民风古朴，风俗独特。在待人接物方面，他们热情、爽朗、朴实、友好。任何与坦桑尼亚人打过交道的外国人，都会对此留下深刻、美好的印象。

坦桑尼亚人非常好客，十分注重礼节。在交际应酬之中，坦桑尼亚人一般都以握手或拥抱作为见面礼节。除此之外，有时他们也会采用一些方式独特的见面礼节。

一是鼓掌礼。在迎接贵宾时，有些地方的坦桑尼亚人习惯于先拍拍自己的肚子，或是对自己的肚子指一指，接着热烈鼓掌，然后再与交往对象握手。此举表明他们口腹如一，对来宾欢迎之至。

二是举拳礼。**这是坦桑尼亚人最高级别的迎宾礼。在行礼时，行礼者要举起握紧的右拳，轻轻地晃动**。行礼者如欲表示自己见到对方万分高兴，则还须双手握拳高举，上上下下地反复晃动。这一做法，表示对对方无比爱戴与崇敬。

三是屈膝礼。在坦桑尼亚，妇女们相见时，通常彼此屈膝，作为致意的一种方式。

四是尖叫礼。在乡间，坦桑尼亚妇女在迎接女宾之际，往往习惯于围绕着对方转圈跑动，同时在口中发出带有一定节奏的尖叫声，以表示对对方的光临倍感高兴。

坦桑尼亚人的称谓和我国汉族人的称谓很相似，见到年长者通常称"姆泽"（老人家）。对年龄比自己大的人，根据辈分称伯父、伯母、姨妈、爷爷、奶奶等。对年轻人和小孩子可以直接叫他们的名字。**遇到自己尊重的年长客人，他们习惯尊称其为"爸爸"、"妈妈"，而这和血缘毫无关系。**

对外国客人他们喜欢称对方先生、女士、夫人、小姐等。

值得说明的是，鉴于坦桑尼亚是一个以黑人为主要居民的国家，与坦桑尼亚人进行交际应酬时。务必要对黑人兄弟表示应有的尊重，切勿因为自己言行不检点，而被认为有种族歧视之嫌。与坦桑尼亚人进行接触时，最好少用"黑"这个词，特别是不要将其用作贬义词。同时务必要牢记，别将坦桑尼亚人称为"黑人"。在对方听来，这一称呼不仅不顺耳，而且不礼貌。

顺便一提，坦桑尼亚普通老百姓所起的名字大都十分有趣。世上所有的词，差不多都可以被他们用来当作自己的名字。在坦桑尼亚，名叫"没关系"、"打火机"、"再见吧"、"部长"、"少校"、"鸵鸟"、"大象"、"打扰"、"麻烦"、"你好"、"明天"的人，几乎到处可见。

延伸阅读：

敬老的坦桑尼亚人

坦桑尼亚人十分注意尊敬老人。在他们的传统观念里，年龄是一种资本和权威。晚辈早上起床洗漱后第一件事情就是向父母、长辈问好。男性长老们在家庭事务中的作用至关重要。私人恩怨，邻里纠纷，通常也由长老们提出裁决性意见，其他人不会表示反对或者提出异议。晚辈在长者面前不能坐姿不端正，更不能跷"二郎腿"，不能在长者离席前先行离席，不得在不会吸烟的长辈面前吸烟，同长者席地而坐时，不能伸腿或后仰，更不能把脚伸向别人。路遇长辈时要主动打招呼，用敬语问候，不得带有一种盘问、打听、询问的话语等。晚辈接受长者送的东西时，要双手接，如果东西很小，可用右手接，绝对不可用左手去接。递东西给他人时，也要用右手。不得不用左手接、递时，要向对方致歉。在不少部族里，敬老的规矩更加严格，如苏库马族、哈匝贝族以及贝纳族的女性，当她们同长辈谈话尤其是听长辈讲话时，一定要跪在地上。年龄大一些的女性可以坐在地上。马赛族和梅鲁族青年人向长辈问候时，必须用双手轻轻抚摸一下长辈们的脑门儿等。

---

2. 坦桑尼亚的拜访礼仪

坦桑尼亚人十分好客。在迎接客人时，他们往往会全家恭候在自己门外。因此，去坦桑尼亚人家里做客时，务必要如约而至，绝对不能姗姗来迟，让主人望眼欲穿。

按照坦桑尼亚人的讲究，在做客串门时，客人不得随意进入主人的房间，尤其是不能进入女主人的房间。如果主人家的房子有前后门，那么客人必须走前门，而后门则只供主人一家自己使用。惟有尊贵的客人，才有机会在主人的亲自引导下走后门。

坦桑尼亚人素有向客人赠送礼物的习惯，因此，客人也应当事先准备一份相对精致的礼物送给主人，但不要送鲜花。

他们邀请客人品尝的传统膳食有"乌加利"、"尤乌马"、"香蕉面包"等。这些食品既让客人大开眼界，又大饱口福。

坦桑尼亚人喜欢与客人谈论他们的国家公园、野生动物和灿烂的古代文化。

马赛族人大都以新鲜的牛奶或羊奶招待客人，如果是尊贵的客人，他们还要牵出一头牛，当场割破牛颈，向客人奉上新鲜的牛血，这是对客人的极大尊敬。

四、 坦桑尼亚的商务与旅游礼仪

1. 坦桑尼亚商务礼仪

坦桑尼亚商人认为，商务馈赠是沟通关系的一种很好的形式，所以到坦桑尼亚从事商务活动，可准备一些礼物，以备不时之需。在当地从事商务活动要有宽阔的胸襟和足够的耐性，要容忍客户谈判时的反复和约会迟到。

坦桑尼亚商务签证的有效期是 90 天，停留期也是 90 天，这个有效期与停留期并不冲突，可以提前先办理签证。如果 90 天停留不够的话，可以提前去坦桑尼亚移民局办理延期。

2. 坦桑尼亚的旅游礼仪

坦桑尼亚的旅游业主要包括生态旅游和民俗旅游两块内容。

◇ 生态旅游

坦桑尼亚主要生态景观有塞伦盖提国家公园、恩戈罗国家公园、马尼亚腊湖、米库米动物园和乞力马扎罗山、东非大裂谷等。

乞力马扎罗山，位于坦桑尼亚东北部，邻近肯尼亚。海拔 5800 多米，为非洲第一高峰，素有**"非洲屋脊"**之称。峰顶终年冰雪覆盖，温度常在零下 34℃，又被称为"赤道雪峰"。该山为一座休眠火山，主峰"乌呼鲁"上有一个直径达 1800 米的火山口，深达 200 米，周围嵌有坚硬的冰块，底部有千姿百态的冰柱。山麓上生长着高大的热带雨林，形成绿色的海洋，山脚下有世界著名的东非野生动物园。

恩戈罗自然保护区，位于坦桑尼亚北部，为一片辽阔的高原火山区。有闻名遐迩的恩戈罗火山口、奥杜瓦伊峡谷和已成深湖的恩帕卡艾火山口。**恩戈罗火山口是世界上最完整的火山口，壁沿海拔 2286 米。**火山口底部面积达 160 平方千米，外缘 6 座海拔 3000 米以上的山峰拔地而起，火山口内的动物种类繁多，数量惊人。火山口西侧的奥杜瓦伊峡谷因古河水侵蚀岩石层而成，在此发掘出距今 125 万年的南猿头盖骨和距今 190 万年的猿人化石残骸、石器等。1979 年被联合国教科文组织列入世界遗产名录。

塞伦盖蒂国家公园，位于坦桑尼亚北部的塞伦盖蒂草原，公园占地 147.63 万公顷，是一个巨大的、名副其实的草原生态系统，也是当今世界上数量最大、品种最多的动物群栖居地和更新世生态系统的最后遗迹。园内生活着数以百万计的斑纹角马、斑马、羚羊、驼鹿、非洲象等食草动物和它们的天敌狮子、豹、鬃毛狗、狼等。5、6 月间，成群结队的食草动物向有水的地区迁徙，食肉动物紧随其后，伺机捕食。有时这种动物群竟长达十余公里，是世界绝无仅有的壮观景象。

坦噶尼喀湖是东非著名的大淡水湖。在刚果（金）、坦桑尼亚、布隆迪和赞比亚等国的接界处，东非大裂谷附近。由地壳裂变陷落形成。

◇ 民俗旅游

耍蛇，是坦桑尼亚民俗旅游中的一大特色，也是坦桑尼亚人民喜闻乐见的一种民间技艺。在坦桑尼亚的苏库马族中。有很多以耍蛇为业的民间艺人。当地称他们为"巴耶耶"。巴耶耶表演时，在节奏铿锵和谐动听的鼓乐伴奏下，挥舞毒蛇，动作惊险，姿态优美，只见碗口粗细的大蟒和细如嫩竹的小蛇在耍蛇艺人的指点下，和着鼓乐，点头弯腰，左盘右旋，翩翩起舞，十分有趣，深受观众欢迎。这种耍蛇舞就叫做"伍耶耶"。

耍蛇艺人都要经过专门训练，通常需一至两年。**师傅在家里传授蛇艺，内容有识别蛇类、捕蛇经验、拔除蛇牙、饲养方法以及配制蛇药等。**徒弟功成名就时，师傅便选一吉日良辰举行出师典礼，用一毒蛇的名称给出师的弟子起个艺名，并率领其他徒众到他家进行一整天的出师表演。

耍蛇艺人的捕蛇技术是很高明的。往往赤手空拳，也能手到蛇擒。被捕的蛇都要先拔掉蛇牙。艺人也同时剪一次指甲，待指甲长到一定程度，又将新长出的蛇牙拔掉。蛇养在木箱里，定时喂食，食物有老鼠、鸡蛋、玉米、高粱等。每天傍晚还要放蛇出箱活动。

耍蛇艺除了卖艺还经常救死扶伤，行医治病。遇有穷苦病人，艺人便慷慨施药，分文不取。

坦桑尼亚独立后，耍蛇这项民间技艺得到政府的扶助。现在，耍蛇艺人不断地推陈出新。创造更多的新技艺。

坦桑尼亚人经常会以舞蹈欢迎来访的客人，因为坦桑尼亚人把跳舞作为他们礼仪的必不可少的一部分。在他们的盛情之下，游客也应参与其中，与当地人同乐。

五、坦桑尼亚的节庆礼仪

1. 坦桑尼亚月圆节的礼仪

坦桑尼亚传统节日为月圆节，是每年公历九月的月圆之日。这个节日相当于中国的中秋节。坦桑尼亚人视月光为吉祥的象征。

坦桑尼亚的月圆节却是斯斯文文的。每年9月月圆时分，当一轮明月刚刚出现在天边，这时各家各户的都轻轻地打开大门，静悄悄地走出家门来到空旷处，围成一个个圆圈，默默地坐下。直到皎洁的月亮高悬中天，人们才开始热烈地交谈，并举行各种各样的庆祝活动。此外坦桑尼亚的节日还有独立日、国庆日等。

2. 坦桑尼亚萨巴萨巴节的礼仪

前坦桑尼亚总统尼雷尔于1954年7月7日把坦噶尼喀非洲人协会改组为坦噶尼喀非洲民族联盟（简称"坦盟"）。从此将7月7日坦盟成立纪念日定名为"萨巴萨巴"节。**斯瓦希里语"SABA"一字意为"7"，"7月7日"读音为"萨巴萨巴"，故称坦盟纪念日为"萨巴萨巴"节**。过去，每逢萨巴萨巴节，坦桑尼亚都要举行火炬接力仪式，在节前若干天要在坦盟诞生地塔波拉点燃火炬，然后由运动员按一定的路线依次接力，于7月7日到达达累斯萨拉姆，将火炬交给总统。与此同时，还要从7月7日开始在达累斯萨拉姆举办为期一周至10天的国际贸易博览会。坦桑尼亚政府1977年正式把在萨巴萨巴节期间举行的国际贸易博览会定名为"达累斯萨拉姆国际贸易博览会"（DITF），每年举办一次。达累斯萨拉姆国际贸易博览会均安排在7月上旬。政府规定，萨巴萨巴节放假两天（一般是博览会闭幕前两天），主要让人们有时间到博览会去购物。随着经济的恢复和发展，2004年政府决定把萨巴萨巴节改为坦桑尼亚"工业节"，以示坦桑尼亚发展工业和贸易的决心，但至今坦桑尼亚人仍称其为"萨巴萨巴节"或"萨巴萨巴贸易博览会"。

3. 坦桑尼亚开斋节的礼仪

开斋节为一年一度的穆斯林的盛大节日，在坦桑尼亚影响较大，坦桑尼亚全国放假1天。伊斯兰教历九月为斋月，称之为"拉马丹月"。斋月期间，穆斯林白天（早7时至晚7时）不准进食，不得吸烟，禁止房事；

夜间（晚7时至第二天早7时）的任何时间都可吃东西。斋戒节结束的那一天为开斋节。在开斋节那天，各清真寺、各穆斯林家庭，都举行庆祝活动。从这一天起，穆斯林们即恢复正常的饮食习惯。开斋节的具体日期，视月亮变化而定，由专门机构宣布。

六、坦桑尼亚的婚丧礼俗

1. 坦桑尼亚的婚姻礼俗

坦桑尼亚人的婚恋别具一格。

哈亚族盛行"摸脚完亲"。**男方父母向女方父母提亲，当女方父母同意将女儿许配给男方时，男方父母要摸一下女方双亲的脚以示谢意，这就表示这桩婚事已说定。**"露乳引情郎"是哈亚族人的另一种习俗。哈亚族姑娘为了吸引小伙子注意，常把乳房袒露在外，并把这看做是一种自然美。

帕雷族盛行"空罐婚礼"。当地由于气候炎热、水源匮乏、饮水困难，许多家庭都有在雨季用瓷罐储备雨水的习惯，并用泥将瓷罐口封住，以备干旱季节饮用，因此当地人视大瓷罐为既普通又珍贵的日常生活用品，并由此衍生出将瓷罐作为求婚彩礼相送的特色婚俗，并一直延续了下来。所以，当地的小伙子一旦对某个姑娘产生爱慕之心，要是父母也不反对的话，就会带一只巨型空瓷罐到女方家去求婚。女方家看到空罐，自然心照不宣。**如果他们满意小伙子，就会收下空瓷罐，以示同意婚事；如果不同意，就会托人将空瓷罐送回男方家去。**

班图人占坦桑尼亚人口的90%以上，他们各个部族的婚礼一般都要举行两次。以苏库马人、尼亚姆维齐人和查加人为例，他们的婚礼要先在女方家举行，婚礼后新郎要在女方家住上一周；一周后，在男方家里举行另一次婚礼，把女的接过来，才算他们正式结婚。一个青年要结婚时，就请他的朋友帮他在女方家中盖一间房子，为的是在女方家举行婚礼后做新房用。

> 礼仪习俗
>
> 在马赛族，有一种"指腹为婚"的习俗。一位妇女，一旦怀孕，就有许多生男孩的父母或亲属前来提亲，男孩子的父母总是说："如果你家生下的是女孩，就与我家男孩成为终身伴侣；如果你家生下的是男孩，就让他们哥俩结为莫逆之交"。

在津古族，有一种由小伙子直接到姑娘家求婚的做法。一个小伙子第一次到女孩家求婚时，由姑娘的祖母或母亲出面接待，姑娘则躲在隐蔽处偷看，如果中意，她便暗示祖母或母亲告诉那个小伙子再来。这个小伙子第二次登门时，其父母就要带上4只活鸡和3只宰好了的鸡，送给女方父母，预祝他们"万事如意"，同时还要带去一些玉米面，让他们"招待客人"用；反过来，女方父母则要向男方父母回赠一桶蜂蜜，让他们"酿造喜酒"。双方父母这样一来一往，就为他们的儿女敲定了终身大事。

大陆西北部的甸丁拉姆族，流行一种"迷藏婚"。**青年男女结婚时，他们举办一种新郎寻找新娘的仪式**。其做法是：女方负责护送新娘，但走进新郎家住的村庄后，不直接把她送到新郎家，而是先在新郎的邻居家里找个地方，把新娘藏起来。然后，送亲的人到新郎家报信，让新郎去寻找新娘，找到后就把新娘接到家里，即完成了迎娶任务。得到通知后，新郎就立刻在双方亲友的"陪同"下跑到周围邻居家里去寻找新娘，很难一下子就把新娘找出来。有时，邻居们要为新郎捏一把汗，他们知道新娘藏在哪里，但是不能说。按照传统，如果新郎靠有人通风报信找到新娘，这种"找到"是"假的"，将形成一种"假婚"，婚后两个人不会幸福。新郎寻找新娘，可以到三个邻居家去找，如果都找不到，女方送亲人就要将新娘带回，7天以后再来送亲，如此往返，直至新郎找到新娘为止。

原始部族哈扎族的婚礼，用哈扎人自己的话说，他们的婚礼最简单，不请客，不讲排场，也不用花什么钱。**双方父母同意他们的儿子或女儿结**

婚后，就要为他们做出"婚礼"安排。首先，确定婚礼日期。其次，女方要为出嫁的女儿单独安排一个睡觉的屋子，作为洞房。最后，在确定举行婚礼的那天晚上，在女方家里人全都睡下以后，新郎不声不响地溜进洞房，与新娘睡在一起。第二天早晨，天刚放亮，女方父母就急忙起床，跑到女儿的新房观望，发现一对新人还睡在一起，他们就会情不自禁地喊出："他们结婚了！"

另外，**游牧部族马阿蒂族和原始部族哈扎族，都有"姐妹共夫"的传统。**

延伸阅读：

"送新郎"

在肯尼亚的蒙巴萨一带，婚姻习俗是女家招婿，为此，人们还隆重地举行别致的"送新郎"仪式。"送新郎"通常在夜晚进行。开始时，先由鼓手们挥臂击鼓，喧闹的人群踏着月光，簇拥着新郎向新娘家走去。最前面的是两个小姑娘，两手捧铜盘，上面盛放椭圆的槟榔，端铜盘的姑娘后面是新郎的父母。当人们载歌载舞来到新娘家，鼓乐大作，女方父母早已在门口迎候。新郎父母先躬身将槟榔铜盘递给亲家，对方谢礼后。便请新郎登门入室。然而，新郎不能直接见新娘，因为新房的床前还垂挂着一道慢帘，新娘由女伴们陪坐在慢内，女伴们自会成人之美，指引一下，两位新人终于手握一处。与此同时，慢帘拉开，"送新郎"仪式在一片欢呼声中结束。

2. 坦桑尼亚的丧葬礼俗

坦桑尼亚各个部族的风俗习惯不同，包括葬礼。

大部分班图人认为，谁家老人去世，不只是他们一家的不幸，而是整个家族的不幸，是全村的不幸，全村都要为之哀悼。在哈亚族，有老人去世后，首先由这位老人家的妇女们嚎啕大哭，以向全村人报丧。人们闻讯后，纷纷到死者家中吊唁。死者家属要守灵4天。守灵期间，村里人要为死者家属送水、送饭，给予多方面的照顾。守灵期满后，家属们一律剃成光头，以守孝，这时候，照顾他们的村里人才可以回家。在举丧期间，亲朋好友要为死者送寿衣。**大多数班图人实行火葬。举行葬礼后，寿衣与死者一起火化。**火化时，全村人要同死者家属一起痛哭流涕，送别死者。

另外一些班图部族实行土葬。如库利亚人，但他们是先把死者埋好，然后再举行悼念活动。墓地设在住房两侧：男墓在右，女墓在左；安葬时男人尸体头朝东、面向右，女人尸体则头朝东、面向左，表示死后他们仍在保佑全家平安。丧葬期间，家属和亲属们都要剃光头、沐浴，干干净净地为死者送行和守灵。安葬死者尸体一般在中午举行，安葬时要宰羊，为死者祭祀。悼念活动一般举行 4～5 天，死者为男性举行 5 天；死者为女性则举行 4 天。

半游牧部族马赛人实行"天葬"。**他们认为，土地为万恶之源，人死后不能土葬，也不能火葬，而是要"天葬"。**人死后，他们用水将死者全身洗干净，涂上一层奶油，停放在房子中央，供人吊唁。吊唁活动非常隆重，家属和一个家族的人以及死者的亲朋好友，都要跪在尸体周围，为死者进行一天的祈祷；然后，由全村长老引路，将尸体抬到荒郊野外，任野兽飞鸟吞食。

游牧部族马阿蒂人对老人的逝世非常重视。他们认为，虽然老人逝世进入另一个世界，但他的灵魂还在人世间，还和他们在一起，一定要把老人尸体葬好，这样他的灵魂就会保佑他的子孙后代丰衣足食，幸福安康。如果老人死在游牧途中，他们就要在其非永久性住处附近选一处风水好的地方安葬老人，修个一人多高的大坟，并在坟顶上栽一棵"生命之树"，以便将来再到这里放牧时容易找到。一般人死后，同样是土葬，但不在坟上栽树。

生活在伦圭地区的伦圭人，死者坟墓要朝向伦圭山，因为他们认为伦圭山是其祖先圣灵聚居的地方，人死后都要到那里去找归宿。

第 六 章

尼日利亚的礼仪

尼日利亚是黑人文化的发源地和非洲的文化古国之一，是民族众多，拥有250多个部落的国家。尼日利亚的礼仪文化受民族、地域和宗教影响，在饮食、日常礼仪、社交、节庆活动中呈现出不同差异和特点。在与之交往须加以注意其礼仪与禁忌。

一、尼日利亚概况

尼日利亚的正式名称是尼日利亚联邦共和国。该国是非洲文明古国之一，素有"非洲黑人文化诞生地"之称。因其物产丰富，在世界上还被人称为"西非天府之国"、"矿石之国"或"石油之国"。

1. 尼日利亚的自然地理

尼日利亚位于西非的南部。东邻喀麦隆，东北隔乍得湖同乍得相连，西接贝宁，北接尼日尔，南濒大西洋的几内亚湾。

尼日利亚的全国总面积为 92.38 万平方公里。尼日利亚南北宽约 1050 千米，东西长约 1130 千米，边界线长约 4035 千米，海岸线长 800 千米。地势北高南低，地域差异明显。沿海是带状平原，宽约 80 米，海拔 50 米以下。南部低山丘陵，海拔 200 ~ 500 米。中部为尼日尔——贝努埃谷地，平均海拔 330 米以下。北部是占全国面积 1/4 以上的豪萨地高地，平均海拔 900 米；西北是索科托盆地。东北为乍得湖湖西盆地，东部边境为山地。

尼日利亚境内有非洲第三大河——尼日尔河，尼日利亚正得名于此，意为"尼日尔河流经的土地"。

尼日利亚自然资源丰富，已探明有 30 多种矿藏。主要有石油、天然气、锡、煤、石灰石等。迄今已探明石油储量 352 亿桶。以目前产量可继续开采 30 ~ 50 年。已探明天然气储量达 5 万亿立方米，居世界第九位，目前已开发量仅占总储量的 12%。煤储量约 27.5 亿吨，为西非唯一产煤国。沥青储量约 430 亿桶。森林覆盖率为 17%。

尼日利亚气候受赤道海洋与热带大陆气团的影响，由南向北雨量递减，气温递增。东南部属热带湿润气候，全年高温多雨。西、北部为干湿季交替的热带草原气候，最北部为干旱气候。年平均气温 26 ~ 27℃。5 ~ 10 月为雨季，11 月至次年 4 月为旱季。年均降水量从沿海地区的 3000 毫米递减到内地的 500 毫米。

2. 尼日利亚历史简介

尼日利亚是非洲古国。公元 8 世纪，扎格哈瓦游牧部落在乍得湖周围建立了卡奈姆—博尔努帝国。14 至 16 世纪，桑海帝国盛极一时。1472 年，葡萄牙入侵。16 世纪中叶，英国入侵。1914 年沦为英国殖民地。1960 年 10 月 1 日宣布独立，并成为英联邦成员国。1963 年 10 月 1 日成立尼日利亚联邦共和国。独立后多次发生军事政变，长期由军人执政，1993 年 11 月，以阿巴查为首的军政府接管政权，组成临时领导委员会和联邦执行委员会行使国家权力。1998 年 6 月 8 日，阿巴查猝死。9 日，国防参谋长阿布巴卡尔接任国家元首兼武装部队总司令，确定 1999 年 5 月 29 日向民选政府交权。在 1999 年 2 月举行的总统选举中，人民民主党候选人、前国家元首奥巴桑乔当选第四共和国总统。5 月 29 日，奥正式就任。7 月组成新内阁。

3. 尼日利亚的行政区划与首都

尼日利亚目前的行政区划，是将全国划分为 36 个州和 1 个联邦首都区，下辖 774 个地方政府。

阿布贾是尼日利亚的新首都，政治中心，人口 300 万。在原首都拉各斯东北约 500 千米处，是尼日尔州、卡杜纳州和高原州及克瓦拉州交汇处。1991 年 12 月正式从拉各斯迁入。它交通方便、气候宜人，有机场和连接联邦首都及各州首府的高速公路。市区分为两部分，中心区为政府机关所在地，另一区为住宅、商店和其他政府机构。

拉各斯是尼日利亚的原首都，现为文化、经济中心，位于尼日利亚西南沿海，左奥滚河河口，由 6 个岛和周围一部分大陆通过宽阔的高架铁桥连接成一体，被称为"非洲威尼斯"。市内有榨油、金属加工、汽车装配、船舶编织、机械和炼油等工业，还有拉各斯大学、图书馆、博物馆等文化设施。城市景色优美，是尼日利亚重要的旅游和疗养城市。

延伸阅读:

尼日利亚的国旗、国徽和国歌

尼日利亚的现用国旗启用于 1960 年 10 月 1 日,长宽比例为 2:1。国旗自左至右由绿、白、绿三个竖长方形组成。绿色象征农业和绿色大地,白色象征和平与统一。这面国旗是 1959 年全国国旗设计比赛的获选作品,设计者是一名尼日利亚学生。

尼日利亚的现用国徽中心图案为盾形,黑色盾面象征尼日利亚肥沃的土地,上有一个白色"Y"形图案,象征尼日利亚境内最大的河流尼日尔河及其支流贝努埃河。顶端一只雄鹰舒展双翅,左右两侧各有一匹白马支撑盾面,象征尊严和力量。底部是鲜花盛开、绿草如茵的土地,绿色绶带上用英文书写着"团结与信心,和平与进步"。

尼日利亚的现用国歌是《尼日利亚共和国国歌》。

4. 尼日利亚的民族文化与宗教

尼日利亚的全国总人口,当前约为 1.70 亿。**尼日利亚是非洲人口最多的国家。由于尼日利亚人皆为黑色人种,因此它也是世界上黑人人数最多的一个国家。**具体而论,尼日利亚人是由豪萨人、约鲁巴人、伊博人、富拉尼人、伊比比奥人等 250 多个部族所构成的。其中豪萨人人数最多,约占全国居民总数的 29.5%。约鲁巴人也占到全国居民总数的五分之一左右。伊博人占到全国居民总数的 10%。

尼日利亚以英语为官方语言。主要的民族语言有豪萨语、约鲁巴语和伊博语。

尼日利亚小学实行免费义务教育。学制为小学 6 年,初中 3 年,高中 3 年,大学 4 年。全国 21% 的人口只受过小学教育,成年人 36.7% 为文盲。全国现有大专院校 130 余所;中等专业学校近 200 所,师范学校近 250 余所;普通中学 7300 余所;小学 43900 余所。大多数学校教学设施陈旧,师资不足。

尼日利亚的主要宗教是伊斯兰教和基督教。在全国居民之中，约50%的人信仰伊斯兰教，约40%的人信仰基督教，10%信仰其他宗教。尼日利亚的穆斯林多属于逊尼派。

5. 尼日利亚的经济与社会

尼日利亚原为农业国，全国70%的劳动力从事农业。但粮食不能自给，每年仍需大量进口。工业和采矿业约占国内生产总值的20%以石油生产为主。制造业仍以小规模纺织品为主要制成品，服务业、商业和运输业有一定程度的发展。

20世纪70年代尼日利亚成为非洲最大的产油国。80年代后随着国际市场油价下跌，尼日利亚经济陷入困境。1995年起，政府对经济进行整顿，取得一定成效。奥巴桑乔上台后，积极推行自由化和私有化改革，实施紧缩的货币政策，严格限制举借新债，大力扶持农业。积极争取外资、外援和债务减免。

近10年来，尼日利亚增加对铁路、电力、通讯等基础设施建设投入，经济取得较快增长，但由于石油生产下降、农业落后、债务负担过重等原因，经济发展仍受阻碍。2011年国内生产总值2389.2亿美元，人均国内生产总值1490美元。

二、尼日利亚的日常生活礼俗

1. 尼日利亚的服饰礼俗

尼日利亚人由于民族与宗教信仰不同，穿着打扮存在一定的差异。

一般情况下，男子的正规穿着是长袖衬衣加瘦腿裤，外穿白布缝制的宽大袍子，头上戴一项白色的无沿圆帽；女子的服装则由几块色彩艳丽的花布组成。**未婚少女用两块花布就组成一身裙装，一块裹在身上当裙子，另一块则裹在上身当上衣。**已婚妇女一般用三块花布，一块裹在身上当裙子，一块则裹在上身当上衣，还有一块披在身上。

尼日利亚人的审美观念很特别，对发型也很讲究。不同的发型代表了不同的内涵。其中埃加族妇女，喜欢梳高发。因此她们的族名也称"高髻族"。她们在发内填上棕榈丝核扎的高髻，高度相当于人头的两倍。**未婚少女要扎成蛇形，因为蛇在当地被认为是"洁白"；**已婚人要扎成鱼形，因为鱼在当地表示"和睦"；老妇人发髻要扎上三叶棕榈条，因为棕榈条表示"长寿"；寡妇要扎成圆顶的，表示为死去的丈夫尽"忠贞"。

尼日利亚妇女喜欢佩戴首饰，并且不厌其多。她们经常佩戴的首饰有耳环、项圈、手镯、脚镯等，但是她们一般不爱戴戒指。

尼日利亚人一般不穿鞋袜，至多也就是赤脚穿拖鞋而已。

尼日利亚人的民族自尊心非常强烈。就连学生的校服颜色也让人联想到尼日利亚绿、白绿相间的国旗，男校服是绿帽子、白上衣、绿裤子；女生是绿头巾、白衬衣、绿裙子。

由于曾经遭受英国的长期殖民占领，英国人的着装之道迄今为止仍然对尼日利亚人有着很深的影响。在正式的商务交往中，尼日利亚人通常会要求对方西装革履，至少也要穿长袖衬衫，并且一定要打领带。随着尼日利亚现代化的进步和经济发展的要求，服饰的正装化，西装也变得日益明显。

礼仪习俗

每年的 6 月初，为了纪念国王奥巴，尼日利亚人都会举办耶奥化妆节。人们聚集在国王故居，进行祭拜活动。祭拜完毕，他们会身穿白色长袍，手持长长的棕榈木棒进行环岛游行。此时，有这样一条戒律：凡迎面走来的人，一定要赤脚、头上无饰物，否则会遭到游行者木棒"伺候"。

2. 尼日利亚的饮食礼俗

尼日利亚人的主食以面为主，也乐于品尝米饭。副食爱吃虾、鱼、鸡、牛肉、羊肉等；蔬菜爱吃豆类、山芋、西红柿、洋葱、土豆、黄瓜等；调料爱用胡椒粉、奶油、糖、葱、盐、醋等。

他们喜食粥汤，在菜肴方面忌咸喜辣，讲究丰盛实惠。

尼日利亚人最爱吃的，是用深黄色的玉米面、浅黄色的木薯面、咖啡色的豆面、绿色的蔬菜与红色的西红柿混合在一起烧成的糕状或糊状食物，称为"五色饭"。米粥、菜粥、什锦粥，亦大受欢迎。

尼日利亚的富拉尼人以畜牧业为生。他们的日常饮食无一不与牛奶或乳制品有关，但却很少吃肉，并且不喜欢单独食用蔬菜。

信奉伊斯兰教的尼日利亚人忌食猪肉、狗肉，忌吃自死之物、动物的血液及一切未诵安拉之名而宰杀之物。菲蒂族的人则爱马如命，绝对不会吃马肉。一般而论，尼日利亚人都不饮酒，不吸烟，爱吃水果的人也不太多。已婚的妇女，则大都忌食鸡蛋，因为她们认为吃鸡蛋会影响生育。

用餐的时候，尼日利亚人多以右手直接取用。社交场合也使用刀叉。一家人此时往往还要一分为三，即男子、女子、孩子各自坐在一起，互不相干。即使来了客人，与自己拜访之人坐在一起用餐也就是了。请客吃饭时，尼日利亚人不喜欢刻意进行准备。家中有什么，他们就会请客人吃什么。

尼日利亚人喜欢饮啤酒，爱喝果子汁、矿泉水、可可、咖啡，也喜欢喝加糖、薄荷叶等的绿茶。他们喜爱中餐，喜爱中国的京菜和清真菜。

礼仪提醒

尼日利亚地处热带地区，卫生环境很差。由于当地疟疾、霍乱、脑炎、肝炎、尸虫病、伤寒等疾病广泛流行，所以切忌食用腐败变质食物和饮用生水。

三、尼日利亚的社交与节庆礼仪

1. 尼日利亚的会面礼仪

尼日利亚是非洲最古老的国家之一，其悠久历史和灿烂文化在非洲璀璨夺目，有套相当成熟和严谨的礼仪规范。

尼日利亚人在人际交往中，往往表现得热情而友好。对于任何交往对象，他们都讲究以礼相待，不失敬意。不过，就会面的具体方式而言，其礼仪往往会因人而异，因事而异，因双边关系而异。

尼日利亚人在交际应酬中，通常使用以下五种独具特色的见面礼节。

一是弹掌礼。它是尼日利亚人所用最多的一种见面礼节。具体的方法是：首先用自己的大拇指，轻轻地弹一下交往对象的手掌，随后再与对方握手言欢。

二是击掌礼。它是尼日利亚人与亲朋好友相见时采用的见面礼节。它的具体方法是：施礼双方彼此伸出自己的右手，并且以之用力拍打对方的右手。如果你应邀访问豪萨人，应在门口等主人相请时才能走进门。豪萨人看到好朋友，表示亲热的方式不是握手，也不是拥抱，而是彼此用自己的右手使劲拍打对方的右手。

三是握手礼。**尼日利亚人初次见面，握手时须先用自己左手握住右手，然后才用右手与对方握手，否则会被认为不知礼仪**。他们在涉外商务活动中，通常直接与客人施握手礼。尼日利亚豪萨人十分讲究礼节，相见时总是互致问候，寒暄过程中双方右手是始终紧紧相握的。

四是跪拜礼。它是平民百姓拜见酋长时所用的见面礼节。在行礼时，平民需首先脱鞋，然后走向酋长，并且跪下请安。未经酋长允许，不得随便站起来。穆斯林男尊女卑，有时女性见到有身份的男性也要下跪，匍匐在地，以示尊重。

五是屈膝礼。它多见于晚辈拜见长辈。其做法为：走近长辈前，首先双膝稍稍弯曲一下，然后再身子前躬一次。

在会面中，尼日利亚人十分重视称呼。**一般而论，将国家观念很强的尼日利亚人称为"尼日利亚人"，会令他们大为高兴。**在日常交往中，由于尼日利亚人等级观念比较强，所以最好以职衔、学衔、军衔直接相称。不然的话，有可能会被对方理解为是一种藐视。

为了表示亲切，尼日利亚人喜欢与朋友称兄道弟。对于受其尊敬的长者，他们习惯以"爸爸"、"妈妈"相称，并且往往爱在前边加上对方的国名。例如，"中国爸爸"、"英国妈妈"等。

礼仪提醒

尼日利亚人见到外来客人时，总是喜欢先向对方热情地打招呼，并且很爱对对方问长问短，有时问候语会连成一长串，令客人应接不暇。

2. 尼日利亚的拜访礼仪

应邀到尼日利亚朋友家做客，要事先约定，并准时抵达。尼日利亚人一般不太有时间观念，但他们理解西方人遵守时刻的习惯。事先约会很重要，特别是与政府官员约会。

去拜访当地朋友，最好带一些礼物，他们最喜欢的礼物是衣服和首饰。最好是白色和绿色，因为这两种颜色深受穆斯林喜爱。

如果是访问豪萨人的家，客人须在门口等主人相请时才能进门。客人进入室内之前，要主动脱鞋、脱帽、脱外衣。

尼日利亚人热情好客，他们会拿出家中最好的食物招待客人。北方地区招待客人最名贵的一道菜是烤全羊。但多数家庭则是请客人吃烤羊肉串、炸鸡、熏鱼、生拌青菜、西红柿辣肉汤等。

尼日利亚东部的伊博人待客喜欢用柯拉果。如果主人端出柯拉果，是表示对来客真心欢迎。如果迟迟不肯端出柯拉果，则表示拒绝来客，识时务的人应该赶快告辞，以免不愉快的事发生。

尼日利亚穆斯林自己不饮酒，但却有招待客人饮酒的习惯。

尼日利亚人国家意识很强，与尼日利亚人交谈的恰当话题是：尼日利亚的工业成就和发展前景。他们还乐于谈他们对非统组织、西非经济共同体以及其他国家所作出的贡献。与尼日利亚人打交道时，不要谈论种族纠纷、宗教矛盾、非洲政治、历史变迁、政权更替、军人执政等方面的问题。对于"黑"这个词，也应少用为妙。

尼日利亚人在交谈中，从不盯视对方，也忌讳对方盯视自己，因为这是不尊重人的举止。

在尼日利亚，捻响拇指与食指表示感兴趣，用手指从耳朵上朝后快速刮过表示"妙不可言"，伸出拇指同时挥动手臂表示尊重，耸肩表示否定，伸出舌头在嘴唇四周舔上一圈表示嘲笑或蔑视，用食指指人表示挑衅。对于这类形体动作方面的"特色语言"，千万不要误解或误用。

3. 尼日利亚的节庆礼仪

◇ 奥孙节的礼仪

尼日利亚是一个多部族国家，大小部族有 300 多个，其风俗习惯、节日举不胜举。在节日中表现出的礼仪规范也无一不显示出尼日利亚丰富的文化底蕴。

奥孙是一条河的名字，发源于北部的群山中，流经约鲁巴族的地区，然后在拉各斯东部入海。奥孙节在每年 8 月的一个星期四开始，延续 8 天。第一天由阿陶加王祭祀各种神灵，宣布新年开始，人们吃新木薯。这一天，所有的穷人都可以进宫向土王讨得一份礼物。晚上，祭司点起一盏巨大的油灯，阿陶加和酋长们到奥梭河喂圣鱼。**他们回宫后向人们抛洒柯拉果和钱币，人们争先恐后地抢，据说这能给人带来好运。**

◇ 莱博库节的礼仪

这个节日在克里斯河州和阿夸伊博姆州等种木薯的地区流行。节日共举行六天。第一天男人们把收集来的椰子酒和木薯送到最高酋长家里，然后在全城点起火把，宣布节日开始；第二天跳埃考伊舞；第三天订婚的情人互相赠送礼品；第四天跳埃凯来节舞，情人们互赠礼物；第五天魔术和骂人比赛，人们可以骂过路人，或者互相谩骂；最后一天，年老的妇女们手拿葫芦在城里洒药水，宣告节日结束。

◇ 奥发拉节

尼日尔河下游的奥尼查是贝宁和伊博文化的汇合点。每年 9 月，最高头领奥比要在这里举行奥发拉节。一大清早，人们被鼓声叫醒，酋长们列队到达，然后随音乐起舞。中午，人们涌向奥比的宫殿去看奥比。**奥比先后出现 3 次，他右手拿剑，左手拿马尾做成的护身符**。据说，如果护身符碰着谁，谁就会得麻风病。

◇ 莎罗节

莎罗节是锻炼青年人意志力的节日。节日开始，他们按年龄组合，摆出挨打的姿势，嘴里吟着咒语，然后由同龄人挥鞭抽打。于是一道道血痕在身上出现。如果有人稍有动摇，就被看作是"胆小鬼"。

四、尼日利亚的商务与旅游礼仪

1. 尼日利亚的商务礼仪

由于尼日利亚逐渐成为中国在非洲的重要贸易伙伴，了解并遵守其商务活动中的礼仪规范，将会大大促进双方的经济交流和贸易往来。

尼日利亚商人聪明精明，做事喜欢双赢。

他们做生意喜欢直率，比较注重质量，并且讲究诚信。

需要注意的，有的尼日利亚商人出价很低，东西越便宜越好，碰到这种情况，中国商人要坚持出售高质量商品，否则会影响中国企业产品的水平。中国企业要坚持出售好东西，举例来说，奔驰车价格是贵，但它经久耐用，和一般的汽车质量不一样。尼日利亚人做生意，较大的项目一定要签订合同，小的生意只要对方出具发票就可以了。

尼日利亚商人喜欢和中国人建立长久合作关系，他们不喜欢今天找这个，明天找那个。

尼日利亚商人同样具有热情直率的民族性格，因此与他们相处时，始终给对方一种热情有礼的感觉，多提出富有建设性的方案，用自己的热情激起对方的热情。当然，在商务活动中要尊重对方的民族习惯，不能急于求成。多留一些时间让对方考虑决策。

尼日利亚商人热情直率，与他们相处要有激情和活力。商务洽谈不能急于求成，多留一些时间让对方考虑决策。

访问政府部门宜穿西装，访问商界不必穿西装，但是宜打领带。拜会政府机关宜先订约会，访问商界，并非必要。

和尼日利亚人商务洽谈，要坚持守时。在与政府、国营事业单位做生意时要找一个可靠的中介人。

尼日利亚南北气候差异较大，南部最佳访问季节是 11 月到次年 2 月；北部则从 10 月到次年 5 月，但应避免圣诞节及复活节前后一周时间往访。若干伊斯兰教假日也不宜往访。

懂点英语的人到尼日利亚访问都会感到很方便，当地人多会说英语。

坐出租车需在车费外加付 10% 的小费。求尼日利亚人帮忙，务必要记住付给对方小费。尼日利亚人认定，付小费乃是对自己劳动的一种必要的肯定。给不给小费，是被与是否尊重自己直接挂钩的。

2. 尼日利亚的旅游礼仪

尼日利亚旅游资源丰富，但尚未很好开发。主要旅游景点有夸拉州和高原州的瀑布、博尔诺州的乍得湖寺院、十安河州的大牧牛场、翁多州的温泉和包奇州的野生动物园等。另外还有拉各斯国家博物馆、贝宁王宫、贝宁博物馆、位于西部尼日尔河上的卡因吉水库、扬卡利动物保护区和避暑胜地乔斯等人文景区。

一踏上尼日利亚国土，首先引人注目的是一张张黑黝黝的面孔上都刻画着奇形怪状的图案。有的人额头上刻着箭簇，有的人双颊划有横向刀痕，有的人腮上雕着蝎子，还有些人脸蛋上画有公鸡，这些都是部族标志，表明他们所属的部族。

然而，尼日利亚给人印象最深刻的，还是他们所特有的风俗习惯，福拉尼人的鞭笞仪式就是其中的一种。

福拉尼人的鞭笞仪式多在收获季节或节日期间举行，在盛大的公众集会上有时也举行鞭笞。

参加鞭笞仪式的年轻人，都穿上最漂亮的衣服，腰里围着涂得油光锃亮的皮腰布，手上戴着手镯，脚上缚着响铃，一边歌唱，一边跳舞。镯光闪烁，铃声叮当，十分欢快。

仪式开始，一个小伙子跳到场地中间，昂首而立。他双手高举，不停地自吹自擂，活像一个擂台霸主。这时，另一个青年走出人群，一边舞蹈，一边用鞭子抽打前者。前者只能挨打，不能还手，打得再痛，也要装得若无其事。后者打完，退出场地。挨打者的兄弟走进场地，轻轻揉着伤处，以示安慰，同时还要观察他的眼睛，看他是否胆怯，流露出屈辱的神情。然而，这个小伙子明明痛得要命，却还要装得若无其事，再次向周围的青年人挑战，让别人再来鞭笞。一个人通常要遭受两、三人的鞭笞。这样依次轮流。第一天结束。第二天继续进行，前一天鞭笞他人的人必须接受他人的鞭笞，挨打者将采取报复。

按照传统，只要双方体力相当，谁都可以参加鞭笞。不管他们是否相识。**鞭笞场上，仇人和朋友一视同仁，你打我一百，我打你两个五十。**打时要全力以赴，不能有丝毫的同情和怜悯，即使打死人，也不受法律制裁，因为这是为了友谊。有些人本来有仇，鞭笞后往往怒气消融，结成至友。真可谓不打不成交。

青年人参加鞭笞仪式之后成群结队，四出游逛。无论碰到何人，一见面就说："拿来。"不管对方再说什么。他们一概重复同一句话。碰到有人带着食物，就会一哄而上，毫不客气地抢吃一空。如果发现地里有白薯或木薯，也会挖出一些带走，了解这个风俗的人，绝不会怪罪于他们。七天以后回到家乡，从此不再涉足鞭答场。

> **礼仪习俗** 鞭答是福拉尼人显示勇敢的一种方式。打得再痛也不能惧怕，即使被打得血肉模糊，眼睛也不眨一眨，这才是真正的男子汉。如果挨打后胆怯了，流出了眼泪，或稍有发抖，则被认为是最大的耻辱。这种人常被看做是胆小鬼，被传为笑柄。

尼日利亚是英联邦成员国，懂点英语的人到尼日利亚旅游较为方便。 尼日利亚南北气候悬殊，南部最佳旅游季节是 11 月到次年 2 月，而 10 月到次年 5 月最适宜去北部游览。尼日利亚属热带季风气候，终年高温高湿，因此行前务必带一些预防流行病或腹泻的药。对提供服务的人给小费，是这个国家的特点。饭店的小费是附加在账单内的，坐出租车需付车费 10% 的小费。

五、尼日利亚的婚丧礼俗

1. 尼日利亚婚俗礼俗

文明世界早已实行一夫一妻制，但在尼日利亚仍流行一夫多妻制。更令人奇怪的是在尼日利亚北部的康伯利和马吉等偏僻地区，却流行着一妻多夫制。这是今天世界上很少有的一种最古老的婚姻习俗，也成为尼日利亚婚俗的一大特色。

由于该地区四周盛行一妻多夫制，在外界的影响下，这里的一妻多夫制在形式上也有一些改变，由原来的一个妇女可娶若干个固定的男子的婚姻制度逐步演变为妻子私奔的形式。根据当地部落的习俗，凡是已婚妇女可以与她的情人私奔和合法同居。而她的丈夫不但不得干涉。而且仍需保持其丈夫的头衔和履行其职责。正因为有私奔的习俗，遍及非洲的聘礼制度在这里不复存在。这里的每一个男子都不愿意拿出几十头牛的聘礼去娶妻子，因为新娘可能会很快地私奔。所以，这里的"妻子"和"丈夫"的概念非常淡薄，仅有的是一种男女之间的同居关系。

男女的第一次结婚是由父母操办的，未来的女婿须送少量的金钱或礼品给岳父母，但这不算聘礼，而只是换取岳父母同意把自由权交还给他们的女儿。这就意味着这位姑娘已经获得婚后可与其他男人谈情说爱和私奔的权利和自由了。这里也没有鼓乐喧天、贺客盈门的结婚仪式。当新娘跨进新郎家的门槛时，就开始物色私奔的对象。在与情人私奔的前夕，她的第二个丈夫也同样要给女方的父母送些钱物，表示取得父母已同意的形式。一个已婚妇女私奔的次数并无限制。每一次私奔后，其以往各次的婚姻仍继续有效，因为女方的父母均获得了"女婿"们的礼物。

礼仪习俗　在尼日利亚，私奔就是女方到另一男子家同住就是了，有时就在同一村落或近邻。在任何时候，私奔远去的妇女还可以回家探视父母和子女，还可以与前夫暂时保持同居生活。

现在，一些部落已对这种古老的私奔遗风作了某些修改。已婚妇女私奔仅限于未孕者，如证实妻子已怀孕，丈夫就有阻止其出走的权利。非洲妇女的怀孕率较高，这无形中大大限制了妇女私奔的次数。此外，任何一方，不论是第一次结婚还是第二次结合，都不能在原居住地再次选择配偶。但私奔到其他村落的情侣，则允许他们定居，但禁止女方在本村再勾引第二个情人，再演出私奔的喜剧。但她仍有到外村去寻找对象的自由。

这些不成文的规定，减少了过于频繁的两性结合。当一个妇女人老珠黄，对于男人再也没有吸引力的时候，她也就在几个丈夫中择其满意的配偶，白头偕老，但是，此时她仍可去其余几个丈夫家中作客。这大概是母系社会一妻多夫制和群婚的遗迹吧！

尼日利亚婚俗另一大特色，是尼日利亚人认为女子越胖越美，越胖越

值钱。家有姑娘的父母都把养胖女儿作为一项重大投资。家中设有少女"增肥室"。凡到待嫁年龄的少女就要单独关到"增肥室"内，"增肥室"仅让姑娘一人入内居住，她除了吃就是睡，其他什么也不干，以期在最短时间内长胖。身材苗条的女子几乎很难嫁出去。

另外，当男子们慕胖而登门访美时，姑娘的亲属们便手持棍棒围而打之。伊博人认为，只有经得起棒打的小伙子才是好样的，才有资格做女婿。

2. 尼日利亚的丧葬礼俗

尼日利亚的丧葬礼仪也因不同部族的信仰不同也有所差异。

豪萨人的葬礼是严格按伊斯兰教规进行的，亲属反复为死者默默祈祷，而听不到一点哭声。

加巴族，有过"死人节"的习俗。死人下葬时，其亲属都要参加并举行三天三夜的载歌载舞庆祝仪式，盛宴款待来宾，宴席上是禁酒的。在死者周年忌日，人们还要举办大型的纪念仪式。仪式一般在秋季举行，届时，人们全身涂油，聚在一起，饮酒，煮羊肉，熬红油，欢歌庆祝。

尼日利亚的菲蒂族人惜马如命，从不吃马肉。如果马死了，全家人会像死去亲人一样悲伤，并为其举行安葬仪式，将马尾悬挂在最显眼的地方，连续为之祈祷达三年之久。

第 七 章

几内亚的礼仪

　　几内亚位于西非西岸，濒临大西洋，是一个绝大多数人都信奉伊斯兰教的国家。几内亚人在饮食上口味偏重，习惯大块吃肉。生活中能歌善舞，喜欢口中含有一种植物药性的小木根。熟人相见打招呼对答冗长，十分讲究礼节，拜见有身份的人时习惯脱鞋入室。家人去世后，一般不哭，而是以歌舞悼念死者。去几内亚游玩，须谨守当地的礼仪风俗。

一、几内亚概况

1. 几内亚的自然地理

几内亚位于西非西岸，北邻几内亚比绍、塞内加尔和马里，东与科特迪瓦、南与塞拉利昂和利比里亚接壤，西濒大西洋。

几内亚国土总面积为245857平方公里，海岸线长约352千米。全境可为分4个自然区。西部（下几内亚）为狭长的沿海平原；中部（中几内亚）平均海拔900米，为高原地带；东北部（上几内亚）平均海拔约300米，为台地。东南部平均海拔600～1000米，称为几内亚高原或森林几内亚。

几内亚资源丰富，有"地质奇迹"之称。铝矾土储量估计为400亿吨，占世界总储量的2/3；铁矿石储量为70亿吨；钻石储量为2500万～3000万克拉。此外还有黄金、铜、铀、钴、铅、锌等。水力资源极为丰富，居西非首位。沿海渔业资源也较丰富，近海浅层水域鱼的蕴藏量为23万吨，深海区蕴藏量约100万吨。沿海大陆架已发现有石油。东南部有大片原始森林，盛产红木、黑檀木等贵重木材。

几内亚沿海地带为热带季风气候，内地为热带草原气候。大部分地区终年炎热，年平均气温为24～32℃。年平均降水量为3000毫米。

2. 几内亚历史简介

9～15世纪为加纳王国和马里帝国的一部分。15世纪，葡萄牙殖民主义者入侵。1885年被柏林会议划为法国势力范围，1893年被命名为法属几内亚。19世纪后期，萨摩利·杜尔建立了乌拉苏鲁王国，坚持抗法斗争。20世纪初，阿尔法·雅雅领导了大规模反法武装起义。1958年9月28日，通过公民投票反对法国戴高乐宪法，拒绝留在法兰西共同体内。同年 10 月 2 日宣告独立，成立几内亚共和国，塞古·杜尔任总统直至 1984 年 3 月病逝。**1984 年 4 月，以兰萨纳·孔戴上校为首的军人发动政变，接管了国家最高权力，宣布成立几内亚第二共和国。**1992 年 4 月，政党法实施，改行多党制。1993 年 12 马举行首次多党民主总统选举，兰萨纳·孔戴当选。1994 年 1 月，孔戴宣誓就任总统，成立第三共和国。

3. 几内亚的首都及其城市

科纳克里是几内亚首都和最大港口，人口 220 万，是几内亚政治、经济、文化中心和交通枢纽。**科纳克里 1884 年由法国建立，地跨卡卢姆半岛和通博岛。它三面环海，一面背依绿色的山冈。**这里有较大规模的纺织厂和罐头厂，在卡卢姆半岛上有已开采的大铁矿。科纳克里同时也为几内亚的教育中心，设有科纳克里大学。1960 年还建立了博物馆、图书馆和国家档案馆。其市内的著名建筑物有反殖民主义烈士纪念碑、中央清真寺和天主大教堂等。

康康是几内亚第二大城市，18 世纪为索宁克人商队运输食盐、黄金、可可果的中心，现为马林克人和迪尤拉人的贸易中心，位于米洛河左岸海拔 337 米的台地上。康康是科纳克里伸向内地铁路的终点，米洛河航运的起点，纺织业比较发达。康康市内设有康康大学、稻米研究所等。

4. 几内亚的民族文化与宗教

几内亚是个多种族国家，全国有 20 多个种族，其中颇耳族、马林凯族和苏苏族是三个大的种族。人数较少的种族有：基西族、盖耶族、托马族、贾隆凯族、朗杜马族、巴加族、纳卢族、马诺族、科诺族、科兰族、米基福雷族、乔拉族、泰姆奈族、科尼昂凯族等。

几内亚的官方语言为法语。各种族都有自己的语言，主要有苏苏语、马林凯语、颇耳语（也称富拉语）。名种族都只有语言而没有文字。学校教育用语是法语。

此外，阿拉伯语是几内亚的伊斯兰文化语言。18 世纪随者伊斯兰教在几内亚的广泛传播，尤其在富塔—贾隆地区的颇耳族人和东部马林凯族人地区，阿拉伯语曾得到普遍使用。阿拉伯语是几内亚最早应用的有文字的语言。几内亚最早的文学作品是用阿拉伯语写的。法国占领以后，法语逐渐替代了阿拉伯语。今天阿拉伯语在伊斯兰教育和伊斯兰文化中仍有一定地位。

几内亚主要有伊斯兰教、拜物教和基督教。伊斯兰教是在 11 世纪传进几内亚的，但在传入几内亚以后的很长时期里一直只局限在宫廷和贵族阶层，直到 18、19 世纪西非地区的伊斯兰复兴统一运动时期，伊斯兰教才走出宫廷在民间广泛传播。**现在是最大的宗教，有 75% 的几内亚人信奉伊斯兰教。**

5. 几内亚的经济与社会

几内亚为农业国，其主要农作物有稻米、玉米和油椰等，工业基础薄弱。为世界最不发达国家之一。

2011 年的国内生产总值只有 52.12 亿美元，人均国内生产总值也仅为 492 美元，远低于世界平均水平。

几内亚交通不发达，以公路运输为主。铁路有 4 条铁路干线，总长 1046 千米。其中 3 条为通往矿区的专用线，1 条为民用运输线，长 661 千米。公路总长 34733 千米。其中，国家级干道 6963 千米；地区级公路6770 千米 1 乡村公路 20000 千米；城区道路 1000 千米。

水运科纳克里港为西非最大海港之一，2004 年吞吐量为 56.8 万吨。卡姆萨深水港为博克铝矿专用港，年吞吐量约 1200 万吨。

空运科纳克里机场为国际机场，全国另有 14 个国内机场。2004 年客流量 31.33 万人次，飞机起降 8918 架次。

二、几内亚的日常生活礼俗

1. 几内亚的服饰礼俗

在日常生活中，几内亚的男人一般穿白长袍，女子穿裙子，女子的衣服多为大花布做成，通常头上还要缠一块长布头巾，既能防晒，又很美观。

几内亚人十分注重社交场合的着装，在几内亚人看来，服饰就等于"名片"，等于公司的"徽章"，是一个人的社会生活、文化水平、道德修养等诸方面的反映，不合规范的服装被视为不懂礼节的表现。

出席正式而隆重的场所，男子总是一身深色西装，系着领带，脚下是锃亮的深色皮鞋；女性或着深色西服长裙或着剪裁得体的花色连衣裙。 参加婚礼、联欢会或者朋友间的聚会，男子可以着便装，但需要整洁大方；女性可以化妆打扮。

在正式场合，特别是有外国朋友在场的情况下，女士忌讳穿太透、太露、太性感的服装。当地女士绝不穿超短裤、超短裙在大街上行走或者到公司上班，红裤绿袜配上一双细高跟鞋的打扮，更被当地人所不齿。

参加各类交际活动，入室前需要脱去风雨衣、外套和摘掉帽子，存放在指定的地方。有些人家进室前有脱鞋的习惯。

几内亚人在着装方面有不少禁忌：接待客人不得穿着睡衣、内衣、短裤或者光着脚等。公众场所不得穿短裤、超短裙、无袖衬衣、低胸的衣裙等；男性在社交场合不得戴着墨镜、帽子、手套等。

礼仪提醒

此外，在几内亚常常可以看到穿古时候那种白衣和斗篷的女性。这些白衣、斗篷是贞节、纯洁的象征，并且具有传统宗教上的意义。男士们一看到这种打扮的异性，无不敬重有加。

2. 几内亚的饮食礼俗

几内亚人的主食是大米、玉米、面粉等，副食有牛肉、羊肉、鸡、鸭、鱼。喜爱西红柿、黄瓜、洋葱、土豆等蔬菜。他们的口味特点是麻辣、焦香、软滑、色浓。

烤全羊是几内亚最有名的菜肴。他们还常以全羊来款待贵宾，以表示特别的尊重。吃饭时，他们一般都习惯吃大块的羊肉、牛肉，不爱吃肉片、肉丁之类的菜肴。**不论是在城市，还是在乡村。许多人喜爱吃手抓饭。**

几内亚是一个盛产热带水果的国家，如：西瓜、柯拉果、木瓜、菠萝、柑子、芒果、香蕉等，人们常常举办独具一格的"水果宴"。其中，香蕉是他们的最爱。几内亚人用香蕉制作的各种食物更是令外国客人大开眼界。自酿的香蕉酒，醇香味美无比。

几内亚的香蕉品种尤其繁多，其中有一种香蕉，个大肉厚，一只重达半公斤，饭量不大者吃一只可以半天不饿。当地人把它放在笼屉上蒸，其味道如同鲜肉一般，故称"鲜肉香蕉"，当地居民以此充饥。

几内亚因绝大多数居民是穆斯林，他们忌食猪肉、禁酒，相当多的人不吸烟。

城乡的居民平时口中喜欢含小木棍（是一种含植物药性的"刷牙棍"，可使黑肤色衬托下的牙齿尤为洁白健康）。按颜色和作用来分，小木棍的味道有轻、重两种。

3. 几内亚的居住民俗

几内亚属地广人稀的不发达国家，居民住房基本上都是平房和二层楼房。城乡居住条件差异很大。在大城市里，尤其在首都科纳克里，有许多舒适住宅。讲究一点的住宅都是花园别墅，占地很广，四周有草坪、游泳池、高大的芒果树、椰子树和棕榈树等热带树木。在住房门前有用花岗岩石块砌成的平台。有的在花园中间还有一片花岗岩石块铺的小广场，是晚间交际活动的场所，晚上举行家宴或招待会，都在这样的室外场地举行。

有的住宅在花园深处的热带树林里还有用麻绳编织成的吊床，躺在上面像是躺在悬空的渔网里一般非常舒适。这样的花园别墅多数是平房或二层楼房，室内有宽敞的客厅、书房和舒适的卧室。

但是，城市下层居民的住房都很简陋。多数是白铁皮贫民房。这样的居民区居住条件非常差，没有电，没有下水道。

农村的住房多数仍是最原始的圆拱屋顶的茅草房。这种茅草房远看像个蘑菇。围墙是用泥垒起来的，房顶是用草秸盖成的。没有窗户，门只有一米左右高，人进出得低头弯腰，门宽刚好能进一个人。这种房子因是草泥结构，所以能抗暑；没有窗，门又小，所以能防雨，非常低矮。就不容易为非洲常有的龙卷风所刮倒。室内没有什么家具，只有一张牛皮或一条草席，铺在地上，晚上当床睡觉，白天当凳子坐。没有厨房，在房前屋后用几块砖搭起来的炉灶上做饭。吃饭用手抓着吃，炊具餐具都很简单。农村稍好一点的房子是白铁皮房，也有砖瓦房，但只是少数有钱人家的住房。

三、 几内亚的社交与节庆礼仪

1. 几内亚的会面礼仪

几内亚人有着明显的热带人的性格特征，他们活泼开朗，热情豪放，爱说笑，喜热闹。同外来客人初次见面，一般来说，当地通行握手礼。需要注意的是，晚辈或谦卑者握手时可屈膝躬身并以左手持右腕，右手不空或不洁时则请对方握右腕。熟人之间则可拥抱贴面。如到访一单位等候接见时，不相识的后来者应向先来的候见者致意，甚至一一握手。

在握手致意的同时，还要寒暄几句，询问对方的身体情况和生活起居情况，甚至会一一询问家人、牲畜和庄稼的事，然后再谈论正事。

几内亚人遇见与自己熟悉的外国朋友，先是热情握手问候，随后边谈话边用手掌轻轻拍打对方的胸脯，以示亲切和友好。见到有地位或年长的外国客人，先是毕恭毕敬地问候，然后用左手握住自己右手的手腕，再伸出右手同对方握手。

几内亚人对男性客人多称"先生"，有地位者称为"阁下"。对于女性客人称为"夫人"、"女士"、"小姐"等。

2. 几内亚的拜访礼仪

应邀到几内亚朋友家中做客，应按时赴约，最好给女主人和孩子们带去一些小礼品。

主人拿出饮料、水果和柯拉果招待，一般是一瓶饮料和一只空杯子，往客人面前一放，由客人自斟自饮，喝多喝少由客人自便。客人不要客气，一定要多喝一点，并要感谢主人的热情招待。**他们经常用于招待客人的菜肴有锅烧牛脯、脆炸大虾、清蒸牛排、拌酸辣牛肉丝、咖喱羊肉、串烧羊肉等。**招待客人最名贵的菜肴是烤全羊。

在几内亚，一般不准谈论有关猪的话题，也十分忌讳使用猪鬃、猪皮和猪内脏制成的物品，如毛刷、皮革、皮箱等。而且，几内亚人对公鸡怀有特殊的感情，视之为力量和美丽的象征，因而男子常喜爱将头梳成高高的鸡冠状，四周却剃得光光的，远远望去犹如一个突出的鸡冠立在头上，颇为独特。

此外，还有一些颇具地方传统的礼仪。如：颇耳族人在拜见有身份者时，先将鞋脱在门外再人室问候；苏苏族人习惯在进内室时才脱鞋上前致意。

3. 几内亚的节庆礼仪

几内亚的节日比较多，除一般官方的节假日以外，还有各种各样的宗教节日。官方规定的节假日有以下几种。

10月2日是几内亚的独立日纪念日和国庆节。几内亚是在1958年10月2日宣布独立和成立几内亚共和国的。

4月3日是几内亚第二共和国纪念日。这是1984年4月3日孔戴上台执政的纪念日，同时也是几内亚的全国人权与公民权日。

11 月 1 日是建军节。1958 年 11 月 1 日几内亚建立共和国军队。

11 月 22 日是几内亚反侵略纪念日。1970 年 11 月 22 日发生了葡萄牙雇佣军入侵几内亚事件，几内亚组织反击，很快击败了这次外国入侵。

其他还有许多宗教节日，如伊斯兰教的开斋节、天主教的升天等。

礼仪习俗　几内亚一年有两个妇女节，3 月 8 日是国际劳动妇女节，8 月 27 日是几内亚妇女节。1977 年 8 月 27 日科纳克里的女商贩上街游行反对杜尔政府过激的经济政策。这次完全由妇女发动的一场政治运动具有重要意义。它促使了杜尔政府采取转向自由经济方向的政策改革。

4. 几内亚的旅游礼仪

几内亚有丰富的旅游资源，但目前没有得到很好开发。现在实际上还没有真正意义上的旅游业。专程到几内亚旅游的游客很少，旅馆接待的客人大多数是商人和外国与国际组织派往几内亚办事的官员。

几内亚拥有发展旅游业的独特条件。**四大自然区在地形、地势、气候、自然景观和民族文化等方面各具特色，呈现多彩多姿的非洲风光。**尤其在富塔—贾隆和东部萨赫勒草原区，有奇特的自然风貌和旅游景点。

以"西非水塔"闻名的富塔—贾隆是几内亚最理想的旅游区。那里气候凉爽，景色迷人。在海拔 1000 多米的高原上，放眼四周，尽见挺拔冲天的山峰，多姿妖娆的山峦。在那郁郁葱葱山腰间流出大大小小的瀑布，有的奔腾咆哮、气势磅礴冲泻下山，有的涓涓细流，犹如从天空撒下的一条条白色缎带。在高原各地漫游。还可见到非洲稀有的茂密的松树林和竹林。在这片高原的西部，有气候宜人的避暑胜地达拉巴，至今还保留着当年法国常驻塞内加尔达喀尔的法属西非殖民总督在那里避暑的建筑遗址。有当代南非著名歌唱家玛凯巴等名人的别墅。从达拉巴再往南，在马木东北方向 50 多公里有历史名城廷博。这是 18 ~ 19 世纪富塔—贾隆地区的政治与宗教中心，现在那里还保存着 18 世纪的清真寺。在廷博还可以参观西非第二大河塞内加尔河的源头，塞内加尔河上游最大支流巴芬河发源于廷博。在富塔—贾隆的北部靠近塞内加尔边境有巴迪亚尔国家野生动物园。这里是观赏野生动物和打猎的理想场所。

四、几内亚的婚姻礼俗

1. 几内亚的婚姻礼俗

几内亚和非洲其他地区一样，伦理传统和宗教法规，都承认一夫多妻制。伊斯兰教法定一个男子可以取 4 个妻子，多者可达十几个、几十个。每个妻子在经济上是独立的个体。她们有义务供养和照顾丈夫的生活。她们轮流和丈夫在一起生活。轮到谁同丈夫一起生活的时候，谁就担负起照料丈夫生活的责任。她们相互之间遵循"以少服老"的原则和睦相处。第一个妻子称为第一夫人，常跟随丈夫出席对外活动，其他妻子一般都不公开露面。在城市里的上层社会，有的第一夫人已年老或没有文化，往往由其他夫人中年轻美貌或有文化的参加对外活动。但对内始终是第一夫人居首位，她要协助丈夫管理内务，家族的一些礼仪法规也都由第一夫人凭记忆用口传代代相传下去。**妇女承担着全部生产劳动与家务负担，而丈夫则是她们的统治者，是她们的家长，有时还是她们的村长**。在农村，有的自然村十几户人家全是一位男子的十几个妻子的住家。一个男子妻子多，劳动力就多，就象征着富有。人们嫁女儿愿嫁给妻子多的男子，因为人多。劳动力多，既标志富有，又可以多一些人分担家务和田间劳动。

在几内亚的的富塔—贾隆地区的农村，联姻先由男方向女方提出求婚，求婚要送柯拉果，如果女方收下柯拉果，就表示接受对方的求婚。结婚时男方家长要向女方家长送聘礼。在富塔—贾隆地区聘礼是牛，数量

（1至5头）根据男方的经济力量而定。结婚时首先双方家长和亲戚朋友送新郎新娘到清真寺举行婚礼，新郎的父亲要用一张羊皮托着9块布料进清真寺，婚礼结束后将这9块布料送给主持婚礼的伊斯兰教长和主宾。新郎新娘举行完婚礼走出清真寺以后家人和亲戚朋友向新郎新娘祝福，妇女们围着新郎新娘唱歌跳舞，然后各自回到自己的家里。当天黑以后女方将新娘送到新郎家，双方家长和主要亲戚都在外面等着。如果新娘发现新郎没有性能力或新郎发现新娘不是处女，就立即宣布解除婚约，女方立即将新娘带回家。如果新房里没有出现任何问题，人们就悄悄散去。第二天男方家里要摆宴席，新娘要一一拜见男方家族的长辈。

在大城市里结婚已不按这些风俗进行，但结婚的仪式仍很隆重，要到教堂或清真寺举行婚礼和设宴招待亲戚朋友，新娘要拜见男方家族的长辈。

礼仪习俗

非洲几内亚内波族人找对象的方法非常奇特。小伙子若看中了某位姑娘，只需用羚羊骨制作的小弓把麦秆制成的短箭朝她臀部射去。被射中的姑娘若将箭拔出，并用双手抚摸它，则表示对小伙子有意。如果姑娘将拔出的箭一折两段，并掷之于地，那么小伙子就没有希望了。

离婚在几内亚是少见的，在农村里根本不存在离婚一说。 在城市里离婚也不是一件光彩的事，尤其对妇女更是如此。离了婚的妇女，或单身妇女在社会上是抬不起头的，即使在城市里开明的知识分子中间也是如此。农村里不存在离婚现象却有弃婚，即丈夫随便将妻子抛弃。有的妇女在医院里生完孩子以后，孩子被丈夫家接走了，而她自己再也回不了家了。有的妇女直接就从家里被驱逐出家门。收养这些妇女，帮助她们自立是几内亚政府社会事务部的一项重要工作。这些妇女被驱逐的原因有多种多样，原因之一是迷信，说某女人恶神降身，会给家族带来厄运，就会被驱逐。

2. 几内亚的丧葬礼俗

几内亚同非洲其他许多地区一样，死了人家属和亲戚朋友都不哭。在农村里妇女们唱歌跳舞，民间歌手歌颂死者一生的功绩与美德。在城市的上层社会死了人还要放轻音乐，人们显得很平静，随着悠扬轻飘的音乐轻轻哼着，在这种平静中显露出隐隐的悲伤。

几内亚人办丧事，一般不请吃饭。亲戚朋友在出殡当天都去吊唁，送葬仪式很隆重，送葬队伍很长。

第 八 章

赞比亚的礼仪

赞比亚位于非洲中南部，是个以农牧为主业的内地国家。赞比亚也是多年与中国保持传统友谊的友好国家。赞比亚人待客大方热情，遇有远方客人到访，总会拿出鲜羊肝盛情接待。在风俗礼仪上，对年长者或贵宾致意时，习惯拍手和下蹲，女性一般不与人握手，异性之间要避免目光直视。忌讳他人用手指着自己。由于赞比亚人多信奉原始宗教，礼仪风俗中也很多不宜的禁忌。

一、 赞比亚概况

1. 赞比亚的自然地理

赞比亚为非洲中南部的内陆国家，东接马拉维、莫桑比克，南接津巴布韦、博茨瓦纳和纳米比亚，西邻安哥拉，北靠刚果（金）及坦桑尼亚。

赞比亚国土总面积为 75.26 万平方千米。地势东北高，西南低。大部分地区海拔 1000 ~ 1500 米。全境有五大地形区：东北部为东非大裂谷区；北部为加丹加高原区；西南部为卡拉哈里盆地区，东南部为卢安瓜河河谷区；中部为卡富埃盆地区。位于东北边境的马芬加山为全国最高峰，海拔 2301 米。

赞比亚自然资源丰富，以铜为主。**铜蕴藏量 1900 万吨，约占世界铜总蕴藏量的 6%，赞比亚素有"铜矿之国"之称。**钴是铜的伴生矿物，储量约 35 万吨，居世界第二位。此外矿藏还有铅、镉、硒、镍、铁、金、银、锌、锡、铀、绿宝石、水晶、钒、石墨、云母等矿物。全国森林覆盖率为 45%。

赞比亚属热带草原气候，5 ~ 8 月为干凉季，气温 15 ~ 27℃；9 ~ 11 月为干热季，气温 26 ~ 36℃；12 月至次年 4 月为雨季。年平均气温 21℃。

2. 赞比亚的历史简介

9 世纪，赞比亚境内先后建立过卢巴、隆达、卡洛洛和巴罗兹等部族王国。1889 ~ 1900 年，英国人罗得斯建立的"英国南非公司"逐渐控制了东部和东北部地区。1911 年，英国将上述两地区合并，以罗得斯的名字命名为"北罗得西亚保护地"。1924 年，英国派总督直接管理北罗得西亚。1964 年 1 月，北罗得西亚实现内部自治，同年 10 月 24 日正式宣布独立，定国名为赞比亚共和国，仍留在英联邦内。

3. 赞比亚的民族文化与宗教

赞比亚人口 1383 万（2012 年估计），大多属班图语系黑人。有 73 个部族，其中奔巴族约占全国人口的 18%，通加族占 10%，其他还有洛兹族、恩戈尼族和隆达族等。欧亚人 7 万。

赞比亚的官方语言为英语，另有 31 种部族语言。

赞比亚城市居民大都信奉基督教新教和天主教，农村居民大多信奉原始宗教。

4. 赞比亚的行政区划与首都

赞比亚全国分为 9 省 68 县。各省名称：卢阿普拉、北部、西北、铜带、中央、东部、西部、南部、卢萨卡。

卢萨卡为赞比亚的首都。人口约为 310 万，位于国土中南部高原上，平均海拔 1280 米。由于赞比亚系一盛产铜矿的内陆国，卢萨卡有铁路通往邻国坦桑尼亚以运铜出口，而有"铜都"之誉。卢萨卡始建于 1905 年，随铁路的铺设而兴起。1955 年起曾为北罗得西亚殖民地首府。1964 年赞比亚独立后，定为首都。卢萨卡是全国政治中心、工商业中心、农产品的重要集散地。卢萨卡市区西南 20 多千米处，有卡富埃大型水电站，发电能力 60 万千瓦。

卢萨卡 10 月为最热月份，日平均最高气温 31℃，最低 18℃；7 月为最凉月份，日平均最高气温 23℃，最低 9℃。

延伸阅读：

赞比亚的国旗、国徽与国歌

赞比亚国旗为绿色，右侧上方为一只展翅飞翔的雄鹰，右下方自左至右竖直排列着由红、黑、橙三个长方形。

赞比亚国徽中间的盾形图案由黑白相间的波纹构成，象征著名的莫西奥图尼亚瀑布。盾形两侧为穿着工人制服的黑人男子和穿民族服装的黑人女子，象征非洲黑人的兄弟家庭。盾徽上端交叉着锄头和镐，象征该国的农民和矿工；其上的雄鹰象征赞比亚的独立、自由和国家有能力解决面临的问题。盾徽下端为绿地，象征肥沃的土地；绿地上的玉米象征农业和农作物；矿井和斑马象征该国丰富的自然资源。底部的绶带上用英文写着国家格言"One Zambia，One Nation"，即"同一个赞比亚，同一个国家"。

赞比亚国歌是依据《上帝保佑非洲》曲调填词而成的。

5. 赞比亚的经济

赞比亚从独立后至 70 年代中期经济发展较快，然而，1975 年起经济陷入困境。多民运执政后，在西方国家和世界银行、国际货币基金组织的支持下，推行经济结构调整计划，实行经济自由化和私有化政策，大力发展经济多样化，努力争取外援，吸引外资，取得一定成效。2000 年，赞比亚经济在低迷数年后实现低速增长，农业、制造业、旅游业和交通运输业取得较大发展，但由于国际石油价格上涨和出口收入减少等原因。通货膨胀率涨幅较大。

2009 年，赞比亚的经济明显复苏。2011 年，经济继续保持增长势头，世界银行将其列入低水平中等收入国家。

延伸阅读：

赞比亚——铜的世界

进入赞比亚，仿佛置身于一个铜的世界，铜与居民的日常生活更是有着千丝万缕的联系。居民家里的饭碗、茶壶、烟盒、酒杯、果盘、汤钵甚至叉、勺等日常用品，均是用铜制成的。细心的主人总是将这些铜制品擦得铮亮铮亮的，放置在家中，满室生辉。铜，还是赞比亚居民在社会生活中联络感情、增进友谊的珍贵物品。男子求婚，送一件价值昂贵的祖传铜制工艺品；女儿出嫁，陪送一只精雕细刻的铜质梳妆盒；亲朋分别，赠送一件铜制品表达情意；异国朋友离境之前，选购一件铜制品作为纪念。在赞比亚，用铜制的工具、铜制的器皿来待客，足以显示对客人的最高礼遇和情谊。

二、赞比亚的日常生活礼俗

1. 赞比亚的服饰礼俗

在赞比亚，男女的着装都较为简单。男子在炎热的夏天经常光着上身，穿着短裤或长裤，有的只围一块布。天气较冷时，则披一件短袖或无袖衫。赞比亚气候温和，夏季的衣服可以常年穿用。

相对来说，女子的着装讲究一些，一般围围裙，女子都爱戴耳环、项链，生活富裕的家庭，有的同时戴几个大小不等的项链。

2. 赞比亚的饮食礼俗

赞比亚人的主食是玉米面、面粉、大米，佐以各种蔬菜水果。在农村大多以木薯糊为主食，再配上鱼块和肉丁。肉食以牛肉、羊肉和猪肉为主，当然穆斯林是忌食猪肉的。

美味食品主要是炖野兽肉和家禽肉，里面还放果仁、蘑菇、豆类、菠菜等。

一般人见到毛毛虫便毛骨悚然。但赞比亚人却将毛毛虫当作美食。**每逢雨季，赞比亚的土著人即走进森林收集毛毛虫，将其晒到半干后拿到市场上出售。**传统的吃法有熬粥、炖汤、油炸等多种。

在赞比亚农村，每天晚上人们一起吃一顿饭，全村分三摊吃小米粥和美味。老年人为一摊，青年男子为一摊，妇女和孩子们为一摊。饭后村民们围坐在火旁休息，听老人讲关于打猎、打仗和魔鬼的故事。

3. 赞比亚的婚姻礼俗

赞比亚人的婚姻仪式，一般都要请神职人员主持或祈祷，场面隆重。但开支却不大。

赞比亚女孩的成人仪式颇具特色。按当地习俗她们长到一定年龄后，便被家人藏在屋里隔离起来，在此期间不许接触任何人，进行"闭关修炼"，为进入成年做准备。时间有长有短，有的长达一年，有的短则一周。期间由一名年长妇女送饭，并传授其做妻子和做家庭主妇的经验。

三、 赞比亚的社交礼仪

1. 赞比亚的会面礼仪

赞比亚人在社交场合与客人相见时，一般都惯行握手礼，与客人互致问候时，常习惯地把手掌绕着对方的大拇指紧握两三下。分别时还会说声希望再次见到您等。赞比亚妇女之间握手时，习惯用左手托住右臂，但妇女一般不与男人握手，若其主动伸手男子再伸手相握，但不可紧握或长时间相握。

若遇上异国他乡的客人，他们也会热情问候，握手致意。农村妇女遇见外国女宾时，她们会围着女宾转圈，嘴里发出阵阵有节奏的尖叫声，以示热烈欢迎。他们很讲究对人的称谓，往往喜欢将他人的头衔与先生和女士联称。**当地还有一种特殊的传统习惯：称男外宾为"爸爸"、称女外宾为"妈妈"，即使父母亲称自己的儿女也叫"爸爸"、"妈妈"。**

赞比亚人对铜怀有极深的感情，每当外国元首来访，他们会以最高的礼遇——铜车迎宾。

2. 赞比亚的拜访礼仪

到赞比亚朋友家中拜访，应当事先预约时间，要准时赴约，违约是极不礼貌的行为，会引起赞比亚朋友对你的信誉产生动摇。赞比亚是一个热情好客的国家，那些有身份、有地位的人家在客人按约抵达，主人会亲自开门；主人会热情地用饮料和水果招待客人，主人一般将饮料和杯子一并交给客人，由客人自斟自饮，在赞比亚人认为劝吃劝喝是强加于人的做法。

赞比亚人待客的传统饭菜：主食有白米饭、麦面饼、玉米糕、甜食品等，副食品有牛羊肉、鸡、鱼、虾、蛋、蔬菜等。饭菜丰富，味道独特。对于主人的盛情款待，客人出于礼貌要每样都吃一点。

进餐时，客人应主动要食品，因为当地人认为由主人先送上食品是不礼貌的。客人不接受食品也是不合宜的。赞比亚人比较感兴趣的话题是国际政治事务。

赞比亚人大多待朋友诚恳。客人临别之际，主人多要赠送一件有纪念意义的礼物。他们认为亏待朋友就是瞧不起自己。

特别要提醒的是，到赞比亚朋友家中拜访，客人最好事先准备一份有纪念意义的礼物，届时送给主人，以表达友好的情意。

四、赞比亚的商务与旅游礼仪

1. 赞比亚的商务礼仪

与赞比亚商人洽谈生意时，在谈判前，先商定议题议程，在基本要求或原则上达成共识。谈判中遇有分歧时，应诚心诚意探讨或寻求共同点。客方宜保持清醒头脑，不能感情彤事，要牢牢记住三不：即不生气、不急躁、不灰心。不要为了谈成某项业务，而向政府官员送礼。如果给国营公司的雇员送昂贵的礼物，会令他们感到尴尬。可以送一些带有你公司标志的小礼品，效果反而更好。

赞比亚商人宴请客户大都在宾馆吃西餐。

赞比亚人认为偶数是吉利的象征，而尽量避免奇数。大多数人忌讳 13 和星期五。赞比亚人忌讳别人从自己背后穿过，忌讳他人用手指着自己说三道四，认为这是一种蔑视和污辱。另外，在和他们交谈时，尽量不要涉及党派之争。

2. 赞比亚的旅游礼仪

赞比亚的旅游业比较发达，有世界著名的维多利亚瀑布和 19 个国家级野生动物园，其中卡富埃国家公园占地面积最大。赞比亚有 32 个狩猎管理区。近年旅游业发展较快，2000 年旅游业产值增长 7.2%，收入增加 7%。主要名胜有：卡富埃国家公园，是赞比亚最大的野生动物园。位于西部，面积 2.25 万平方千米，1950 年建成。动物种类繁多，主要有大象、狮子、河马、犀牛、狒狒、蚁熊、猎豹等，有各种禽鸟 600 多种。卡富埃河中盛产梭子鱼、鲷鱼、银鱼等，可供游人垂钓。

卡兰博瀑布，是非洲第二大瀑布，位于赞比亚和坦桑尼亚边境地区。为多级瀑布，在 10 千米内落差达 915 米。在接近坦噶尼喀湖处，水流从陡峭的悬崖飞流直下，形成高 215 米的飞瀑，气势磅礴，蔚为壮观。附近有史前遗迹。

卡里巴湖，是世界最大的人工湖之一，面积 5180 平方千米，蓄水量约 1600 亿立方米湖上有 2 座水电站。

前往赞比亚，如果户外活动较多，最好带上墨镜、防晒霜和遮阳伞。若 4 月过后前往，应准备外套（薄、厚各一件）、春秋衫和毛衣。

赞比亚 12 月到次年 3 月是雨季，蚊子非常多，并且很多都带疟原虫，一定要有所预防。

赞比亚卫生条件较差，主要的疾病有疟疾、艾滋病、肺结核、慢泻、霍乱、性病、麻疹、伤寒和麻风病等，游客前往要特别注意。

礼仪禁忌：

　　当地人有些禁忌，除了旅游观光地区以外，其他地区不要拍照。若给女人小孩拍照，赞比亚人认为是莫大的耻辱，会立刻叫来警察将拍摄者抓进拘留所。政府建筑物、邮政局、警察署、桥梁、机场等，都被列为重要的军事设施，若拍照，会被视为间谍行为。

第 九 章

肯尼亚的礼仪

　　肯尼亚位于非洲东部，大部分国土为沙漠地区，是世界公认的古人类发源地之一。肯尼亚是野生动物种类众多的国度，内罗毕国家动物园是著名的游览胜地。肯尼亚人大多信奉基督教新教和天主教，经济相比其他非洲国家较为发达。在饮食、服饰、居住和社交中，肯尼亚人有很多颇具特色的礼仪风俗。外人在拜访肯尼亚人或到其国家参观旅游，要注意尊重当地风俗文化，不做犯忌的事情。

一、肯尼亚概况

肯尼亚共和国得名于肯尼亚山。"肯尼亚"在当地班图语中意为"鸵鸟"。又称东非十字架、鸟兽的乐园。肯尼亚因挖出人类远祖头盖骨化石，被称为"人类摇篮"。又因其地处东非裂谷与赤道交界处，又称"东非十字架"。

1. 肯尼亚的自然地理

肯尼亚位于非洲东部，赤道横贯中部，东非大裂谷纵贯南北。东邻索马里，南接坦桑尼亚，西连乌干达，北与埃塞俄比亚、苏丹交界，东南濒临印度洋。

肯尼亚国土面积为 582 646 平方公里，海岸线长 536 千米。东部和北部的大部分地区为沙漠或半沙漠，约占全国总面积的 56%。**中南和西部地区为高原，平均海拔 1500～2000 米以上，有"东非屋脊"之称。**东部的死火山锥基里尼亚加峰，海拔 5199 米，是全国最高峰，是非洲第二高峰，峰顶终年积雪。瓦加加伊死火山海拔 4320 米，以巨大的火山口（直径达 15 千米）而驰名，东非大裂谷东支纵切高原南北，将高地分成东、西两部分。西部地区较为狭窄，有平原和高原；东部较为宽阔，有中央高地，该高地徐徐下降成为草原，直到海边。

肯尼亚有众多湖泊，如图尔卡纳湖、维多利亚湖等。主要河流有塔纳河、萨巴基河。

肯尼亚的矿藏主要有纯碱、盐、萤石、石灰石、重晶石、金、银、铜、铝、锌、铌和钍等。森林面积 8.7 万平方千米，占国土面积的 15%。野生动物种类众多，有狮、豹、野狗、大象、犀牛、斑马、羚羊和瞪羚，河马以及鳄鱼等，主要集中在察沃等地的国家公园内。

气候变化很大，沿海属热带潮湿气候，平均温度 27℃。内陆及北部为干燥平原，气温 21～27℃。西南高地气候凉爽宜人；维多利亚湖气候较温暖，介于 21～27℃。全国多数地区有两个明显的雨季。3～5 月是长雨季，10～12 月是短雨季。北部干燥，降水量 125 毫米，沿海地区则有 1 000 毫米。

2. 肯尼亚的历史简介

肯尼亚是人类发源地之一，境内曾出土约 260 万年前的人类头盖骨化石。到公元 7 世纪，东南沿海地带已形成一些商业城市，阿拉伯人开始到此经商和定居。16 世纪，葡萄牙殖民者占领了沿海地带。1890 年，英、德瓜分东非，肯尼亚被划给英国，英政府于 1895 年宣布肯尼亚为其"东非保护地"，1920 年宣布为其殖民地"。1920 年后，肯尼亚争取独立的民族解放运动蓬勃发展。1962 年 2 月，伦敦制宪会议决定由肯尼亚非洲民族联盟（简称。肯盟"）和肯尼亚非洲民主联盟组成联合政府。1963 年 5 月举行大选，肯盟获胜。同年 6 月 1 日成立自治政府，12 月 12 日宣告独立。1964 年 12 月 12 日，肯尼亚共和国成立，仍留在英联邦内。肯雅塔出任首任总统，1978 年病逝，莫伊继任总统至今。1991 年 12 月，肯尼亚在西方重压下实行多党制。1992 年 12 月 29 日举行首次多党大选，第二次大选于 1997 年 12 月 29 日举行。

延伸阅读：

肯尼亚：古人类的摇篮

人类的起源和进化一直是科学研究难以破解的谜团。上世纪以来，生物学家和考古学家经过大量考察、鉴定，基本肯定人类远祖起源于东非。而位于这一地区的埃塞俄比亚和肯尼亚也被誉为古人类的摇篮。

2000 年肯尼亚与法国科学家联合宣布，他们在肯尼亚发现了距今 360 万年的古人类化石，为研究人类的起源提供了关键证据。由米乌·利基博士率领的肯尼亚国家博物馆考察队在肯尼亚北部发现了一具头骨化石，经过对头骨进行长达两年的研究，科学家积累了大量的证据，确信这是一个新人种的远祖化石。

过去科学家一直认为现代人只有一个共同的祖先，也就是 1974 年在埃塞俄比亚发现的、被称之为"露茜"的一具不完整的骨骼化石。2000 年的考古发现轰动了国际古人类学界，为现代人的东非多地起源说提供了有力证据，科学家期待着能在肯尼亚有更惊人发现，以解开人类演化的奥妙。

3. 肯尼亚的首都及其他城市

内罗毕是肯尼亚的首都，人口 300 万，是避暑胜地。全国农产品集散地和加工中心，也是全国铁路、公路和空运的枢纽。它虽距赤道不过 150 千米，但终年气温很少超过 27℃，因为它位于海拔 1700 多米的高原上。位于市中心的肯雅塔国际会议中心，包括一座 27 层的圆柱形的行政大楼与其右下角蘑菇形的会议厅，这是城内最雄伟的建筑物，每年要在这里举行 40 多次国际性的会议。市内有东非最大的机车修理、纺织、轻工和金属加工等工业。东非大多数商行在此设立总公司。市内有尖塔高耸入云的大清真寺，有国立博物馆、内罗毕大学、体育场、图书馆等。内罗毕被称为"世界上研究人类摇篮的基地"。内罗毕国家动物园和蛇公园是著名的旅游胜地。在内罗毕市中心以西 8 千米的内罗毕国家自然保护区内，有狮、豹、象等 100 多种珍贵动物和 400 多种鸟类。

蒙巴萨是全国最大的港口城市，也是第二大城市。它位于肯尼亚东南部，东临印度洋。蒙巴萨港有完善的现代化设备，是肯尼亚、乌干达、卢旺达等国货物进出口的门户。市内有 49 座清真寺，其中一座建于 1570 年，各地伊斯兰教徒络绎不绝地来这里朝拜。另有古老的城堡，向人们展示着这座城市的悠久历史。

4. 肯尼亚的民族文化与宗教

肯尼亚人口为 4370 万（2013 年），人口增长率 2.1%。全国共有 42 个部族，吉库尤族为最大部族（占全国人口的 25%），其次是卢希亚族、卡伦金族、卢奥族和康巴族等。此外，还有少数印巴人、阿拉伯人和欧洲人。

实行免费初等教育，正规教育实行小学、中学、大学为"8+4+4"学制。政府重视发展教育事业，教育经费每年占财政预算的30%左右。1999年，15岁以上文盲率为19%。著名高等学府有内罗毕大学、莫伊大学、肯雅塔大学、埃格顿大学、肯雅塔农业技术大学和马塞诺大学，另有30个职业培训学校、3所技校和12所私立大学。

全国人口的38%信奉基督教新教，28%信奉天主教，6%信奉伊斯兰教，其余信奉原始宗教和印度教。

延伸阅读：

肯尼亚的国旗、国徽与国歌

肯尼亚的国旗自上而下由黑、红、绿三个长方形构成，红色长方形上下各有一白边。旗面中间的图案为两支交叉着的长矛和一面盾。黑色象征肯尼亚人民，红色象征为自由而斗争，绿色象征农业和自然资源，白色象征统一与和平；矛和盾的图案象征祖国统一和为捍卫自由而斗争。

1963年制定的肯尼亚国徽以一枚与国旗色彩一致的梭形盾徽为中心，两侧各有一只金狮，一肢持长矛，一肢扶盾徽。后面中央持有斧头的白色公鸡，是肯尼亚非洲民族联盟的徽记。根据当地传统，公鸡象征新的生活。两只雄狮体现了国家主权与民族尊严，也暗示肯尼亚与英国的联系。双狮足下是非洲第二大山——肯尼亚火山，它踩着肥沃土地，结满咖啡、柑桔、剑麻茶、玉米和菠萝，到处是果实和芬芳，这是肯尼亚人民生活安宁、国家兴旺的缩影。国徽下方的咖啡色饰带上写有斯瓦希里语的"共处"字样，表达出肯尼亚人民对和平、友爱、自由和平等相处的愿望。

肯尼亚的国歌为《肯尼亚共和国国歌》。

5. 肯尼亚的经济与社会

肯尼亚曾是撒哈拉以南非洲经济状况较好的国家之一。实行以私营经济为主、多种经济形式并存的"混合经济"体制，私营经济占整体经济的

70%。**农业、工业和服务业是国民经济三大支柱。**茶叶、咖啡（主要为阿拉伯咖啡）和花卉是农业三大创汇项目。农业是国民经济的支柱，全国85%的人口从事农、牧业。主要制造业产品包括食品与饮料、烟草、纺织品、组装车辆、水泥和石油产品等。旅游业较发达，为主要创汇行业之一。

但20世纪90年代初因政局动荡、西方停援及自然灾害等原因，经济出现滑坡。2000年，肯尼亚遇严重旱灾，工农业遭受重创，国内生产总值负增长0.5%，经济陷入独立以来最困难时期。

2005年，政府加大调整财政政策力度，深化结构改革，经济有所好转，2006年以来，政府出台削减公共财政开支、加大发展投入等一系列政策，使经济增长加快。2011年国内生产总值为337.14亿美元，人均国内生产总值为911.95美元，国内生产总值增长率达4.4%。

交通以公路运输为主。近年来主要情况如下：铁路总长2764千米。公路总长6.4万千米。其中沥青路6700多千米。水运蒙巴萨港有21个深水泊位，可停泊2万吨级货轮。空运全国共有3个国际机场、4个国内机场和300多个小型或简易机场。肯尼亚航空公司开设16条国际航线，与30多个国家通航。

二、肯尼亚的日常生活礼俗

1. 肯尼亚的服饰礼俗

肯尼亚人喜欢穿色彩鲜艳的服装，他们的民族服装宽大凉爽。由于肯尼亚人大多喜爱动物，妇女们多喜欢用兽状装饰物。马塞族人以大耳垂为美，为了达到这一目的，他们从幼时就将双耳穿洞，戴上重型耳环。

肯尼亚因离赤道线近，紫外线很强，所以当地男女都随身要戴遮阳帽、防晒霜和太阳镜。

另外，若在首都内罗毕大饭店和肯雅山狩猎俱乐部用晚餐，男士必须穿西装打领带，女士必须穿长裙。

2. 肯尼亚的饮食礼俗

肯尼亚人的主食有米饭、烙饼、面包、甜食等。副食有肉类、鱼类、禽蛋、各种蔬菜、水果。

肯尼亚盛产茶叶、咖啡，这也是肯尼亚人喜欢的饮料。咖啡是这里最主要的饮料，基本上这里全是咖啡的王国，一般人也会用咖啡来解渴。

他们也保有手抓饭的习俗。在肯尼亚，公务交往或商业宴请，一般在大饭店吃西餐。

礼仪禁忌：

在肯尼亚，无论怎样口渴都不要喝未经处理的自然水，也不能在其中游泳。因为这些水中通常都寄生着血吸虫，它们会攻击人体的一些器官。如果口渴，可以到酒店或市场买瓶装水。

3. 肯尼亚的居住习俗

居住在肯尼亚境内的马赛族的住宅非常简陋，以树枝编墙，再用牛粪拌上黏土涂在上面，在椭圆半拱形的屋顶上，铺上树枝和茅草，其外形颇似扣在地上的半个蚕茧。故称"蚕茧屋"。

在实行一夫多妻制的泰塔族中，住宅建筑以主妇（即男主人的第一位妻子）居室为中心。男子必须征得主妇同意方能另外再娶妻。主妇掌管家务，并安排丈夫每晚在各位妻子房间过夜。丈夫在妻子房间过夜都是深夜入室，黎明离开。

延伸阅读：

"树上旅馆"

在东非洲西南尼安达鲁瓦山脉茫茫林海中的野生动物园里，有一座别致的建筑，那便是闻名于世的"树上旅馆"。1952 年 2 月 5 日，当时的英国公主、现在的英国女王伊丽莎白二世和她的丈夫曾下榻这里欣赏野生动物。当天夜里，英王乔治六世突然去世，英国皇室当即宣布伊丽莎白公主继位。2 月 6 日清晨，伊丽莎白就返回伦敦登基。所以，人们说伊丽莎白"上树是公主，下树成女皇"。从此，这座盖在一棵大树上的旅馆闻名于世。许多旅客慕名而至，但求一宿。

旅馆高 21 米，全木质结构，有三层建筑，搭建在数十根粗大的树干上，底层离地面约 10 余米，野生动物可以自由穿行其下。旅馆有单人卧室 38 间，还有一个餐厅，两个长廊式酒吧间，屋顶是个大平台。傍晚，成群的大象、野牛、犀牛、羚羊、野猪等野生动物便开始陆续汇集到树上旅馆前面的水塘和盐土地来。游客用完晚餐后，站在平台或酒吧的长廊里，凭借明媚的月光和柔和的灯光，居高临下，兴致勃勃地观看动物世界的千姿百态。

要在那里投宿，游客们要先在中央省省会尼耶里的一个"套马车"旅馆集中，放下行李，然后套上马车（从前坐马车，现在乘旅游汽车），在手持猎枪的导游带领下，向"树上旅馆"进发。旅游车在林间小路上缓行，不时会遇到穿越公路的狒狒、大象、长颈鹿和羚羊，好像是来迎接游客一样。约一个小时后，车子在一个山脚停下，导游请游客下车并宣布几条安全注意事项，然后整队上山，步行约一二百米，写着"树顶"两字的牌楼和掩映在绿树丛中的旅馆建筑便展现在眼前。

目前，世界上像肯尼亚这样的"树上旅馆"还有不少，主要是为那些厌倦了城市生活的人设计的。

三、肯尼亚的社交与商务礼仪

1. 肯尼亚的会面礼仪

肯尼亚人很讲礼貌，朋友见面必须打招呼，点头致意或行握手礼。还要加一连串的问候语。

肯尼亚有尊敬老人的良好社会风气。他们见到年长的外国人，要鞠躬致意，用敬语问候，然后毕恭毕敬为客人让路。女性见到外国人，一般行半跪腿礼。

肯尼亚社会交往中，十分讲究称谓，他们认为得体的称谓是一个人的修养体现。对肯尼亚人可称为"先生"、"女士"、"小姐"等。

肯尼亚等级观念明显，他们对那些有身份、有地位者将其职衔、官衔、学衔等与"先生"、"小姐"连起来称呼。在他们认为，直呼其名是极不礼貌的行为。

同时，肯尼亚一些部落的会面方式仍保留着原始的意味。肯尼亚马萨伊族人的迎客习俗十分罕见——吐唾沫迎客。每当有客人来访时，主人便领着一家大小立在村口迎客，个个面露笑容，十分高兴。家庭中年长者，走到客人面前，出其不意地准确地向客人脸上连吐三口唾沫，以示欢迎和祝福。

2. 肯尼亚的拜访礼仪

肯尼亚人的迎宾仪式奇特。当贵宾来到时，村中的男子先在家中洗脸净身，身披白布，踩着高跷到村口迎宾，场面极其热烈。在他们认为：**踩跷迎宾表明主人的脚没有沾地，肉体是干净的，故而心灵也是纯洁的，这是对客人的极高礼遇。**马赛族人待人诚恳。如果有客人造访，他们总要拿出上好的烤牛肉和鲜牛奶来款待客人。

如果客人对主人的食物一点不吃，则被认为是一种失礼的行为。临别时主人还要送一份礼物给客人，这时客人一定要收下，并要表示感谢。

外国人到肯尼亚朋友家中拜访，需事先联系，准时抵达。迟到或违约都是失礼的，主人对此很难谅解。

去做客访问时应带一样小礼物，例如曲奇饼干或糖果之类。除了表示慰问之外，一般不要送鲜花。

在马赛族地区路不拾遗。如果在马赛人居住的地方遗失了物品，全村人都会帮助找寻。在路边放置的东西，不论价值多少，放多久也不会有人拿走。

礼仪禁忌：

在肯尼亚，不同的地区和部族，有不同的宗教信仰和风俗习惯，由此而产生了许多不同的禁忌。进入肯尼亚人的家庭，特别应当注意的几点有：忌讳用左手同主人握手、行礼、接递物品或者抓饭吃；不可随意进入主人家的卧室，尤其是女主人或者其他家眷的卧室；在信奉拜物教的家庭里，不可打听摆着的木偶、图案、标记等的用途，更不可用手去触摸；谈话时忌讳用手摸鼻子或者挖耳朵，在当地这些是侮辱人的动作；询问儿童年龄不可用手心向下地比画着，当地认为这是咒骂儿童夭折的动作；在穆斯林朋友家庭，不可谈及有关猪一类的话题，任何事情都不能干扰他们进行祈祷。与肯尼亚人交谈忌讳提及政治问题和50年代的茅茅运动。忌瞪眼看对方；忌吃得一物不剩；忌拍摄人、房屋、家畜。

四、肯尼亚的商务与旅游礼仪

1. 肯尼亚的商务礼仪

肯尼亚的商来习惯、法律、规章等都以旧宗主国的英国为准。官僚机构衍生，机关部门的事务大多繁文缛节，有关的公职人员都需要一一打点来建立人际关系。

到肯尼亚经商，应当注意遵守当地的风俗和礼仪习惯。接待来访的肯尼亚客户时，要热情礼貌。不可盛气凌人，以大国自居，态度傲慢，说话口气生硬。商务宴席上的膳食要根据肯尼亚的风俗习惯安排。客户告辞时还需要适量地赠送一些礼物。如果你有新产品要推广的话，最好先去拜访劳工部的首席采购员。

2. 肯尼亚的旅游礼仪

旅游业是肯尼亚主要创汇行业之一。1999 年接待游客 97 万人次，旅游收入 306 亿美元。旅游业职工占全国职工总数的 9.1%。主要旅游点有内罗毕、察沃、安博塞利、纳库鲁、马赛——马拉等地的国家公园、湖泊风景区及东非大裂谷、肯尼亚山和蒙巴萨海滨等。主要名胜有以下几处。

肯尼亚山，位于肯尼亚境内中部，是东非大裂谷最大的死火山。 山势雄伟，山顶终年积雪，山脚和山腰设有旅馆和宿营地。其南面的尼安达鲁瓦山脉的茫茫林海间有野生动物园。

马赛——马拉野生动物保护区，位于内罗毕西 200 千米处的东非大裂谷草原上，占地 1800 平方千米。游客可乘坐大型气球吊篮鸟瞰整个保护区。

库彼福勒，是世界上最早的石器时代人类聚居地遗址之一。位于肯尼亚西北部图尔卡纳湖东岸。

阿伯德尔国家公园，是野生动物园。位于首都内罗毕北部约 95 千米。

安博塞利国家公园，也是野生动物园。在肯尼亚首都内罗毕西南 150 多千米处，是举世闻名的"非洲动物的天堂"。

奥洛戛萨里，是肯尼亚的旧石器时代化石遗址。位于首都内罗毕市西南 70 千米，处于东非大裂谷（东支）底部、马加迪盐湖附近。同时也是肯尼亚最大的野生动物园，也是非洲最大的野生动物园之一。在首都内罗毕南 160 千米。

曼巴鳄鱼村，坐落在港口城市蒙巴萨的海滨，为一座鳄鱼养殖场，它是东非最大的鳄鱼养殖场，饲养着近万条鳄鱼。

门南盖伊火山，位于东非大裂谷，紧靠肯尼亚第三大城市纳库鲁。顶峰有世界第二大火山口。

图尔卡纳湖，是肯尼亚西北部半沙漠地带的内陆湖泊，北接埃塞俄比亚。是肯尼亚最大湖，也是世界上最大的咸水湖之一。

> **礼仪提醒**　游客在野生动物保护区要特别注意以下几点：不能喋喋不休地说话（动物的听觉非常敏锐）；不能随意走到车外，不要以为周围看不到动物就安全，说不定草丛中正有猛兽虎视眈眈地盯着你；不能随意点火；不要给动物投喂食物、伤害野生动物等。

五、肯尼亚的婚丧礼俗

1. 肯尼亚的婚姻礼俗

肯尼亚的婚俗礼仪因地域差异，而有明显不同。

◇ 斯瓦希里族的婚俗礼仪

居住在肯尼亚拉莫地区的斯瓦希里族的婚俗独特。为了把新娘打扮得更美。新娘在出嫁的前几天，她的身体须经受一连串的婚前处理。首先，除头发外，脖子以下身体各部位的体毛被刮得干干净净；然后，新娘的身上经过按摩后被抹上可可油和取自檀香木的香水；新娘的四肢也要在指甲花汁液中浸一浸，再由女亲戚往她的身上画一些花纹。

◇ 基锡地区的婚俗礼仪

在基锡地区，女人娶妻和正常婚姻一样，要举行结婚仪式。婚后，两个女人就在一个家庭生活，以夫妻相称。婚礼后，妻子从"女丈夫"亲属中挑选一名男子同居，所生的孩子就算是"女丈夫"的孩子，有继承权，这一风俗受到法律保护。咬鼻子是生活在肯尼亚安群岛的青年们求爱的方式。这里的男婚女嫁，一切都是女方主动。

◇ 蒙巴萨的婚俗礼仪

在非洲肯尼亚的蒙巴萨一带，男方到女家落户，故而形成了妇方招婿的婚姻习俗。为此，人们还隆重举行别致的"送新郎"仪式。

"送新郎"通常在夜晚进行。仪式开始时，鼓手们挥臂击鼓，歌声四起。在椰林的沙道上，喧闹的人群踏着月光，簇拥着有点腼腆的新郎向新娘家走去。最前面的是两个小姑娘，身穿浓艳的长裙，似彩蝶在前引路。她俩手捧铜盘，盘底铺着棕榈绿叶，上面盛放椭圆的槟榔。按当地的风俗，槟榔能祛邪避祸，可使婚后的生活平安美满。端铜盘的小姑娘后面，是新郎的父母。此间有句民谚："离不开老鹰的小鹰不会自由飞翔"。现在小鹰要展翅高翔了，做父母的，喜气洋洋，陪送儿子上女方家。

队伍里最活跃的，要数脚上系着铃铛的男孩子了。他们像机灵调皮的小羚羊一样在新郎前后丁零当啷地蹦跳、奔跑。妇女们则施展其独特的技能：灵巧的舌头在口中急速地伸缩翻卷，不时地发出有节奏的"嗷罗罗"的欢声。

礼仪习俗

非洲人善舞，在这送新郎的路上更是舞兴大发，就连大爷大娘们也不示弱，张开臂膀，全身剧烈地摆动。而新郎呢？在这狂喜的气氛中却只知咧嘴憨笑，脚下好像绊着绳索，一步快，两步慢，三步踉跄。

当人们载歌载舞到达新娘家时，鼓乐大作，欢声喧天。女方父母喜盈盈地在门口迎候。新郎的父母躬身将槟榔铜盘递交亲家，对方谢礼后，便请新郎登堂入室。这时，"送新郎"的仪式又异峰突起。新房里竟不见新娘，但见床前垂挂着一道幔帘，新娘由女伴们陪坐在幔帘后面。新郎要见新娘，还的过"握手关"。他须端坐在幔帘前，从帘下去握新娘的纤手。由于新娘和女伴们都伸着双手，新郎往往会一连几次握错，引得宾客们开怀大笑。正当新郎急得冒汗之时，新娘的女伴自会成人之美，指引一下。两位新人的手终于握在一起了。与此同时，幔帘拉开，在一片欢呼声中，"送新郎"才算是送到了"家"。

◇ 吉库尤族的婚俗礼仪

吉库尤族在肯尼亚人口最多。传统婚俗也十分有趣。

①求婚。**吉库尤族男女青年长大成人时要行割礼，行割礼之后方有权谈情说爱。**喜歌善舞是吉库尤族青年的特点。逢年过节，年轻人都喜欢聚在一起唱歌跳舞，此时也正是青年男女接触的好机会。可是小伙子选中了心爱的姑娘却不能直接向她倾诉爱情，而是要选几个同龄密友携同前往姑娘家求婚。

到了姑娘家，姑娘的母亲先出面款待客人。但母亲应酬片刻就会主动回避，让小伙子们与姑娘单独交谈。小伙子也会借此良机婉转地说明来意。姑娘如有情便请小伙子改日再来，也许来上数次姑娘才会让小伙子去和老人商量，如果姑娘不中意就会当面婉言谢绝。

②提亲。姑娘一旦同意，小伙子就马上禀告父母。男方老人要筹备用蜜或甘蔗酿成的甜酒，将酒分别盛在两个用波巴布树果实制成的葫芦里送到女方家。女方款以上宾之礼，设宴招待。就餐过程中客方讲明来意，女方老人把姑娘请到席前当客人面询问是否愿意。姑娘不能直接回答父母的发问，而是用一种简单的仪式代言：姑娘取一盏牛角盅，将甜酒斟入盅内。自己先呷一口，然后送给父亲。父亲品尝后把酒泼洒在地，剩一点洒在自己身上。然后姑娘再给母亲及男方老人斟酒。这叫作"呷准酒"。姑娘呷准酒后，父母马上邀请族邻前来品尝亲家带来的甜酒。亲戚邻里品酒道贺，气氛热闹非凡。

③送聘礼。**男方提亲后便着手准备送聘礼。聘礼要分批送往。**第一批聘礼通常是牛羊。小伙子要亲自将这些牛羊赶到女方家。过几天之后再送第二批聘礼，直至送完全部聘礼为止。按吉库尤族习俗，送完首批聘礼一定要随后送一批醇酒，谓之"祝福酒"，这些酒是给已送去的牛羊祝福用的。聘礼不能一次送完，这样做被认为会带去晦气。

聘礼全部送完后，女方家要宰一只男方送的绵羊，设筵席款待双方亲朋。宴请的目的有三：一是为了将这门亲事晓示三亲六故；二是为了给双方亲朋晤面的机会；三是为了决定女方还送哪些礼品。

④签订婚约。送完聘礼，双方在女方家聚首一堂签订婚约。这一天要设宴遍请亲友。按惯例杀六只肥绵羊。宰羊用的屠刀由姑娘负责准备。第

一只羊的肾烧熟后送给出嫁的姑娘吃，意味着爱情至死不渝。宴罢唱歌跳舞以示庆贺。娶亲的小伙子要送给女方亲族各种礼物，包括衣服、首饰及日用零星细物。**时至黄昏，客人告别之后，由一位福寿双全的老妪将礼物分发给女方的姐妹姑嫂。**从此这门婚姻即告生效，待嫁的姑娘便可在平辈姐妹的陪同下到男方家里去串门，乃至帮助做些家务。

⑤抢亲。一切准备就绪后，男方父母便邀请亲族聚会择定喜期，并对姑娘保密。喜期那天。男方的姐妹们负责窥探新娘的行踪，新郎获信后便伙同侪辈一同前往将新娘捉住，由新郎背回家中。新娘被捉住后佯装挣扎反抗，大声喊叫，照例必哭。随来者簇拥而归，妇女们跟在一旁又是唱又是笑。吉库尤人听到这种悲欢相杂的声音就知道有人抢亲了。有时双方的妇女还假装争夺。新娘连叫带哭，直到背进新房，这种哭叫方告结束。进入新房后，刚刚在抢亲路上假装争斗的双方聚在一起唱歌跳舞。傍晚侪辈男女青年鱼贯而至，新娘便对他们唱起"悲歌"，以表达不愿与家人离别的心情。这种悲歌要一连唱八天。八天内，**同龄人纷至沓来，照例新娘在这八天内不得外出。到第八天要宰一只绵羊用它的油行祝福礼。**

⑥回门。八天过后新娘要选一天回门。回门时请一位小姑娘攥木棍的一端在前面引路，新娘攥着另一端在后面随行。途中，新娘要低头行走不准和任何人交谈。回到娘家，新娘的父母用新娘从婆家带来的醇酒为她祝福，并送给她一些礼物。全部婚嫁礼仪到此方告结束。

随着社会的发展，肯尼亚吉库尤族的婚俗也在不断地改革，日趋简化。

2. 肯尼亚的丧葬礼俗

天葬是肯尼亚马赛族人的丧俗。肯尼亚的马赛族人不仅不重视土地，而且认为土地是邪恶的渊源，所以在人死后实行天葬，而不实行土葬或火葬。**马赛族人将死者的尸体用水洗净，涂上奶油，停放于屋中央，供死者亲属祈祷一天。**然后，亲属将尸体抬起，在村中最长者的引导下弃往村外荒地，放置在草丛之中任凭野兽撕扯吞食和叨啄。

置身屋外等死是肯尼亚吉库龙人的丧俗。吉库龙人认为，人死在家中是不吉利的，所以当某人即将离世时，一定要把他送到屋外等死。一旦逝世，其亲属要把尸体运至野外荒郊止鼠狗吃掉。如果死者是重要人物，他们尸体方可埋置在家中。

就地埋葬是卢希亚族的丧俗。生活在肯尼亚西部的卢希亚族居民死后通常被葬在自家前院，死者的遗体会被放在棺木中，在家里停放3~5天，至亲们通宵达旦地击鼓歌唱以示悼念。葬礼要等所有亲戚到来后才会开始，几乎死者的所有邻居都会到场。

礼仪习俗

套绳致哀是非洲黑人的一种丧俗。不少黑人部族在他们的亲人去世后，常用一根绳子套在自己的脖子上，以此种举动表示对死者的悲悼之情。

第 十 章

埃塞俄比亚的礼仪

　　埃塞俄比亚位于非洲东北部红海西岸。全国有80多个民族，国民信奉基督教和伊斯兰教。由于长年战乱，社会经济发展相对落后。埃塞俄比亚人受其宗教影响，在生活饮食和社交中，有很多具有民族特色的习俗，喜食生牛肉，因习惯用手取食所以必须饭前用净水冲洗手，一些原始部落的人视穿唇为美，并常把盐含在口中。忌用左手递东西，每年有一半时间要守斋，后日禁食，禁吃猪肉等等。

一、 埃塞俄比亚概况

埃塞俄比亚联邦民主共和国。由希腊语"晒黑的"和"脸孔"两词演变而来。意为"晒黑的面孔"。又称非洲屋脊、高原之国。

1. 埃塞俄比亚的的自然地理

埃塞俄比亚是位于非洲东北部的内陆国。东与吉布提、索马里毗邻，西同苏丹交界，南与肯尼亚接壤，北接厄立特里亚。

埃塞俄比亚国土面积 110.36 万平方千米，海岸线长 1013 千米。领土以山地高原为主体，大部分属于埃塞俄比亚高原，中西部是高原的主体，占全境的 2/3。在非洲各国中地势最高，有"非洲屋脊"之称。沙漠面积约占国土面积的 25%，在高原的南部和东北部。**东非大裂谷从东北向西南纵贯全境。西敏山脉的达尚峰海拔 4620 米，是全国最高峰。**

埃塞俄比亚的矿产和水力资源丰富。已探明的矿藏有黄金、铂、镍、铜、铁、煤、钽、硅、钾盐、磷酸盐、大理石、石灰石、石油和天然气。已探明的天然气为 250 亿立方米。**埃塞俄比亚境内河流湖泊较多，水资源丰富，号称"东非水塔"，但利用率不足 5%。**埃塞俄比亚还是地热资源最丰富的国家之一。

埃塞俄比亚气候复杂。高原区气候温和，平均温度 15~20℃。高山区气温很少高于 15℃。红海海岸区是世界上最炎热的地区之一，马沙华港的气温常常高于 50℃。北部地区干旱严重，一般而言，以海拔高度划分气候。海拔 2500 米以上地区属寒带；1800~2500 米属温带；较低地区属热带，包括海岸平原区、北部大裂谷地区、热带谷地、东部干草原及周围低地区。

2. 埃塞俄比亚的历史简介

埃塞俄比亚是具有 3000 年文明史的古国。古希腊人在赫卡泰和希罗多德的时代就已经知道埃及以南存在一个地区，那里居住着的便是埃塞俄比亚的黑色人种。公元前 8 世纪，建立努比亚王国。公元前后，建立阿克苏姆王国。10 世纪末被扎格王朝取代。13 世纪，阿比西尼亚王国兴起，19 世纪初分裂成若干公国。1889 年，绍阿国王孟尼利克二世称帝，统一全国，建都亚的斯亚贝巴，奠定现代埃塞俄比亚疆域。1890 年，意大利入侵，强迫埃塞俄比亚受其"保护"。1896 **年，孟尼利克二世在阿杜瓦大败意军，意大利被迫承认埃塞俄比亚的独立。**1928 年，海尔·塞拉西登基，1930 年 11 月 2 日加冕为海尔·塞拉西皇帝。1936 年，意大利再次入侵，占领埃塞俄比亚全境；海尔·塞拉西流亡英国。1941 年，盟军击败意大利；5 月 5 日，海尔·塞拉西归国复位。1974 年 9 月 12 日，一批少壮军官政变推翻海尔·塞拉西，废黜帝制，成立临时军事行政委员会。1977 年 2 月，门格斯图·海尔·马里亚姆中校再度政变，自任国家元首。1979 年成立以军人为主的"埃塞俄比亚劳动人民党组织委员会"，并宣布实行一党制。1987 **年 9 月，门格斯图宣布结束军事统治，成立埃塞俄比亚人民民主共和国。**

3. 埃塞俄比亚的首都

亚的斯亚贝巴是埃塞俄比亚的首都，人口 400 万，是全国政治，经济、文化和交通中心，位于埃塞俄比亚高原海拔 2360 多米的盆地之中。年平均气温 16℃，年降水量 1237 毫米。市区依山而建，分为上半城和下半城。上半城建有皇宫、大教堂、亚的斯亚贝巴大学、政府部门和繁华的商业区。下半城建有许多高层建筑，如政府和非洲统一组织总部所在地的"非洲大厦"。亚的斯亚贝巴有众多工厂企业，约占全国工厂企业的一半。亚的斯亚贝巴文化发达，除了亚的斯亚贝巴大学外，还有许多名胜和纪念性建筑物。

延伸阅读：

肯尼亚的国旗、国徽与国歌

埃塞俄比亚国旗呈长方形，长与宽之比为 3：2。自上而下由绿、黄、红 3 个平行相等的横长方形组成，旗面中间有国徽图案。

埃塞俄比亚国徽呈圆形。蓝色圆面上一颗放射光芒的金黄色五角星。蓝色象征和平；五角星代表多样与统一，光芒象征繁荣、昌盛。整体象征国家的希望和民族性，各宗教族群的平等和团结，和谐相处。

埃塞俄比亚的国歌为《前进，我的母亲埃塞俄比亚》。

4. 埃塞俄比亚的民族文化与宗教

埃塞俄比亚人口为 9100 万。全国约有 80 多个民族，其中奥罗莫族占全国人口的 54%，阿姆哈拉族 20%，提格雷族 8%。主要少数民族有古拉格族、索马里族、锡达莫族和沃莱塔族。

全国实行 10 年义务教育制，小学 8 年和初中 2 年免费。2004 年全国共有小学 12471 所，中学 1400 所；公立大学 8 所，亚的斯亚贝巴大学是全国规模最大的综合性大学。2006 年进入高等院校学习人数达 41050 名，同比增长 15%。

埃塞俄比亚的语言中阿姆哈拉语为联邦工作语言，通用英语，主要民族语言有奥罗莫语、提格雷语。

居民中 45% 信奉伊斯兰教，40% 信仰埃塞正教，少数人崇奉基督教新教、天主教和原始宗教。

5. 埃塞俄比亚的经济与社会

埃塞俄比亚是联合国宣布的世界最不发达国家之一，以农牧业为主，主要粮食作物有大麦、小麦、玉米、高粱和埃塞俄比亚独有的苔麸。苔麸颗粒微小，富含淀粉，是埃塞饿比亚人民最喜爱的食物。经济作物有咖啡、恰特草、鲜花、油料等。**埃塞俄比亚盛产咖啡，是世界咖啡十大生产国之一，产量居非洲第三位，出口额占出口总收入的 2/3。一直被世人称为"咖啡的故乡"。**工业基础薄弱，数十年内乱不断，且天灾频繁，经济几近崩溃。

埃塞俄比亚人民革命民主阵线执政后采取了以经济建设为中心、以农业和基础设施建设为先导的发展战略，向市场经济过渡。近 10 年来经济发展较快，2012 年，国内生产总值达到 375 亿美元，经济增长率为 8.5%。

二、埃塞俄比亚的日常生活礼俗

1. 埃塞俄比亚的服饰礼俗

埃塞俄比亚的民族传统服饰有其一定的独特风格。

男子一般上身为高领长窄袖的衬衣，下身为窄裤或马裤，身披白色"沙乌"（即一块很大的披肩），冬天外加带风帽的斗篷。但是这样的服装一般在过节的时候才会穿，男子平时的打扮已经几乎全部西化，经常穿长裤、外套等。政府官员、公司白领经常是西装革履。

妇女一般都穿长而窄的白色传统长裙，再用大大的"沙乌"把自己裹得严严实实，有的甚至裹住头部只露面部。但是她们平时也穿毛衣、套裙。

埃塞俄比亚加拉族女人十分重视化妆。头发要用油脂弄硬，并在其中加些草梳成小辫，耳朵穿孔，佩戴草制或白色贝壳制成的花环，手和脚戴金属的手镯与脚镯，身上涂抹香料。

2. 埃塞俄比亚的饮食礼俗

埃塞俄比亚人的主食以面食为主，爱吃薄饼、爱吃牛肉、羊肉、鱼、虾、鸡、蛋类等；蔬菜喜欢辣椒、黄瓜、茄子、胡萝卜、卷心菜、洋葱、西红柿、土豆等；调料爱用辣椒面、胡椒、奶油、糖等。埃塞俄比亚人讲究菜肴的鲜嫩，注重菜品的经济实惠，口味一般偏重，特别喜欢辛辣味，偏爱用烤、炖、焖、烩等烹调方法制作的菜肴。

埃塞俄比亚人的主食主要是民族传统食品"英吉拉"。这是用当地苔麸粉或大麦粉做成糊状发酵后，在平底锅内烙烤而成的。其味道略酸，食用的时候用一个芦苇编织的食器来盛载，一般都用来蘸酱汁，再放进菜和肉包裹着吃。酱汁是用牛肉或羊肉，加入几种蔬菜制成的。埃塞俄比亚人还很喜欢名为"瓦特"和"菲特菲特"的两道本国菜肴。其实这两种菜的主要原料均为牛肉、羊肉或鸡肉，但在主要调料上稍有些区分："瓦特"中主要加入了咖喱粉和辣椒等，"菲特菲特"则主要加了奶油和辣椒及其他香料，其烹制方法均为炖煮。

此外，当地人还爱吃生肉，国宴多是生牛肉宴。生食的牛肉往往很鲜嫩，鲜血淋淋的牛肉尤其受欢迎，吃法一般有两种：一是将剥去皮的整头牛劈成两半，挂在钩上，客人一手持刀一手拿盘，爱吃什么自己动手去牛身上切，边切边蘸着作料吃，不加主食；另外一种是把牛肉绞成肉泥，拌上辣椒粉等调料装盘吃，或用"英吉拉"薄饼裹着吃。海尔塞拉西皇帝在位时宴请中国俞沛文大使以及后来埃塞俄比亚外长宴请杨守正大使，均以生牛肉宴款待，那情形真是盛情难却。

礼仪习俗　埃塞俄比亚人除在官方社交场合有时使用刀、叉、匙外，一般都习惯用手抓食取饭；还有饭前用净水冲手的卫生习惯。冲手时，他们总爱当着另一个人的面，用水壶冲洗，下面用专用的盆或罐等容器接水，冲洗干净后才人席用餐。

3. 埃塞俄比亚的婚姻礼俗

埃塞俄比亚人普遍早婚，农村男女一般 10 多岁就结婚。婚事由双方父母作主。

从订婚后到结婚前，男女方不能见面。婚礼之日，新郎带一些人到新娘家"抢婚"。用一块布把新娘从头到脚全部蒙上，然后背起新娘往新郎家跑。一路上新娘脚不沾地，头不露面。

在婚礼上，当地人一是讲究新娘美丽，二是讲究排场。所以，这种场合自然少不了最负盛名的生牛肉。届时，当地人会把买来的整牛一分为二，挂在马路边的院墙上，客人就餐时只需拿着小刀从半边牛身上削一块最嫩的下来就着调料吃就行了。

从结婚当天起，要接连几天设宴庆贺。两三年后夫妇才能另立门户。

驴是姑娘的嫁妆，所以农村的驴较多。孩子长到十二三岁就要干活，到时家人送他一头驴，祝愿家道兴旺。未婚男人家里如果没有驴，就娶不到妻。

在婚俗方面，每年的一、二月份是埃塞俄比亚的婚礼季，届时每天都像过节一样，大街上除了搭起各色为婚礼准备的临时棚子，还能看到长长的车队、听到震耳欲聋的音乐声。

三、埃塞俄比亚的社交与节庆礼仪

1. 埃塞俄比亚的会面礼仪

埃塞俄比亚人与熟人相见，一般总要摘下帽子相互鞠躬问好，如身披"沙乌"裹住头时，要摘下甚至撩起来露出肩膀。问候致意要长达一两分钟，甚至更长。问候的内容无所不有，如果有事情要谈，也要等相互从容问候之后才能谈实质性的问题。先说好的消息，坏的消息放在最后说。

同辈人相见，一般行握手礼并互致问候，而且彼此会一直握手到互致问候完毕才肯相互放开。久别或至亲好友相见时，一般要施吻礼，并频频互致问候，双方的脸互相左右轻触数次，越亲密者则互吻次数越多。

上层人士或神甫相见，只能互吻肩部。**小孩见长辈，要跪下来吻长辈的脚，受礼者应伸出双手表示高兴接受。**百姓见官员或下级见上级，一般应施鞠躬礼。

在当地，尊称男宾为"先生"或"爸爸"，尊称女宾为"夫人"、"女士"、"小姐"或"妈妈"。他们认为称客人为"爸爸"、"妈妈"，是对客人的极大尊敬。

2. 埃塞俄比亚的拜访礼仪

到埃塞俄比亚朋友家中拜访，需事先预约。突然造访或者应邀不准时赴会在当地均被视为极没有教养的行为。

埃塞俄比亚人认为用咖啡招待客人是诚挚友好的表现。在至亲好友或贵宾光临时，女主人都要换上整洁的民族服装，为客人煮咖啡。煮好咖啡后倒入无把的小瓷杯，然后双手捧给每人一杯，**埃塞俄比亚人喜欢咖啡中加点盐，"咖啡加盐"遂成一句谚语，是"赞美勤劳善良"的寓意。**客人双手接过咖啡时，要说几句感谢的话，否则便被认为不懂礼貌。同时端上些炒得焦脆喷香的大麦粒和家庭自制的小点心让客人品尝。

埃塞俄比亚人大多爱用当地的传统饭菜待客。主食通常是一种名叫"英杰拉"的大饼，"英杰拉"是埃塞俄比亚人所喜爱的一种主食，是用当地的一种名叫"提夫"的粮食作物的粉制成的，很薄很软，呈浅灰色。菜肴是用辣椒、香料和肉类制成的辣肉汁。宾主席地而坐，围在一只用芦苇编织成的大篓四周进餐。在当地还盛行用生牛肉招待客人的风俗，而且是招待贵宾的至高礼仪。

宾主进餐时，女主人便将带着血腥的"温热生牛肉"蘸上辣椒面，一片接一片地往客人嘴里"喂"，直至女主人认为自己的情谊已充分表达出来时，才肯停止奉送。而且他们认为这才称得起自己是以诚心来款待客人的。

在埃塞俄比亚人家中做客特别要注意的是：**在进餐过程中，切不可将饼渣或辣椒肉汁撒在篓子上或地面上，这是主人极忌讳的。**在他们认为吃饭掉东西是缺乏教养的表现。宾主交谈时，客人不可询问主人的年龄、收入、几位妻子的情况，更不可打听主人的女儿情况，这会令主人反感。

埃塞俄比亚人在接受礼物时。表示高兴接受要伸出双手，表示勉强接受要伸出一只手。

延伸阅读：

没有门牌的国家

埃塞俄比亚没有门牌号码，首都亚的斯亚贝巴也不例外。机关、商店、住宅的地址都以著名建筑物或众所周知的地点为标志。比如，一个新开张的保险公司在报纸上刊登的广告上标明的地址是：丘吉尔大街，大教堂对过，与菲利浦公司代理行门市部相邻。这样的地址并不算难找。有的时候，地址没有可以凭借的著名建筑物，标得很简单，找起来就不那么容易了。比如你有时会收到一个单位的请柬，地址只写着：阿斯马拉路。天哪，这个阿斯马拉路，长约二公里，到哪里去找最好的办法，是在约定的时日之前，抽空前去"探路"。大街道有街名，小街道或胡同，连个名字也没有。一个地址，听起来让人头晕脑胀，找起来相当困难。一位朋友住在一条没有街名的小巷里。你问他地址，想去拜访，他需要跟你讲上几分钟：顺着季马路往西，到了德西埃旅馆有个路口，沿着路口向右拐，行车半分钟，注意左边有个鞋厂，过了鞋厂围墙向左拐，上坡，左边是个学校，过了学校的操场，顺着自然弯向右拐，然后看左边，有一处平房，石头围墙，绿色铁门，就是了……这个"左拐右拐"的介绍，对于刚来不久的外国人，一定是越听越糊涂，所以经常要求对方给你草绘一张"路线图"。

没有门牌，也就没有邮局投递员。买报纸靠串街的报童，信件要到信箱自取。首都邮局有四千多个信箱，各省首府邮局的信箱有的只有二、三百个，由机关、单位、高级官员、高级职员、商人及其他富有者租用。对于个人来说，除非你自己在邮局里有信箱，而且你想联系的人也有信箱，否则你便没有通信自由"。绝大多数的家庭，世世代代没有通过邮局寄出或收到过一封信，他们的脑子里根本没有邮寄的概念。他们同亲人，包括同远嫁的女儿，在外工作的丈夫、儿女通消息的唯一办法，就是"见面"。

_3._ 埃塞俄比亚的节庆礼仪

当埃塞俄比亚每年 6~9 月的雨季快要结束的时候，在 9 月 27 日，人们照例要欢庆"马斯卡尔"节。

"马斯卡尔"是十字架的意思。这个节日本来是基督教徒为了纪念公历 326 年海伦王后找到耶稣基督的真正十字架而举行的。埃塞俄比亚开始庆祝这个节日是在 14 世纪，当时埃塞俄比亚皇帝达维在接到了十字架碎片时，举行了一次庄严的仪式，以后就延续下来了。几百年来，埃塞俄比亚人民已经逐渐遗忘了节日的原来意义，而把它变成了一个具有民族特点的迎春节日。它标志着雨季结束，田间工作即将开始。

"马斯卡尔"节是在鸟语花香的时候来临的。百花中的先驱——"马斯卡尔"花（一种样子像十字的黄色小花）遍地开放，"马斯卡尔"鸟（一种深蓝色的春鸟）也在马斯卡尔节出现。在雨季刚过的高原上，太阳显得格外明媚，满山遍谷浓翠欲滴，人们度过漫长阴暗的雨季后，都想在这个阳光明媚的节日里尽情欢乐一番。

首都亚的斯亚贝巴庆祝"马斯卡尔"节的场面很大。节日前夕，人们在广场上用晒干的树枝架起像塔似的圆锥形的"达密勒"。当太阳下山以后，年轻男人就准备好火把，等钟声一响，典礼就开始了。

在薄暮中，从广场两面出现了长长的火龙。穿着黄褐色马裇，披着白色"夏马"，一手拿着马斯卡尔花，一手高举着火把的居民蜂拥而来，围着"达密勒"轮流用火把点燃达密勒。的熊熊火焰在千百支火把的点燃下越烧越旺。把暮色中的广场照得通明，人们围着它唱着"马斯卡尔"节歌曲，跳着舞，直到"达密勒"的火星熄灭。

在节日期间，人们相互访问久别的亲友，可以不分等级、信仰或性别，融洽地在一起纵情玩乐。这个节日还是青年男女举行婚礼的好日子，邻居、亲友有不和睦的，也在这个时候调解。

在农村里庆祝"马斯卡尔"节要比城市里更热闹。尤其是住在锡达莫省的华勒莫人。早在"马斯卡尔"节四、五个月以前，华勒莫的未婚男青年就开始为大篝火采伐树木。男人们还精心饲养特为"马斯卡尔"节屠宰的公牛和母牛，在"马斯卡尔"节临近时，男人们还要砍伐好足够两个星期左右燃烧的柴火。因为在整个"马斯卡尔"节期间，他们是不干这一类重活的。妇女们要准备"马斯卡尔"节期间所需要的一切东西，诸如食物、各种酒类、饮料。男孩子们开始为家畜收集干草，因为在"马斯卡尔"节，牛羊要关在家里饲养一个星期。

华勒莫人的"马斯卡尔"节开始在9月27日前后的一个星期天早晨，一直要到星期三晚上。星期天称为"萨瓦·沃格"，意思是宰牛的节日。这一天，户户人家都要宰牛，有些人家负担不起，可以几家或者几十家合起来买一头牛。头一天晚上第一个点燃大篝火的男人星期一早晨要到广场上去烧一片"安卡"树，人们用这种树烧成的灰涂在前额上。**星期一这一天是非常严肃的，即使死了人，也不许人们悼念或流泪**。而且葬礼也是很简单的。这一天早饭后，几乎每一个孩子立刻换上新衣服，男孩和女孩分别组成歌唱队到公共跳舞广场上去唱歌、跳舞。成人们这一天则不分男女聚在一起唱歌、跳舞。星期二，称为"西萨·马克萨诺"，意思是花一般的星期二。每一个孩子去走亲戚时都要带一束"马斯卡尔"花，一到亲戚家，就把花束分成两份，一份给这个家庭的父亲，一份给母亲，表示节日的祝贺。星期三晚上结束唱歌和跳舞，并且要唱一支"马斯卡尔"节告别歌。但是事实上，"马斯卡尔"节的欢乐气氛一直要延续到两个星期以后，在人们最后向节日举行告别的仪式上，每一个男人都要点一个火把，并把它抛在门外，表示感谢"马斯卡尔"节。

在"马斯卡尔"节宣告结束活动的星期三到真正停止活动后的两周内，是已出嫁的女儿走娘家的机会。出嫁女儿带着用卷心菜、干酪和奶油做成名叫"罗格苗"的名菜去访问双亲，娘家也要用一种专门的晚饭款待她们。所有附近的亲戚和邻居都被邀请在一起吃晚饭。

礼仪禁忌：

依据历法，埃塞俄比亚有许多节日禁止食用动物及其制品。不管在什么地方遇到埃塞俄比亚人，都不要伸舌头，否则会被认为轻蔑和侮辱。在当地旅馆不要喝酒，也不要随便吸烟。忌谈及政治与伊斯兰教方面的话题；忌黑色及宗教象征图案；出门做客忌穿黄色服装。

4. 埃塞俄比亚的旅游礼仪

埃塞俄比亚旅游资源丰富，文物古迹及野生动物公园较多。2005 年共接待 22.7 万外国游客，外汇收入 1.34 亿美元。埃塞俄比亚气温适宜，四季如春，人文景观奇特，自然风景优美。

公元一世纪，阿克苏姆王国在此定都，因此被称为埃塞俄比亚的"基石"和"城市之母"。位于北部的提格雷行政区。有规模宏大的古王国首都的遗址和随处可见的花岗岩方尖碑及大石碑。**最著名的方尖碑建于公元 306 年，高 2135 米，用整块岩石凿成，具有横梁、地板和门窗的九层楼形状。**城西有公元 1000 年修建的古城堡的废墟，其中最大的城堡有 120 米长，85 米宽。还有阿克苏姆国王卡列卜的陵墓和著名的恩达·马里安姆·西翁大教堂，后者是埃塞俄比亚古代建筑的杰作。1979 年列入世界遗产名录。

咖法，位于西南部省份。咖啡的故乡，咖啡即从咖法一词转化而来。全省遍植咖啡，省会季马市被誉为"咖啡之城"。

拉利贝拉石凿教堂，位于首都以北 300 多千米处。**11 座从五六层楼高的整块岩层中开凿出来的独石教堂相传始建于公元前 1000 年左右，有"非洲奇迹"之称。1979 年列入世界遗产名录。**

塞米恩国家公园，位于西北部。突兀挺拔的地貌，44300 米以上的高山巍峨耸立，被称作"非洲屋脊"。1979 年列入世界遗产名录。

阿瓦什国家公园，位于亚的斯亚贝巴以东约 230 千米处，是埃塞俄比亚最早建立的野生动物保护区。

在埃塞俄比亚住旅馆很方便，但不要在那里喝酒、吸烟。对提供直接服务的服务员可给一定小费，出租车司机通常不需给。可携入的外币无限额，但在入境时需申报，出境时的外币金额只许携出入境申报额中未用完的部分。在机场外及各主要饭店均有出租车（乳脂色）服务，车资均固定，也会给收据。**搭乘蓝色或白色出租车时，则先和司机讲好目的地和价钱再上车。**埃塞俄比亚的土产有当地的咖啡，象征埃塞俄比亚国的狮子像、Copt 教（系基督教之一支）的古十字架和圣母像等值得购买。

第 十一 章

乌干达的礼仪

　　乌干达位于东部非洲，是个地处赤道、矿产丰富、山地绵延的内陆国家。同时也是联合国公布的最不发达国家之一。乌干达人主要信奉天主教、基督教和伊斯兰教，官方语言为英语。香蕉是乌干达人喜食的美味，爱吃生牛羊肉，令人奇怪的是，他们常以牛尿解渴洗漱。接待宾客时，习惯以爸爸妈妈分别称呼男女客人。对他人打听自己的财产情况十分忌讳。与之交往时应注意遵守这些礼仪。

一、乌干达概况

乌干达共和国简称"乌干达"，来源于其国内主要民族布干达，"布干达"意为"干达人之国"。又称高原水乡。14世纪阿拉伯商人首先进入布干达地区，他们读"布干达"为"乌干达"，并把周围的王国统称为"乌干达"。1967年9月8日，建立"乌干达共和国"。

1. 乌干达的自然地理

乌干达位于非洲东部，是地跨赤道的内陆国。东邻肯尼亚，南与坦桑尼亚和卢旺达交界，西与刚果（金）接壤，北与苏丹毗连。

乌干达面积为24万平方千米（其中陆地面积19.1万平方千米，水面和沼泽地为4.平方千米）。境内多为海拔1200米左右的高原，丘陵连绵，山地平缓。中部平坦，西部、东北部边境均为山地。西南与扎伊尔交界处的鲁文佐里山脉由西南向东北绵亘96千米。

东非大裂谷的西支纵贯西部，谷底湖泊众多。南部拥有非洲最大的淡水湖——维多利亚湖近一半的水域，为著名的尼罗河源头之一。

乌干达已探明的矿产资源有铜、锡、钨、绿柱石、铁、金、钴、石棉、石灰石和磷酸盐等。森林覆盖率为12%，产硬质木材。水产资源丰富，维多利亚湖是世界上最大的淡水鱼产地之一。水力发电潜力约2000兆瓦。尼罗河上的欧文电站是工业动力的重要来源，发电能力180兆瓦。

乌干达地处赤道，属热带草原气候，年平均气温23℃左右，气候温和。坎帕拉1月平均最高气温为28℃，7月为25℃。乌干达的降水极不平衡，维多利亚湖区年降水量可达到1500毫米，而东北部的某些地区，则少于500毫米，而且其分布的季节性也很强。

2. 乌干达的历史简介

乌干达史称布干达。公元 1000 年，布干达地区就建立了王国。19 世纪中叶，布干达王国成为东非地区最强盛的国家。1843 年阿拉伯商人开始进入布干达，伊斯兰教也随之传入。1850 年后，英、法、德殖民者相继入侵。1890 年英军侵入布干达，迫使国王签订"保护协定"后，布干达划为英国势力范围。1894 年 6 月，英宣布布干达为其"保护国"。1961 年 9 月，英同意乌"分阶段独立"。1962 年 10 月 9 日宣告独立，仍留在英联邦内。1967 年 9 月 8 日建立乌干达共和国。1971 年 1 月 25 日，陆军司令阿明发动军事政变，推翻奥博特政府，奥流亡国外。1979 年 3 月，流亡国外的 20 余个反阿明组织在坦桑尼亚的莫希成立乌干达解放阵线和乌干达民族解放军。4 月 10 日乌民族解放军在坦桑尼亚军队支持下攻占坎帕拉，阿明出逃。4 月 11 日宣布成立乌干达全国解放阵线临时政府，该阵线主席卢莱任总统。6 月 20 日，比奈萨继任总统。1980 年 5 月乌全国解放阵线军事委员会解除比奈萨总统职务，组成以军委会主席保罗·穆万加为首的新内阁。同年 12 月举行大选，人民大会党获胜组阁，奥博特任总统。参加竞选的爱国运动党主席约韦里·穆塞韦尼指责奥博特操纵选举，1981 年成立全国抵抗运动及其武装组织全国抵抗军，开展反政府的游击战。1985 年 7 月政府军发动政变，推翻了奥博特政权，奥凯洛任国家元首兼军事委员会主席。1986 年 1 月全国抵抗军攻占首都，夺取了政权。1 月 29 日穆塞韦尼就任总统。乌干达议会批准修改宪法取消总统任期限制。

3. 乌干达的首都及其他城市

坎帕拉是乌干达首都，人口 130 万，是全国政治、经济和文化中心，全国重要交通枢纽，位于维多利亚北面。全城坐落在 7 座小山头上，街道因地势起伏而建。全国的大公司多把总部设在这里。市内还藏有大量历史文物的宫殿、卡巴卡陵墓、尔巴噶的天主教会、基布利清真寺、英国古城堡等历史文化胜地。

金贾是乌干达第二大城市，全国最大的工业中心和湖港，位于维多利亚湖北岸拿破仑湾的顶端，市区跨河两岸，有东非第一座轧钢厂。烟草工业是金贾的传统工业。其城西的欧文水电站是非洲著名水电站之一，为国内主要动力来源。

4. 乌干达的民族、文化与宗教

乌干达的人口为 2470 万。全国约有 40 个部族。从语言划分，有班图人、尼罗人、尼罗——闪米特人和苏丹人 4 大族群。每个族群由若干部族、次部族组成。班图族群占总人口的 2/3 以上，包括巴干达（占总人口的 18%）、巴尼安科莱（占总人口的 16%）、巴基加和巴索加等 20 个部族。尼罗族群包括兰吉、阿乔利等 5 个部族。尼罗——闪米特族群包括伊泰索、卡拉莫琼等 7 个部族。苏丹族群包括卢格巴拉、马迪 4 个部族。

语言中官方语言为英语，通用斯瓦希里语、乌干达语等地方语言。

乌干达实行英国教育体制，小学 7 年，初中 4 年，高中 2 年。麦克雷大学为乌干达最高学府，此外还有姆巴莱伊斯兰大学、姆巴拉拉科技大学、东非基督教大学、乌干达烈士大学。全国文盲率很高，农村女性为 42%，男性为 28%，城市女性为 21%，男性为 11%。自 1997 年实行免费教育制度，政府为全国每户 4 个孩子提供免费小学教育。2005 年 11 月，穆塞韦尼在全国抵抗运动大会上宣布，**自 2006 年起中学教育全部免费，乌干达成为非洲第一个普及全免费中学教育的国家。**

居民信奉天主教（占总人口 44%）、基督教新教（39%）、伊斯兰教（10%），其余信奉东正教和原始拜物教。

5. 乌干达的经济与社会

乌干达的自然条件较好，土地肥沃，雨量充沛，气候适宜。农牧业在国民经济占主导地位，分别占国内生产总值的 70% 和出口收入的 95%，粮食自给有余。工业落后，企业数量少、设备差、开工率低。对外贸易在国民经济中占重要地位。**乌干达是联合国公布的最不发达国家之一。**由于连

年战乱，经济一度濒临崩溃。1986 年后，实行务实、稳妥的经济，发展政策，积极进行结构调整。自 1991 年以来，经济年均增长 6%，被世界银行列为经济结构调整计划样板。2005 年，乌干达制造及加工业保持增长势头，农业产出及出口有所增加。但因其基础设施落后、外债负担沉重，乌干达脱贫致富的道路还很艰辛。

乌干达为内陆国家，90% 以上的进出口物资经肯尼亚的蒙巴萨港。国内运输以公路为主。铁路总长 1241 千米，自 1997 年以来，铁路客运停止运营。

二、乌干达的日常生活礼俗

1. 乌干达的服饰礼俗

乌干达大城镇的居民大多数穿西式服装或衬衫长裤。小城镇和农村的人穿着依然像他们的祖先一样的服装。年轻人特别喜欢美国风格的服装如牛仔裤和宽松的休闲裤。学生穿校服，女孩穿裙子，男孩穿短裤和衬衫。全国没有统一的民族服装。最有特色的传统服装属巴干达人的服装，男人一般穿坎祖服，即长袖、宽松适体、长至脚部的白色束腰长袍，人们通常在坎祖长袍外面套上一件西装上衣或夹克，显得十分精神和潇洒。巴干达妇女的传统服装为戈梅西，或称布苏蒂，一件长至脚部的鲜艳的长裙，半长短袖宽松而高耸，腰间宽宽的，色泽鲜艳的裙腰带在腹前束成一个大大蝴蝶结，裙子可以装饰动物角、骨、兽皮、贝壳和羽毛等。它是 19 世纪传教士从欧洲引进来的，如今经过修改，采用了当地款式和艳丽的面料。上述两种男女服装虽然在布干达地区流行，但也被其他地区的人们穿用。在首都和城镇中上年纪的人喜欢穿坎祖服，特别是在星期日，上班族脱下西装革履，儿童脱下校服，不同年龄的男人都可以换上舒适的坎祖服。这一传统服饰一般在重要的文化场合穿戴，特别是接近国王，参加婚礼、丧礼，或在未婚妻家中正式引见未来的新郎等场合。通常到教堂做礼拜每个人都穿戴得十分整齐、干净和漂亮。

乌干达西部的希马妇女常穿非常宽大的棉布服装与一件长至地面的披肩搭配。北部卡拉莫琼人穿牛皮装，武士、已婚的人或长老佩戴的饰品有羽毛、若干个大铜卷项链和臂环。基加族男人从前穿牛皮装，牛皮从肩部垂下遮住隐私处，当他们作战或跳舞时常用带子束紧皮披，开荒时通常赤身裸体；妇女的裙子用多块皮子缝制，一件皮外衣遮住隐私处。

乌干达的俾格米人的服装很简单，一般只穿一个围腰，前面搭一块树皮布，后边系一把树叶。妇女常在围腰上挂一些用鳞片、甲虫等制成的装饰品，项链多用贝壳制成，手镯是用树皮编制的。俾格米人做衣服的材料是用树皮捶制而成。他们将采集到的各种野果子捣碎，把汁液与妇女的乳汁混合在一起做化妆品。由于野果种类不同，颜色各异，配制出的化妆品五颜六色。**俾格米妇女喜欢浓妆艳抹，她们在脸部绘上几何图形，以增加美感，驱妖祛邪。**表示吉祥美好。阿乔利人以前常常在鬓角和脸颊画有波浪花纹或刻有 Z 字形疤痕，大腿上也画有涡状形花纹，有些人穿耳。兰吉人有摘除下门牙的习俗。

2. 乌干达的饮食礼俗

乌干达人的食品品种多样，而且是非常健康的绿色食品。他们的主食主要有饭蕉、小米、木薯、玉米和高粱米等。大部分人食鱼、牛肉、山羊肉，喝牛奶。鸡肉（特别是白色公鸡）只有在特殊场合如招待客人或结婚等仪式上烹饪食用。蔬菜包括马铃薯、山芋、卷心菜、南瓜、西红柿、红薯、豌豆、云豆、花生等，还有多种可食用的蘑菇。一种叫做卡巴拉的蘑菇在市场上价格比较昂贵，通常在重要仪式上食用。东部的巴基苏人喜食鲜嫩的竹笋，在烹饪之前他们将收获的竹笋煮成半熟、晒干。乌干达人吃多种水果，如橘子、橙子、木瓜、柠檬、菠萝、香蕉、鳄梨、番石榴等。

由于各地区的气候、地势、植被不一，人们的饮食习惯亦不相同。南部的部族受印度人烹调习惯的影响喜欢使用辛辣香料、食发面饼（直径十六七厘米、0.5 厘米厚的圆形饼）；西部的部族牧养大量牛群，习惯食用大量奶制品，包括发酵的奶酪；鲁文佐里山区以木薯与熏鱼为食品；西南部穆丰比拉火山群附近的居民多食用小米和马铃薯；大部分北部人主要以小米、高粱米、玉米粉、木薯及当地蔬菜为食品；东北地区游牧部族喜食奶制品特别是黄油、肉类和牲畜血。

乌嘎利是乌干达人的主食之一，也是东非地区居民常用的主食。大部分乌干达人都吃乌嘎利。它一般用玉米面制作，小米面或木薯面亦可。它的制作方法是把锅水烧热后，投入玉米面，边放边用木勺或大木铲搅拌，直至玉米面糊干稠，然后继续用小火焖，还要不断地搅拌，以防粘锅，直至散发出玉米煮熟的香味为止。这大约需 15 分钟左右的时间。当地人待客。可以没有大鱼大肉，但必须有乌嘎利，否则客人会说你没有请他吃饭。目前，乌干达的四星级、五星级宾馆或饭店均有乌嘎利供应，它已经成为外国旅游者到乌干达必须品尝的传统食品之一。乌嘎利要用右手抓着吃，按传统，用大、中、食指从大盆或其他容器中抠出一小块，连捏带揉捏成小团团，然后在自己餐盘里沾上汁、汤或酱，取些煮熟的蔬菜一同入口，再配上炖熟的牛肉、羊肉、鸡肉或鱼等，味道确实不错。现在不少人家把乌嘎利和蔬菜、肉类及汤汁分别盛到个人的餐盘后，再用手抓着吃；在饭店和餐馆，则切成块状，便于客人取用。

马托基即香蕉饭，是乌干达班图人中最流行的传统食品，也是东非地区班图人的主食之一。乌干达的香蕉种类繁多，分为水果和主食两大类。水果香蕉有十多种，均香甜可口，为东非地区的上佳品种。饭蕉，类以于中国的芭蕉，可蒸、可煮、可炸，烹调方法多种多样，通常是把青饭蕉去皮后包在饭蕉叶里或蒸或煮，20 分钟左右即熟，然后把它打成像土豆泥一样熟香蕉泥，即成"马托基"。其吃法同吃乌嘎利基本相同。长期以来，马托基一直是乌干达人（主要是班图人）招待客人的首选食品，也是国宴上必备的一种传统食品，目前在乌干达各大饭店都有"马托基"供应。

另外，由于乌干达境内河流和湖泊星罗棋布。盛产鱼类，很多部族对鱼干或熏鱼情有独钟。**渔民和农民捕鱼后把未卖掉的小鱼、也有大鱼清洗后，用盐水淹过晒干或熏干，即成"鱼干"。**它大多供应市场，小部分留做家用。东部地区的鱼干煮熟即食，味道鲜美。还有一些小鱼经过晒干，放入花生酱汁烹调，或用酱汁淹浸后油炸，不仅美味而且营养价值极高。

当地自制啤酒种类繁多，其中有香蕉、高粱和小米酿制的啤酒。乌干达啤酒到处畅销。蓬贝是香蕉酿造的啤酒。瓦拉吉为高粱和香蕉混合发酵后酿造的白酒。人们喜欢围坐在啤酒的酒坛周围，每人手持一根长一米左右的草管，插入放在中央的酒坛里，边吸边饮，边侃世间趣闻、国家大事、邻里趣事等，别有一番情趣。

礼仪习俗 乌干达卡拉莫贾人在饮食上别具特色：喜欢吃生牛羊肉，爱喝牛奶、羊奶和牛羊血。更令人奇怪的是，他们还常以牛尿解渴。除此这外，他们还用牛尿洗碗、洗脸等。喝牛奶时，他们也喜欢加几滴牛尿，以刺激胃口。

9. 乌干达的居住民俗

乌干达大部分农村、特别是边远农村的民居是茅草屋顶、泥巴墙。茅屋的建筑风格各部族不一，多为圆形，也有长方形的。茅屋一般用帘子或一堵墙将室内分为两间，通常为里间为卧房，外间是吃饭的地方。有时远道而来的亲戚会被安排同住一个茅屋，小小的茅屋有时可以住下 12 个人或更多。厨房建在茅屋附近，是个小茅屋，屋内靠墙处摆放三块石头，作为烧木头的炉灶；墙边贴近屋顶处有个不大的窟窿，是炊烟的出口处。现在，农村已有不少瓦楞铁顶的房子，一般为长方形，墙的内层为芦苇或木桩，外层抹泥，通常面积比茅屋大，分割成一间或两间卧室。厨房另建在主房附近，为较小的建筑物。浴室是间小屋，建在主房外面，多为水泥地面，一般需借助塑料碗或小容器舀水冲浴。大部分农村家庭没有通电，使用石蜡照明。水源一般来自水井、河流和泉水。取水工作大部分由儿童承担，他们利用课余时间，尤其在清晨和傍晚，人们可以看到孩子们头顶装满水的塑料桶或陶罐行走在路上，很多时候他们需要穿谷地，翻山岭，走很远的路。**近些年，有些地方利用水泵将水从地下引出来，虽然还未普及，但对家庭用水是一个方便的选择。**

尼奥罗人典型的宅院周围有香蕉树和菜园环绕，宅院内有一两个茅屋、粮仓等建筑。每户宅院错落分散，但相距不是甚远。如果互相吆喝一声，彼此可以听到。村民以父系宗族为基础，成年男子不能居住在父亲宅院内，要在附近另建茅屋。由于对土地需求增长，同一氏族的男子常常移居其他地区另谋发展。托罗人所建茅屋是圆形茅草屋。卡拉莫琼人的宅院内，每个已婚妇女各有自己茅屋，屋顶用茅草覆盖，墙用泥与矮灌木筑成。院外围栏环绕，中央是牛栏，仅有一个出口。妻子们婚后住在丈夫家园，每位妻子各自有独立的作为厨房的小茅屋。多多斯人的宅院较卡拉莫琼人的大，相互间相隔亦远一些。在他们的宅院周围筑有坚固的院墙，院墙留有一个或两个小院门。通常一个院落有40人左右居住，每个妻子有各自的茅屋和炉灶。青春期的少女在他们的母亲茅屋旁建有自己的茅屋。少男则在结婚前集中住在一个较大的茅屋内。人们在夜间将牛和其他牲畜关在坚固的院墙内。

阿乔利人的传统居舍也是尖顶圆形茅屋，屋内筑有泥堆砌的炕（平台），一般有若干个装粮食的瓦罐，还有一小块凹地，为烧火做饭的地方。内墙用泥涂抹，绘有红、白或灰色几何图形或传统装饰图案。

孔乔人的院落通常建有一个或两个长方形房子，以及若干用于储藏的小茅屋，分散坐落在山脊上。房顶用茅草或香蕉叶覆盖，用泥巴填抹的竹子编成两层墙篱。他们也有不少瓦楞铁板铺盖房顶的住所。

三、乌干达的社交与节庆礼仪

1 乌干达的会面礼仪

乌干达人热情、好客、友善、诚恳、宽厚，讲究礼貌，注重礼节。与人相见时一般行握手礼，在国际场合采用国际通用的称谓。朋友相遇都要握手问好，离开时也要握手道别。**天天见面的朋友，偶尔两天不见，遇到时也要热忱地握手问好，有的还要拥抱。**如果有其他朋友在场，也要向他们——握手问候，尽管原来并不认识。亲戚或家庭成员之间（父母、兄弟、姐妹等）一两天未见面，再见面时也需要握手问好。到别人家做客。都要与在场的人一一握手问候，离开时也如此，否则便被人误认为骄傲或看做不懂礼貌。遇到有身份的客人，往往举手致意，并行半跪式见面礼；乌干达女性见到外来的男客人，一般行屈身弯膝的见面礼；女性见到外来女客，大多相互拥抱。握手有讲究，首先是紧握对方手掌，然后松掌。紧接着握紧对方拇指，再松开，再次紧握对方手掌，用这样连续"三部曲"的握掌方式表达对对方格外亲切和热情。拥抱时左手扶住对方的腰部，右手轻轻拍打对方的后背，嘴里不停的问候。当地人吃饭一般用右手抓饭，左手用于接触秽物，因此忌讳用左手握手、送接物品。

2. 乌干达的拜访礼仪

乌干达人待人热情，遇有客人来访，主人及全家都会在院门外恭候。乌干达人招待客人的传统膳食是用玉米、谷子、豆类、薯类烹制的主食浓香可口；用牛羊肉、鸡、蛋、蔬菜、水果制作的菜肴色香味俱佳；地方风味菜肴油炸蚂蚁、油炸蝗虫等更是独具特色。特别值得称道的是，乌干达的香蕉食品烹制独特，令人食欲倍增。他们把香蕉或蒸、或炖、或炒、或火烤、或油炸等，样样令人垂涎。再配以香蕉汁、香蕉酒佐餐，就成一道名副其实的上等香蕉宴。在家中吃饭时也有不少礼节，当饭菜准备好时，所有人要先洗手；多数家庭要做简单的饭前祈祷，感谢上帝赐予食物。饭后，出于礼貌和尊重，大家轮流恭维"妈妈"的饭菜。他们一般用奶茶（红茶加牛奶和糖）或各种饮料招待客人。和他们交谈，可自由谈论，尤其是谈论国内外大事和艺术等最受欢迎。**特别要提醒的是，到乌干达人家中作客，最好给主人和女主人带份礼物。**

一些部族比较迷信，如果询问有多少孩子、多少牛羊，他们会认为不吉利，出于礼貌，他们可能会随意说出一个数字，有时也会恼怒。他们希望得到更多的孩子和财富，认为说出具体数目，孩子会夭折，牲畜会死亡，因此对孩子和牛羊忌讳数数。在城市中，这种习俗已渐渐消失，尤其是受过高等教育的人不太理会这种风俗。

3. 乌干达的节日礼仪

乌干达法定的公共节假日中不少是宗教节日，除了圣诞节有固定日期之外，基督教的耶稣受难节、复活节、伊斯兰教的开斋节和宰牲节，每年的日期不同。此外还有一些节日与国家的独立和内战期间发生的重要事件有关。主要节日如下。

元旦（1月1日），全国放假一天。

解放日（1月26日），纪念1986年1月26日穆塞维尼领导的全国抵抗军夺取政权。

国际妇女节（3月8日），各界妇女组织庆祝活动。

耶稣受难节，是纪念耶稣受难的节日。《新约全书》记载，耶稣被罗马统治者钉死在耶路撒冷的十字架上。宗教界认为这一天是在犹太教安息日的前一天，因此规定复活节前的星期五为受难节。

复活节星期一，是基督教纪念耶稣复活的节日。传说耶稣被钉死在十字架上，死后第三天复活升天。根据春分节（3月21日）当13或过了春分月圆后的第一个星期日即为复活节。**复活节星期一是基督徒们继续庆祝耶稣复活的日子，也是乌干达法定的休息日。**

国际劳动节（5月1日），全国放假一天。

殉教者日（6月3日），纪念1886年6月3日被杀害的26名基督教皈依者。

全国英雄日（6月9日），为纪念全国抵抗运动的战士、支持者英勇奋战，并授予他们英雄的称号和荣誉的节日。

独立日（10月9日），纪念国家于1962年获得独立的节日。

开斋节，按伊斯兰教法规定，伊斯兰历每年9月为斋戒月，凡成年健康的穆斯林全月封斋，即每天从拂晓前至日落，禁止饮食和房事等。封斋第29日傍晚若见新月，次日即为开斋节；如不见新月，则再封一日，第二日为开斋。这天，穆斯林前往清真寺参加会议，听伊玛目宣讲教义，会礼之后，互祝节日吉庆幸福。

宰牲节（古尔邦节），为开斋后的第三个月，也是穆斯林朝觐结束的最后一天。宰牲节出自古代先知易卜拉欣以子献祭、忠诚安拉的典故。他老年得子。受安拉启示，为表示对安拉的诚笃，以其子献祭。正欲结束儿子生命之时，天使奉安拉之命突然降临，告知他对安拉的忠诚通过考验，命他献祭"以一头羊替换其儿子"。为纪念易卜拉欣及其子之忠诚精神，遂形成宰牲礼仪，此节日即成为"宰牲节"，尚有"牺牲节"、"忠孝节"之称呼。

圣诞节（12 月 25 日），为纪念耶稣基督的诞生日，全国放假一天，基督徒在此节日举行庆祝活动。

节礼日（12 月 26 日），为圣诞节次日，意译为开盒日。这一天，教堂里的牧师将打开功德箱，将里面的捐款分发给穷人。

4. 乌干达的旅游礼仪

乌干达旅游资源丰富，发展潜力大。去过乌干达的人都会赞叹它的美丽，感叹它的奇观。英国前首相丘吉尔曾赞美乌干达为非洲真正的明珠。目前，乌干达境内有 10 个国家公园、11 个野生动物保护地、12 个社区野生动物区和 6 个野生动物保护区。秀丽风光和珍禽异兽每年都吸引着成千上万各国游客观光，给乌干达带来了可观的旅游收入，使旅游业成为乌干达主要外汇来源之一。

乌干达的地貌多样，美丽而浩瀚的维多利亚湖位于乌干达的东南部，为世界第二大淡水湖，亦是世界最长的河流尼罗河的发源地。沿尼罗河而下，瀑布、急流、险滩极为壮观，为喜爱漂流的勇士提供挑战大自然的最佳选择。站在连绵起伏的山坡，远眺西部终年积雪覆盖顶峰的月亮山（鲁文佐里山脉），云雾缭绕，犹如一位美丽的少女头戴面纱亭亭玉立在赤道旁；俯瞰着西部大裂谷一系列湖泊，宛如一条缎带镶嵌着颗颗晶莹剔透的巨大宝石在阳光的反射下熠熠生辉；近看雪山镜湖相映成趣，郁郁葱葱的热带雨林环绕其中，山涧小溪，草长莺飞，鸟语花香，奇花异草，百花争艳，如登洞天福地，令人流连忘返。此外，东部边界埃尔贡火山、西南部山地若干火山和火山湖同样引人入胜。每年都吸引着成千上万的游客。

四、乌干达的婚丧礼俗

1. 乌干达的婚姻礼俗

乌干达的传统社会实行一夫多妻制。随着基督教的广泛传播，大部分人皈依了基督教，采纳了一夫一妻制的婚姻。然而，根据习惯法和伊斯兰教法，一夫多妻在乌干达属于合法；从基督教教会分裂出来的非洲独立教会也允许一夫多妻，以迎合当地习俗，并得到不少人的支持。但是，传统社会并不是所有男人都能实行一夫多妻，实际上只是富有的男人才能娶很多妻子。因为他们拥有很多牛羊和农具，有能力送彩礼娶媳妇，还可以分给每位妻子一块耕地，使她们过着体面的生活。**如果一个已婚男人想再娶其他女人，需向原配和其他妻子商量，征得她们的同意，根据传统习惯，妻子一般都会同意。**

在乌干达，很多部族的族规不允许近亲结婚。如尼奥罗人不能与本氏族成员联姻，更不能接受堂兄弟姐妹之间或表亲之间的婚姻。为了避免同宗婚姻，尼奥罗人对父母双亲的族亲关系非常清楚。此外，巴基加人也不允许与本氏族人结亲。东北部的杰族除了不能同父母双方氏族的人通婚之外，男人也不能与母亲的近亲人结亲。

男女结婚之前，男方需要送女方家长彩礼，这对当地人来说是天经地义的事。他们通过赠送彩礼补偿了女方家庭即将减少一个成员的损失，同时也回报了女方家长对女儿的多年养育之恩。传统的彩礼为山羊、绵羊、矛和锄头，目前现金也可以代替彩礼。婚姻是孔乔人和安巴人的一件大事，而且实行娃娃亲的习俗比较普遍。男孩往往一出生就订亲，但聘礼问题不解决，婚姻是不被社会承认的。聘礼通常以羊支付，羊的数目由家庭的经济地位而定。除羊之外，聘礼还包括一根挖掘杖和一张兽皮。挖掘杖表示代替因嫁出姑娘而失去的劳力，兽皮是为补偿姑娘幼时穿过的皮衣；

现在，锄头和毛毯已取代挖掘杖和兽皮。

礼仪习俗　　　在乌干达的西部和中部，一些游牧民族存在着抢婚风俗，特别是安科莱游牧民有时不想按照正常结婚程序去做，尤其当他们认为女方家庭会拒绝他们的求婚时。抢婚习俗往往造成人们之间的憎恨，但仍被社会所接受。

婚礼大部分为土洋结合，基督教徒的婚礼除在教堂举行外，还要举行隆重的传统仪式，广邀宾客。婚礼前，男方在亲属的陪同下到女方家迎亲。新娘在娘家亲戚出谋划策下故意刁难男方，提出各种难题要男方回答，答对了，女方才能打开房门，在众人的簇拥下到教堂举行婚礼，随后在饭店或家中举办传统婚礼。**在巴干达人传统结婚仪式上，双方家族代表以他们的智慧、风趣、诙谐和幽默进行竞比，往往是由女方家族代表提问，想方设法难倒男方家族的代表。**如女方几个姑娘出场，问男方其中一位姑娘是谁，以欢快的气氛介绍双方亲属。如果男方代表被女方代表问倒。得到的"惩罚"是"罚款"。此后，来宾一一送上自己的礼物祝贺新婚夫妇幸福美满。参加婚礼的人多以歌舞祝福新人，男方以丰盛的美味佳肴招待宾客。

在乌干达离婚也是常有的事。一些部族的妇女可以提出离婚，如阿乔利族妇女一旦不满意她的丈夫，可以选择离婚，但条件是新丈夫要赔付前夫所送出的彩礼。

2. 乌干达的丧葬礼俗

乌干达大多数人关心死者的灵魂超度和安息，将死者安葬在生前居住的茅屋附近，甚至葬在宅院或生前居住的茅屋内，有的葬在稍远的坟场。巴干达人早在儿时家长就为每个人准备了墓穴。如果一位阿乔利人逝去时，所有的朋友和亲属会聚集在一起喝酒宰羊烹肉，载歌载舞为死者送行。根据死者的年龄和地位高低服表2～5天，一般将他葬在他的茅屋进口处，在墓穴上种树，或供奉一只羊作为祭品。酋长死去一般用布包裹尸体，安放在一张床上。由一对青年男女守灵，直到尸体开始腐烂才被认为可以下葬，通常葬在酋长专用墓地，墓地周围种植若干棵树，用栅栏围住。对于他们来说，一个自然死亡的男子最大的不幸是没有葬在生前的茅屋内或附近；如果在狩猎中死亡或战死在灌木丛中，即使尸体没有埋葬，或被秃鹰吃掉，也是幸运的，巫师会为他举行特别招魂仪式，引导灵魂回到村子里。

第 十 二 章

西非有关国家的礼仪

　　非洲西部国家马里、毛里塔尼亚、突尼斯等西非国家，受地域文化、民族传统和宗教影响，在礼仪习俗上基本大同小异，但也各具特色。当地人多为人厚道，注重礼节礼貌，喜欢交往，对人友好，在重大节庆活动更加讲究礼仪。运这些北非国家旅游参观，须注意了解和遵守当地的礼仪习俗。

一、西非有关国家概况

1. 马里概况

"马里"原名为"苏丹"。在曼丁哥语中，"马里"为"河马"之意，河马的"力量强大"，故以此兽命名。

马里位于非洲撒哈拉沙漠南缘，为内陆国家。西北邻毛里塔尼亚，西靠塞内加尔，北、东与阿尔及利亚和尼日尔为邻，南接几内亚、科特迪瓦和布基纳法索。

马里历史上曾是加纳帝国、马里帝国和桑海帝国的中心地区。13 世纪 40 年代，松迪亚塔·凯塔在此建立了庞大的马里帝国，包括塞内加尔、苏丹、南毛里塔尼亚、几内亚的内地，以及象牙海岸和布基纳法索的一部分。1895 年沦为法国殖民地。1958 年成为"法兰西共同体"内的"自治共和国"。1959 年 4 月与塞内加尔结成马里联邦。1960 年 9 月 22 日独立，莫迪博·凯塔任总统。

马里国土大部分地势平坦，主要为高原和平原。南部和西南部的高原间有深切河谷；东南部和东部的高原为一系列断层丘陵地带，平均海拔 300～600 米。北部为广大平原地带，属撒哈拉的一部分；西南部和中南部为尼日尔冲积平原和谷地地带，内有尼日尔河三角洲，为马里主要的农业区。

北部为热带沙漠气候，属撒哈拉带，夏季气温高达 55℃，几乎无降雨，空气极其干燥，昼夜温差大，植被稀少。中北部属萨赫勒带，年降雨量为 200～500 毫米，平均气温 23～36℃，以草原植被为主，有耐旱乔木。南部为热带草原气候，年降水量 500～1400 毫米，平均气温 24～30℃，以草本植被为主。

马里的人口为 1451 万（2013 年）。全国有 23 个部族，主要有：班巴拉、颇尔、塞努福、萨拉考列、桑海、马林凯和多贡族等。各部族均有自己的语言，但无文字。

马里的语言通用班巴拉语，官方语言为法语。各民族均有自己的语言，但没有文字。

马里的首都是巴马科，人口约 134.2 万。巴马科是马里的政治、经济、文化中心，也是重要的交通枢纽。市内有机车修理、纺织、发电、食品、烟草等众多工业企业。市中心的商业区，有现代化的商店，也有非洲传统的市场。巴马科的木雕、象牙雕及金银饰物等工艺品十分精美，驰名西非。巴马科风景秀丽，依山傍水，北面是库卢巴山陡壁悬崖，南部是河水清澈、碧波粼粼、轻舟来往如梭的尼日尔河。

莫普提是马里第二大商业中心，人口 7.4 万。地处马西纳三角洲中部，四面环水、满城绿阴，遍布湖泊和河网。是名副其实的热带草原水乡。故有"马里的威尼斯"之称。每年由这里加工和转运的熏鱼和干鱼远销斐济邻国以及欧洲市场，又称之"干鱼之城"。市内设有机场，河运、公路交通方便，是水、陆、空交通要地。

马里为农牧业国家，农业产值约占国内生产总值的 30% ~ 35%。农村人口占总人口的 73%、占就业人口的 82%，特别是畜牧业，在国民经济中占重要地位，是第二大出口产业。马里的工业基础薄弱，工业产值约占国内生产总值的 15% 左右，主要工业部门有食品、纺织、卷烟、建筑材料、机修和制药等。近 10 年来，马里大力发展农业，加强交通、电力、通讯等基础设施建设，积极改善投资环境。粮食生产丰收，棉花产量居西非第二位，黄金产量和出口较往年继续增加。

马里有许多矿产资源。现已探明的主要矿藏资源及其储量：岩盐 5300 万吨，磷酸盐 1180 万吨，黄金 900 吨，铝矾土 12 亿吨。其他还有铁、锰等金属矿藏，储量分别有 5 亿吨和 800 万吨。森林面积 110 万公顷，覆盖率不到 1%。马里水力资源丰富，目前有 3 个水电站，12 个火力发电站，1 个太阳能电站。

马里系内陆国家，国内运输主要靠公路。进出口物资需经邻国港口转运。两条国际公路经巴马科通往科纳克里和阿比让，公路总长分别为 1110 千米和 1115 千米。仅有一条连接库利科罗、巴马科和达喀尔的国际窄轨铁路。

2. 毛里塔尼亚概况

毛里塔尼亚位于非洲撒哈拉沙漠西部，与西撒哈拉、阿尔及利亚、马里和塞内加尔接壤，西濒大西洋，国土面积 103 万平方公里，海岸线长 667 千米。

公元 7 世纪，阿拉伯人进入毛里塔尼亚并建立封建王朝。1912 年沦为法国殖民地。1957 年成为半自治共和国，1958 年成为法兰西共同体内的自治共和国，定名为毛里塔尼亚伊斯兰共和国。1960 年 11 月 28 日宣告独立（国庆日），达达赫任首任总统。

毛里塔尼亚地势平坦。有 2/3 的地区是沙漠，大部分地区是海拔 300 米左右的低高原。东南边境和沿海地区为平原。

毛里塔尼亚气候属热带大陆性气候，高温少雨，年平均气温约 25℃，大多数地方的夏季午后气温超过 38℃，内陆白昼最高温度常高达 46℃，但夜间气温大幅降至 7～13℃。

毛里塔尼亚全国划分为 12 个大区和努瓦克肖特特区，大区下设省，省下设县。人口为 3069 万（2009 年）。其中摩尔人（阿拉伯—柏柏尔血统）和黑人各占 30%，具有阿拉伯文化语言传统的哈拉廷人（又称黑摩尔人）占 40%。黑人主要部族是图库勒族、索宁克族、颇尔族和沃洛夫族。

毛里塔尼亚官方语言为阿拉伯语，通用法语。1991 年 7 月 12 日通过的新宪法规定，阿拉伯语、颇尔语、索宁克语和沃洛夫语为民族语言。

努瓦克肖特是毛里塔尼亚的首都，地处撒哈拉沙漠南端，是全国政治、经济、文化、交通的中心，人口 80 万。9 月为最热的月份，气温约 24～34℃；12 月为最冷的月份，气温约 13～28℃。中心大街的东端路北是总统府和政府各部所在地。城市建筑继承了撒哈拉地区的传统风格，其中许多建筑物都是用贝壳修建的，因而有"贝壳城"之称。

毛里塔尼亚的国旗为绿色长方形。正中是一弯黄色新月和一颗黄色五角星。《毛里塔尼亚伊斯兰共和国国歌》为该国国歌。国庆日为 11 月 28 日。

延伸阅读：

帐篷国家

由于毛里塔尼亚气候极为干燥，温度又特别高，一般房屋散热程度又不好，所以这个国家大力发展散热较快的帐篷。尖顶帐篷处处可见，即使在首都，也有在院内或郊区另搭帐篷、作为乘凉休息场所的。当地人还把在帐篷里招待宾客视为高雅之举，即使是国家元首主持的国庆宴会，也习惯在帐篷里举行。故此，人们都风趣地把这个国家称为"帐篷国家"。

毛里塔尼亚曾被联合国定为世界最不发达国家之一。经济结构单一，以农牧渔业为主，基础薄弱。随着矿产资源的开采和商业捕鱼的发展，1960年后传统经济项目在国民生产总值中的比例逐渐缩小。铁、铜矿出口在经济中居重要地位，其次是渔产品和部分畜产品。主要进口产品是食品、纺织品、日用消费品、建材用品以及交通运输设备等。1992年，毛里塔尼亚与国际货币基金组织和世界银行达成协议，开始执行经济结构调整计划，推进自由化进程，同意货币贬值以争取外援，同时采取国家调控、监督市场和稳定物价等措施，经济低速增长。2005年，毛里塔尼亚制定短期结构调整计划，紧缩行政开支，改善公共财政。2006年的石油出口使毛里塔尼亚财政总额实现盈余，外贸逆差下降，外汇储备增加。2010年，国内生产总值达34.86亿美元，人均国内生产总值为1195美元，国内生产总值增长率为2.3%。

毛里塔尼亚的矿藏主要有铁矿，储量估计达107亿吨。其他资源储量：铜矿2200万吨，石膏约40亿吨，磷酸盐1.4亿吨。渔业资源丰富，储量为400万吨。

毛里塔尼亚交通不发达。铁路只有一条长675千米的铁路。公路近7891千米，其中柏油路2090千米，其他为加固土路和小路。水运港口有努瓦克肖特友谊港等5个港口，总吞吐量为120万吨。丰水季节时，塞内加尔河可通航。毛里塔尼亚航空公司现有客机3架，机场25个，其中努瓦克肖特和努瓦迪布机场为国际机场。

毛里塔尼亚重视发展教育事业，把提高教育水平作为脱贫的重要途

径。2001 年，教育经费占国民生产总值的 5.1%。全国有 5 所高等院校：努瓦克肖特大学（建于 1981 年，是毛里塔尼亚第一所综合性大学）、国家行政学校、高等师范学院、高等科学院、高等伊斯兰学院。除现代教育外，毛里塔尼亚全国各地存在传统的古兰经学校。

3. 塞内加尔概况

塞内加尔正式名称为塞内加尔共和国，因塞内加尔河而得名。"塞内加尔"出自当地土语"萨纳加"，意为"独木舟"，又称"花生之国"。

塞内加尔位于非洲西部凸出部位的最西端。**北接毛里塔尼亚，东邻马里，南接几内亚和几内亚比绍，西濒大西洋。**海岸线长约 500 千米。面积为 19.7 万平方千米。

在现在的塞内加尔地区公元 10 世纪，图库列尔人建立泰克鲁王国，14 世纪和 16 世纪先后并入马里帝国和桑海帝国。1864 年沦为法国殖民地。1909 年划入法属西非洲。1958 年 11 月根据戴高乐宪法成为"法兰西共同体"内的自治共和国"。1959 年 4 月 4 日与苏丹（今马里共和国）结成马里联邦。经过谈判，法国允许马里联邦在共同体内部于 1960 年 4 月独立。1960 年 6 月 20 日，马里联邦宣告独立。同年 8 月，塞退出联邦，成立独立的共和国。列奥波尔德·塞达·桑戈尔为首任总统。

塞内加尔的人口为 1085 万（2001 年）。全国有 20 多个部族，主要是沃洛夫族、颇尔族、谢列尔族、图库列尔族、迪乌拉族和曼丁哥族。

塞内加尔的官方语言为法语，全国 80% 的人通用沃洛夫语。

塞内加尔 90% 的居民信奉伊斯兰教，5% 信奉拜物教，其余信奉天主教。

塞内加尔气候属热带草原气候，年平均气温 29℃，最高气温可达 45℃。11 月至次年 6 月为旱季，7～10 月为雨季。年降水量从东北的 400 毫米向西南迅速增到 1600 毫米以上。

延伸阅读：

盛产花生的国度

塞内加尔盛产花生，每到花生收获季节，"垒花生"比赛便成了当地人的一项体育活动。比赛开始，竞赛者们肩扛头顶，将花生袋放入白线内。随着他们来回奔跑穿梭，花生袋越垒越高，当花生袋垒到"金字塔"形的最顶端，只能放置一袋时，即算堆垒完毕。这时参赛者迅速将花生堆四周清洁干净，待酋长来验收。比赛通常以50人为一组，获胜的组每人得到一袋花生作为奖赏。这种比赛是男女青年进行社交的场合。每次比赛结束后，都有许多女青年跑上前去向获胜的男青年表示祝贺，或递上一块擦汗的手帕，或递上一罐清凉的饮料。如果男青年对女青年也有意，便在三天之内回赠一块手帕和一些蜂蜜，表示愿意同她结合，希望婚后生活如蜜一般甜美。

塞内加尔河三角洲位于塞内加尔河河口、佛得角以南，地势低平、水道分歧、沼泽遍布。三角洲水草丰盛、环境优美，富有原始的自然风貌，是鸟类生息繁衍的乐园。著名的觉乌德基鸟类国家公园就坐落在三角洲上。这里现有水禽300多种，蒀鹭、苍鹭和白鹭分布很广。不仅生活着大量留鸟，而且还栖息着几十种候鸟，其中最多的是鹈鹕、鹤和野鸭。那些北极圈内的候鸟，每年都要飞越2000多千米的撒哈拉沙漠，来到这里寻觅适合它们的生活环境。这里还有世界上仅存的海牛、已经不多见的白鹈鹕、夜鹭、非洲白琵鹭等。而且三角洲地区因土质疏松，亦是海龟繁殖的最佳场所。此外，鱼类和浮游生物也非常丰富。

塞内加尔的国旗旗面由绿、黄、红三个竖长方形组成，黄色长方形中央为一颗绿色五角星。《塞内加尔共和国国歌》为该国国歌。国庆日是4月4日。塞内加尔的国树为波巴布树。

塞内加尔是个有一定工业基础的农业国，花生种植、旅游业、渔业和磷酸盐开采是塞内加尔的四大经济支柱产业。

4. 贝宁概况

贝宁东邻尼日利亚，有750公里长的边界；西与多哥接壤，有620公里长的边界；东北与尼日尔交界，有120公里长的边界；西北与布基纳法索相邻，有270公里长的边界；南部濒临大西洋，海岸线长125公里。

16世纪前后，贝宁出现许多小王国和酋长国。18世纪，阿波美王国鼎盛时期统一了南部和中部。1904年并入法属西非，1913年沦为法国殖民地。1958年成为法兰西共同体内的"自治共和国"。1960年8月1日独立，成立达荷美共和国。1975年11月30日改国名为贝宁人民共和国。1990年3月1日改为贝宁共和国。

贝宁国土呈南北狭长形状，跨越6个纬度，自然景观因地区不同而呈现出明显差异。人们通常把贝宁分为5个地理区域，由南向北依次为沿海平原、沙洲地带、硅质黏土高原、阿塔科拉高原和尼日尔盆地。

贝宁矿产资源匮乏，目前已经发现的主要矿藏有石油、磷酸盐、大理石、铁矿、金矿、石灰岩、高岭土和硅质砂等。

贝宁全境地处热带，属热带气候，终年高温。但不同地区在气候上也存在着一些差异。南部沿海地区为热带雨林气候，常年平均气温在20℃ ~ 32℃之间。年平均降水量在90 ~ 1480毫米之间。中部地区为几内亚型气候，气温在20℃ ~34℃之间；年降雨量约为1000 ~ 1200毫米。北部地区为苏丹型气候，昼夜温差大，年最低气温8℃，最高气温42℃。

贝宁是一个"移民国家"，同时也是一个"复合族体"即多族体国家。全国共有60多个部族。根据1992年2月进行的贝宁独立以来的第三次全国人口普查结果，全国总人口为491.56万人。1999年总人口为618.7万。根据2013年进行的最新一次人口普查，全国总人口为940万人。

延伸阅读：

贝宁的部族矛盾

贝宁的部族矛盾由来已久，在历史上经常兵戎相见。1960年独立后，尽管历部宪法都明确规定，贝宁是统一的多族体国家，各族体享有同等的权利和义务；国家有责任维系各部族之间的团结，并通过正确的政策使各部族都得到充分发展；各部族有权使用自己的语言、发展自己的文化，等等；但部族主义仍然是影响贝宁政局安定、国家统一和社会团结的潜在因素，也是进行社会改革的严重障碍。

贝宁的官方语言为法语。此外还有18种民族语言（或称方言），其中芳语、约鲁巴语、巴里巴语、颇尔语、布萨语、特姆语、登迪语和米纳语等为贝宁扫盲中心、电台和电视台用语，但均无正式文字。

贝宁是一个复合宗教即多宗教信仰国家，传统宗教、基督教（包括天主教和新教）和伊斯兰教并存，构成了贝宁的三大宗教信仰。这三种宗教源于不同的社会文化历史背景并代表着三种不同的政治文化。传统宗教是贝宁人在阿拉伯人和欧洲人入侵以前固有的宗教信仰。伊斯兰教和基督教是后来从外界传入的宗教，但它们在贝宁大都经历了一个"非洲化"或"本地化"及与传统宗教相互影响和相互渗透的过程。

5. 尼日尔概况

尼日尔共和国，简称尼日尔。位于非洲大陆中西部，撒哈拉沙漠南缘，是一个内陆国家，东邻乍得，南界尼日利亚、贝宁，西部与布基纳法索和马里毗邻，北部与阿尔及利亚接壤。东北与利比亚交界，边境线总长5500公里。面积126.76万平方公里。

在历史上，现在的尼日尔地区从未形成过统一的王朝。7～16世纪，西北部属桑海帝国。8～18世纪，东部属博尔努帝国。18世纪末，颇尔人在中部建立了颇尔帝国。1904年成为法属西非领地。1922年沦为法国殖民地。1957年获得半自治地位。1958年12月成为法兰西共同体内的自治共和国。**1960年7月退出法兰西共同体，8月3日正式宣告独立。**

尼日尔共和国的人口为1573万（2011年）。全国有5个主要部族：豪萨族、哲尔马——桑海族、图阿雷格旅、颇尔族和卡努里族。语言中官方语言为法语。各部族均有自己的语言，豪萨语可在全国大部分地区通用。

尼日尔88%的居民信奉伊斯兰教，11.7%信奉非洲传统宗教，0.4%信奉基督教。

尼日尔位于热带地区的南部边缘，是世界上阳光最充足的地区之一，因而灼热无比，终年以干旱为主，气候属于干旱热带型。这种气候带的特点是平均气温高，雨季短，旱季长。

全境平均气温摄氏30℃。在俗称"哈马丹季节"的4～5月份，在树阴下的温度可达到摄氏40℃以上，是一年中最燥热的季节，所以人称尼日尔是"阳光灼热之国"。

尼日尔矿产资源比较丰富。大自然赐予这个国家的矿产资源种类有：铀、煤、磷酸盐、石灰石、金、铁、钶、锰、锂、锡、铜等矿物。

尼日尔是个经济上落后的农业国，全国 85% 的人口从事农牧业生产。工业经济基础十分薄弱，除铀矿生产之外，只有中小型棉织业、皮革加工业、水泥生产和食品加工业等。工业产值在国内生产总值中仅占 15%。独立以来，国民经济虽有一定增长，但发展十分缓慢，多年来被经济合作组织列为最不发达国家之一。2002 年，联合国发展计划署按人文发展综合指数对全球的 175 个国家和地区进行统计和序位排列时，尼日尔被排在第 174 位，即倒数第二位。世界银行和国际货币基金组织也把尼日尔列入"重债穷国"的名单。

由于经济发展滞后，外债负担沉重，广大人民的生活水平日益下降。1981～1983 年人均国内生产总值（GDP）曾达到 462.7 美元。80 年代末以来人均 GDP 多数年份呈现负增长。2011 年人均 GDP 为 771 美元。所以有人说，尼日尔人民今天不是富了，而是更穷了。**目前约有 60% 的人口生活在贫困线下，其中 35% 的人处在极端贫困状态**，承受着饥不果腹、有病得不到医治、受教育的权利没有保障的重压。

二、西非有关国家的生活礼俗

1. 西非有关国家的服饰礼俗

◇ 马里的服饰礼俗

马里传统的礼服叫"布布"。一件"布布"要用布 5～6 米，无领、宽肩、袖肥，十分凉爽。穿"布布"时，要上配毡帽，下配拖鞋。

马里妇女很讲究发式。一般先将头发梳成无数条上下一般粗细的小辫子，再把辫子整理成不同的发型。民族、年龄不同，发式各有差异，已婚的妇女往往以布包头。妇女们还特别注意装饰，手镯、项链、耳环、鼻环都很讲究。最突出的是耳环和鼻环，有的耳环又大又重，不得不用一条细绳挂在头上，以减轻耳垂之重负。**鼻环有两种：小鼻环套在鼻翼上。大鼻环夹在两个鼻孔中间。**

马里的黑人妇女把黑色视为一种吉祥最美的颜色。因此，尽管她们的肤色是黑的，还是要用"地阿比"树叶将手、足和牙龈染得更黑。小伙子选择配偶，首先要了解姑娘是否具备染足、画手、染牙龈的手艺，这是考虑对方是否合适的第一个条件。所以当地的女孩从能自理生活时就向大人学习染技，谁染技高超，谁就会赢得更多人的爱戴和尊敬。

礼仪提醒

马里人崇尚黑色。当地的女孩从能自理生活时，就向大人学习如何用"地阿比"树叶做染料，将手、足、和牙龈染得更黑。染技高超者，将会赢得更多人的爱戴和尊敬。小伙子择偶的首选条件是要了解姑娘是否具备染足、画手、染牙龈的手艺。马里人习惯口衔"芙劳特"树枝。

◇ 毛里塔尼亚的服饰礼俗

在服饰方面，毛里塔尼亚人出席正式场合时，男士身着西装，系领带，皮鞋光亮。但在其他场合，则一般多为前胸开两条长缝、内有两个大口袋（可装钱物）的蓝色或白色大袍。**此袍可一衣多用，既是上衣，又是大氅，同时还可以做睡衣。**头上裹着白色头巾，长头巾可防日晒、御风沙，足登皮鞋。女子多穿白色或黑色的长裙，头戴与裙同色的围巾。其中，毛里塔尼亚摩尔人成年男子的装束最具特色。他们用 5 米长的黑布把头和脸包住，只露出眼睛。

◇ 贝宁的服饰礼俗

贝宁人的服饰分为两类。一类因受西方的影响，衣着比较讲究，男子西装革履，女子则是时装套裙。但这类人多是政府机关的官员或在外企供职、收入丰厚的职员，在贝宁属极少数。多数人依然保持着传统的装束：

男子多着宽袖长袍，整体颜色以蓝、褐、黄、白居多，领口和袖口绣有各种图案的条带，起装饰作用。这种宽袖长袍透风性能好，穿着凉爽舒适，故而为广大男人们所喜爱。另则，男人们也将这种宽袖长袍作为出席一些重大或正式仪式的礼服。当然，作为礼服穿的长袍的质地和做工都比较考究。贝宁普通妇女的衣着的颜色比较鲜艳。平时，她们就用一块鲜艳图案的花布裹住下体：先环绕腹部将布平行缠绕一至两圈，然后将缠绕在腰间的布向下翻卷两三圈，这样便以布当裙了，也省了腰带。上身则有的穿缝制的衣裳，有的则也用一块布包裹。带婴儿的妇女常常是用一块布兜着孩子背在背上。

◇ 塞内加尔的服饰礼俗

塞内加尔人的穿着一般都比较简单，男子习惯穿一种白色的布大袍，女子一般都穿颜色鲜艳的长裙，有的还在头上蒙一条围巾。在农村地区，一般的人都把头发剃光，只在左耳朵的上方留下一块头发。

2. 西非有关国家的饮食礼俗

◇ 马里的饮食礼俗

马里人饮食讲究菜肴烹制时少加调料，餐桌备调料，注重菜肴的鲜、嫩、香，一般口味清淡，偏爱微甜味，喜欢用烤、煎、炸等烹调方法制作的菜肴。以米为主；爱吃骆驼肉、牛肉、羊肉、鸡肉、蛋类、鱼等；蔬菜喜欢胡萝卜、土豆、卷心菜、西红柿等；调料爱用盐、葱、姜等。

在马里，最著名的菜肴就是"沙烤全驼"。这道菜的制作很复杂：先将宰杀的全驼割去双峰，去除内脏并洗净，再将事先烤好的一只全羊放入驼腹，而净羊腹内再装一只烤好的全鸡，净鸡膛内再装一只煮熟的鸡蛋，然后封驼腹，不放任何调料，把全驼放入用干柴烧灼了的烤坑内，在驼身上覆一层薄沙，上面架好干柴烘烤，约两小时左右即可食用。食用前，撤去炭火，除去细沙，剖开骆驼的内膛，根据来宾的身份高低分别奉送：将鸡蛋送给身份最高的人，烤鸡送给年长的人，烤羊分别送给所有在场的客人，骆驼则由所有在场的人共同食用。驼峰则是生食的，不加任何佐料，味道非常鲜美，是这道传统名菜的佳肴部分，首先要供客人选食，剩余的供在场的人食用。一个饭盆和一个菜盆放在中央，每个人用左手按着盆沿，用右手的食指、中指和无名指抓自己面前的饭和菜，送入口中。

马里人用餐时不习惯使用刀叉和筷子，而乐于以右手抓食取饭。此外，他们吃饭时很讲规矩：**一般鸡大腿归年长者或男人吃；鸡胸肉归年长的妇女吃；鸡脖、胃和肝归当家人吃；鸡头、爪和翅归孩子们吃。**

马里人饭毕，晚辈要静候长者离席；子女须向父母行礼致谢后方可离席；客人则应等主人吃完后一道离开。

礼仪习俗

马里人有一些独特的饮食习俗。如：吃鼠肉的习惯，而且鼠肉是靠不吃鼠肉的狗来捕捉的；马里第三大区首府锡卡索的居民则有捕食蚂蚁的习惯，且吃的大多是长约寸许的白蚁、成蚁和刚脱翼的幼蚁。

◇ 毛里塔尼亚的饮食礼俗

毛里塔尼亚人在饮食上讲究菜肴鲜、嫩、香，注重菜肴量大实惠，口味一般不喜欢太咸，偏爱辣味，偏爱用烤、烧、煎等烹调方法制作的菜肴。

毛里塔尼亚以米饭为主食，对面食品种也乐于品尝，爱吃牛肉、羊肉、鸡、鸭、鱼、虾等，蔬菜爱吃卷心菜、辣椒、西红柿、豆类、黄瓜、洋葱等；调料爱用胡椒粉、辣椒粉、丁香、玉果、椰子油、棕榈油等。

他们吃肉时习惯用手撕、吃饭则用手抓，只是在一些官方场合才使用西式餐具。招待贵宾时，毛里塔尼亚人惯以"烤全羊"作为最盛情的款待。

毛里塔尼亚进餐时当地人不喝酒，而通常以水和骆驼奶为主要饮料。他们还很喜欢喝又酽又甜的绿茶，茶浓如咖啡，还要加入少量的白糖和鲜薄荷叶，味道香甜醇厚，略带苦涩味。

◇ 塞内加尔的饮食礼俗

在口味上，塞内加尔人喜吃香而辛辣的食物，不怕油腻，而且一般人的饭量也比较大。习惯吃大块的牛、羊肉，不爱吃以肉片、肉丁或肉丝烹制的菜肴。他们喜爱吃的菜有西红柿、萝卜、胡萝卜和各种豆类等。有的人也爱吃法式西菜，早餐一般喜欢吃面包、黄油、浓咖啡。也爱好喝茶，尤其喜爱喝中国的绿茶。他们习惯在饭后，一边喝茶一边聊天，以帮助消化。

塞内加尔人一般都忌吃虾、鸡毛菜、蘑菇等菌类以及其他形状古怪的食物，如鳝鱼、甲鱼、鱿鱼等。

◇ 贝宁的饮食礼俗

贝宁在饮食方面与非洲，特别是西非其他地方大同小异。普通老百姓由于受到条件的限制，日常食品比较单调，主食有薯类、蕉类、玉米和大米，尤以木薯为主。木薯的吃法是：先将捣磨好的木薯粉熬熟，然后做成糕状便可食用；如配以辣椒、西红柿、洋葱制成的酱汤，味道更加鲜美。普通老百姓常吃的还有一种近似水果，但又不属于水果类的食蕉。食蕉的吃法是：先剥去外皮，然后切成小片下油锅煎炸，吃起来香脆可口，别有风味。**家境好一点的人家可以吃上一些大米和家禽肉。**米饭的做法与我国相近，菜则多按传统方式烹制成很稠的汤。吃时，多采取"合餐制"，即全家人围着一个大饭盆和一个汤菜盆，先用右手在大饭盆中抓一把饭，捏成一个小团，然后在汤菜盆中沾一下送入口中。富人家庭的主食多为大米和面包；菜肴也较为丰富，有色拉、青菜、土豆、西红柿等各种蔬菜，及鸡、牛、羊、猪等各种家畜禽肉及鱼、虾等各种海鲜。菜肴的烹制方法有采用西式的，也有按贝宁传统方法制作的。就餐一般在餐桌上，餐具也比较考究，一般不直接下手食用，而多使用刀叉。

三、 西非有关国家的社交礼仪

1. 西非有关国家的会面礼仪

◇ 马里的会面礼仪

马里人注重礼貌，为人厚道。当地居民见到外国客人，总是主动地打招呼，握手问候。马里的班巴拉族人遇见相互熟悉的朋友，立即将自己的右手放在胸前，一边行走一边问候，问候的内容很多，时间也很长。从身体问到工作，从个人问到家庭，对方的父母、兄弟、姐妹、妻儿等近况如何，几乎都要问一遍，**有时双方背对着背地已经走出去很远的距离，甚至连对方问候的话音已经听不见了，嘴里仍然在不停地说着，这是非洲的一种非常奇特的见面问候方式。**拥有悠久历史的多贡族，迄今仍然保持着传统礼仪。

晚辈遇见长辈要高举握拳的右手行举手礼；男士遇见女士主动为其让道；相互熟悉的人见面要手拉手地长时间问候，遇有过路的陌生人讨水喝，主人会热情迎进家门，奉上茶点，待如上宾。

马里撒哈拉沙漠地区的人，与客人见面格外亲切，彼此除了热情握手和长时间的寒暄外，还要互咬对方手臂一下，以留下一道痕迹作为纪念。分手时，双方还要相互下跪虔诚祝愿，最后挥泪道别。

◇ 毛里塔尼亚的会面礼仪

毛里塔尼亚人非常重视见面的礼节，一般的熟人见面，相互握手，热情寒暄。有时从谈话开始到结束，主人都会紧握客人的双手，并热情地注视对方。他们相互见面时，不仅要问人好，还要问对方的牛、羊或骆驼好不好，这主要是因为牲畜与他们息息相关。他们注重礼仪，热情好客。

每逢外国贵宾来访，他们要用传统的方式迎候宾客。**毛里塔尼亚最隆重、最高级的迎宾礼仪要属骆驼迎宾礼了。**当外国贵宾来临时，一个身着民族服装的人便走上前去给客人敬献骆驼奶，为客人洗尘，客人必须喝一口，以表示对主人的感谢。夹道欢迎时，身上披红挂绿的骆驼群在前面开路，场面十分壮观。在帐篷里接待客人，也是毛里塔尼亚人的高雅待客礼仪。

◇ 塞内加尔的会面礼仪

塞内加尔人见面通常行握手问候礼。如果是初次见面，双方伸出手礼节地握一握，同时很有礼貌地讲一些问候的话语。**塞内加尔女性对男性客人常行屈膝弯腰礼，有身份的女性有时会主动伸手同男性客人握手。**在社交场合的称谓与国际相同，对男性朋友称先生；对女性朋友称夫人、女士或小姐。

◇ 贝宁的会面礼仪

贝宁人在社交礼仪方面普遍行使握手礼或贴面礼，当然这要区分不同场合。在相互熟悉的聚会场合，男士之间以握手并相互搓手响，表示相互关系亲近；男士与女士或女士之间见面以施贴面礼或称碰面礼居多，一般要先左后右，如是重复两次；彼此之间关系更亲密者最后还要相互亲吻一下对方的嘴。但在涉外场合或相互不熟悉的场合，多行握手礼或点头示意。

2. 西非有关国家的拜访礼仪

◇ 马里的拜访礼仪

按照马里的传统习惯，拜访朋友需要事先联系，并要准时赴约。当地人认为突然造访是一种不礼貌的行为。**客人进门，主人多用茶水招待，客人要双手接过，两眼望着手中的杯或碗道一声"谢谢"。**客人不得问主人家有几个妻子。马里人惯用传统膳食招待客人。宴请贵宾，最少不了的是烤全羊这道名菜。马里的地方膳食也颇具特色，著名的"沙烤全驼"便是西北部地区招待贵宾的上等佳品。

◇ 毛里塔尼亚的拜访礼仪

到毛里塔尼亚朋友家中拜访，要事先约定时间，按时到达，早到或迟到都是不礼貌的行为。特别要注意的是：衣着要整洁干净，仪容要端庄大方。**毛里塔尼亚人对客人的来访非常高兴，届时会到院门外迎候。**客人进门后，先请客人饮茶三杯，再用新鲜的骆驼奶招待客人，以此表达对客人的敬意。女主人一般不会出来会见男性客人。除非是特别熟悉的客人。

四、西非有关国家的商务与旅游礼仪

1. 北非其他国家的商务礼仪

到毛里塔尼亚投资或经商，特别要讲究的是仪容美。保持一副端庄的仪容，会令毛里塔尼亚人产生一种敬慕，这是谈成生意的首要条件。出席商务活动时，应当剪掉长指甲。毛里塔尼亚人认为：当众修指甲、掏耳朵、剔牙缝、挖鼻孔等都是不礼貌的行为。在公共场合，不得随地吐痰，打喷嚏、打嗝要避开众人，打哈欠、放屁更是失礼的表现，往往会令人产生瞧不起的感觉。

2. 西非有关国家的旅游礼仪

◇ 马里的旅游礼仪

马里是西非地区的文明古国，是中古时代加纳、马里、桑海三大帝国的核心地区，有着丰富的历史文化古迹。杰内、通布图都是重要的古都，这里有著名的清真寺，还可以看到 19 世纪欧洲探险家的住宅。毗邻尼日尔河的莫普提市河网密布，号称马里的威尼斯，邦贾加拉则有举世闻名的多贡文化遗迹。旅游旺季是每年 10 月至次年 2 月之间，月平均气温不超过30℃，夜晚较凉爽。旅游者多来自法国、德国、比利时、意大利、美国。

延伸阅读：

能歌善舞的毛里塔尼亚人

毛里塔尼亚的百姓，无论是摩尔人还是黑人，无论是老人还是孩童，个个能歌善舞。他们经常击鼓弹琴，放声歌唱，纵情舞蹈。男的都很壮健，歌喉圆浑，爱跳强劲有力的土风舞，女的都身材修长，一边用本嗓高歌，一边扭动腰肢和臀、腹舞蹈。女鼓手击鼓，很有一番特色。只见她们手法娴熟，时而轻轻弹指，时而猛烈敲击，鼓声有板有眼，似万马奔腾。她们一边击鼓，一边还用双手轮番拍着臂、腿。在瓦特恩加，流行一种牧民们的击棍舞。只见男的排成一行，其中二人手执木棍，有节奏地边跳边打，如一方败下阵来，立刻从队伍中走出一人，接过木棍继续舞打。妇女们则在旁鼓掌，呐喊助威，并轮番出场，在对舞的男子棍下钻来钻去地舞蹈，十分精彩动人。

◇ 塞内加尔的旅游礼仪

旅游是塞内加尔经济的四大支柱之一，为塞内加尔第二大创汇产业，约占国内生产总值的3%。2000年收入为1.36亿美元。**旅游点主要集中在达喀尔、捷斯、济金朔尔、圣路易地区。** 2000年游客人数44万。

◇ 贝宁的旅游礼仪

贝宁发展旅游业具有资源优势。在自然风光方面，有大西洋椰林海岸、国家自然保护区、狩猎场等；在人文景观方面，有古代王宫、博物馆、特色民居、原始伏都教文化等。这些丰富多彩的自然资源和文化遗产是贝宁发展旅游业得天独厚的条件。

◇ 尼日尔的旅游礼仪

尼日尔的旅游资源比较丰富。首先，它地处马格里布和黑非洲之间的交通要道。从古时候起，这里就是多民族和种族融合的大熔炉，因而形成了多民族多种文化交相辉映的独特人文景观。**旅游者来到这里，既可以领略到其中的万种风情，又可以开阔眼界，增长见识。**

其次，尼日尔的地形地貌复杂多样。生态景观千姿百态。在南部有广阔无垠的森林原野，有富饶美丽的河谷地带；在中部有绵延千里的萨赫勒草原区，在那里"风吹草低见牛羊"的天然画卷随处可见；在北部有无边无际、变幻莫测的撒哈拉大沙漠，衬托着高低起伏的茫茫沙丘以及点缀在荒漠世界里的绿洲；在东部地区则横亘着由花岗岩构成的艾尔高原及其边缘地带的山崖峭壁。无论置身在哪种景观里，旅游者都会有一种回归大自然的感受。

再次，尼日尔人民热情好客，来尼日尔的游客会被敬为上宾。政府有关部门对入境的游客在签证、入关等方面提供快捷方便的服务。

每年 11 月至次年 3 月是尼日尔旅游的黄金季节，这是一年中风和日丽、凉爽宜人的日子。

办理赴刚果旅游需提前申请签证，说明访问的目的和停留的时间，提供的函件用英文或法文填写表格两张、交照片两张，表格内容包括姓名、护照号码等。刚果一般发给一个月内有效的一次入境签证，凡经过刚果去第三国者，如订妥联程机票，停留不超过 48 小时，可免办手续。否则，应申办过境签证，刚方一般发给一个月有效停留 7 天的过境签证。

礼仪提醒

突尼斯人忌讳数字"13"，认为"13"这个数字是不吉利的。

他们还忌讳别人打听、询问自己的工资及收入情况，认为这样做是很失礼的，是厄运的象征。

在欧美一些国家流行的食指和大拇指搭成圈的 OK 手势，在突尼斯意为与对方有故意。

五、西非有关国家的婚丧礼俗

1. 西非有关国家的婚姻礼俗

◇ 马里的婚姻礼俗

在婚礼习俗方面，马里依然保持着传统的风格。例如，新娘非常注重发型。常常把卷曲的头发拉直，并用假发将头发加长，再编成无数根小辫子，然后扎成各种图样的发型，并用各种各样的兽骨片和五光十色的贝壳装饰一番，以使自己显得更加活泼而富有朝气。此外，新娘还有染足、画手和涂牙龈的习俗。**当地人认为黑色是美的象征，所以待嫁的姑娘都喜欢采来散沫花树叶制成涂料，把足、手、牙龈涂成黑色。**尤其是涂牙龈，不但要付出血的代价，而且终生不褪，做法是先用针将牙龈刺出血，然后把涂料抹在出血处，并随伤口浸入皮肉，一次染黑。

马里人视柯拉果为吉祥物。他们把柯拉果作为爱情的信物。当男女热恋或男子向女子求婚时，总要向女方三送柯拉果。

根据当地传统，男子向女子求婚时要通过媒人向女方3送柯拉果（一种提神和药用的果子）。若3次上门，礼物均被收下，婚事则告成功。**马里人的婚礼必须举行2次，一次是民事婚礼（在市、县长或其代理人主持下，签订结婚证书），一次是宗教婚礼（于当天下午、2~5时之间，在当地的清真寺内举行）。**

马里的山区娶亲则带有抢婚的色彩。即：举行婚礼的当天晚上，新郎在几位好友和邻居的陪伴下，借着夜幕的掩护，悄悄潜入新娘的房间，随后架着新娘飞快地走出门，任凭她挣扎哭喊也不放手，匆匆朝男方家飞奔而去。

延伸阅读：

毛里塔尼亚摩尔人以肥胖为美

毛里塔尼亚摩尔人的审美观是十分独特的，他们认为只有腰身粗、脖子短、臀部突出、乳房高耸的新娘才是美人，因为在当地肥胖的女人是财富的象征。因此，各家的小伙子都争相娶肥胖超群的妻子，一旦如愿，便举行异常隆重的婚礼，引得许多人不辞辛劳地远道赶来，一睹新娘的芳容。而对于家有"千金"的父母来说，造就"美嫁娘"就是义不容辞的责任了，因此做母亲的总是竞相研究肥胖之道。富贵人家的做法是：女孩子从七八岁开始就要每天在身上抹油脂，还要喝羊奶、吃富含脂肪的食物，并很少参加户外活动。就算是普通人家的女儿，父母也会尽其所能地为她们提供大量的骆驼奶。除此之外，女孩子还要接受一种"酷刑"，即每天定时脱去衣服在软沙上打滚，据说这样磨平身体上凹凸不平的地方，成为只见肉不见骨的胖闺女。

◇ 贝宁的婚姻礼俗

贝宁各族居民的结婚仪式有自己的特殊之处，但也有许多共同之处，一般都要向女方纳彩礼，然后择日成亲并欢庆数日。以东部的约鲁巴族为例，小伙子看中一位姑娘后就由男方父母到女方父母家中提亲，女方应允后，男方便向女方送定亲礼（通常是衣料和柯拉果），并在请教巴巴拉沃（"知情的父亲"）之后择定婚礼日期。婚礼当日，新郎家大摆筵席。新娘则由一群唱着喜歌的妇女陪伴到新郎家，由新郎家一位藏在洞房内的妇女扶上床，直到新郎到来后这位妇女才退出。**第二天继续举行婚宴，人们往往要在新郎家中找到一件信物证明了新娘的贞洁之后方肯离去。**

◇ 尼日尔人的婚姻习俗

尼日尔人流行早婚，尤其是豪萨人家庭，早婚已成为他们的婚俗。男子婚龄 18～20 岁，女子标准婚龄是 14 岁。女子超过这个年龄还未出嫁则成为"老姑娘"，除非降低彩礼要求，否则很难嫁出门。

尼日尔的桑海族人，未婚女婿在婚前不得谒见岳父。经媒人说合，男女见面之后，如果双方都满意，男方就把一头牛作为彩礼送给女方；女方若接受，这门亲事就算确定了。**在正式结婚前，男方和他的朋友要到未婚妻家里干活，但不能吃女方家里的东西，而且还得避见未婚妻的父亲。**其次，新房要由女方负责建造，并筹办婚礼。女方的母亲和姐妹要为新房准备建筑材料，还需准备床上用品和必要的生活用具。一旦新房建好，就可以正式举行婚礼。

尼日尔的富拉尼族有着奇特婚俗——棒打新郎。这是富拉尼族祖辈留传下来的一种婚俗。它的奇特在于，新郎在婚礼期间要经受一顿棒打的"考验"。不过棒打的方法有规定，只能打新郎身上的某些指定部位。当新郎经受住棒打，并在身上留下痕迹时，会被看作十分光彩，新娘为此也会感到骄傲。但是，这种棒打新郎的习俗，现在只具有象征性的意义了。

尼日尔的豪萨族实行族内婚制。所谓族内婚，是指婚嫁时，选择配偶主要在本家族内或者本氏族内进行。非洲的大家族通常包括所有旁系亲属在内，即包括兄弟姐妹、堂兄弟姐妹、表兄弟姐妹和属于同一祖先的其他远亲。于豪萨人实行族内婚制的习俗，已有千百年的历史，是传统社会遗存下来的。

2. 西非有关国家的丧葬礼俗

◇ 马里的丧葬礼俗

马里的多贡族人，惯行洞葬。洞葬仪式隆得而惊险。当人死之后，死者的亲友先行吊唁仪式。然后，由登山能手攀上山顶，把尸体用绳子系上，吊进山顶的深洞中，并在洞旁用石块垒成小尖塔，以作标记。

◇ 贝宁的丧葬礼俗

贝宁各族居民均实行土葬，有的用棺木，有的则用裹尸布或席子。尸体一般不马上下葬，而是要在对尸体做简单防腐处理并停丧数日后方发丧。如约鲁巴人死后，须先请"巴巴拉沃"前来检验一下死者是否是自然死亡，然后宰羊祭神并将涂上黄油的羊拿到十字路口，求神保佑死者的灵魂平安。回家后，还要将一些水、希果油和食用蜗牛放在同一个盆中，用棕榈枝蘸水洒在尸体上和屋子里。以求神保佑死者灵魂离家升天。然后，用朗姆酒洗浴尸体，用香草擦身，换上最好的衣服，停放在门口的草席上。这一切准备停当后，方可举行丧宴，但死者亲属不参加，他们要不吃不喝守孝3天。第四天下葬时，要先脱去死者的衣服并用草席裹好方可入土。此外还要在尸体上洒一些公羊血并往墓穴内放一些食物、酒类、贝壳作随葬品，然后填土堆坟。送葬归来后继续开宴，人们吃喝、歌舞、击鼓直至深夜，最后由死者的家人将吃剩的骨头送到坟地，并把死者生前所用的东西拿到森林中埋掉。

第 十 三 章

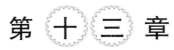

中非有关国家的礼仪

非洲中部的各国，由于大多处在赤道附近，因此气候炎热，土地干旱，经济较为落后。在塞内加尔、喀麦隆、贝宁、刚果、尼日尔等国，分布着大大小小的许多部族，每个部族都有各自的语言习惯，都有不同的礼仪风俗，而且差异较大。在日常生活和社交活动中也有根据宗教规定形成的各种传统仪式和礼节。在与之交往时应加以了解，避免违禁的不文明行为。

一、中非有关国家概况

1. 加蓬概况

加蓬地处非洲中部，横跨赤道，位于东经 9°至 15°，北纬 2°30′和南纬 3°55′之间。地势崎岖，其地形可分成平原、高原和山地三个主要的自然区域。西面濒临大西洋，海岸线长 885 公里，北面与喀麦隆交界，西北和赤道几内亚接壤，东面和南面与刚果（布）为邻。

公元 12 世纪，班图人从非洲东部迁入，在奥果韦河两岸建立了一些部落王国。15 世纪，葡萄牙航海者抵达该地区。18 世纪沦为法困殖民地。1911 年被法国转让给德国。第一次世界大战后复归法图。1958 年成为"法兰西共同体"内的自治共和国。1960 年 8 月 17 日宣告独立，莱昂·姆巴任首任总统。

由于受纬度、地形、气团活动等因素的影响，加蓬国土大部分地区属热带雨林气候，南部小部分属热带草原气候。

加蓬气温全年变化较小，最高气温 30℃，最低气温 22℃。年平均气温在 26℃左右，因此终年高温就成了加蓬气温的总特点。

加蓬是自然资源丰富的资源型国家，这就意味着该国每年需大量出口农、矿等原材料，以此来维系国民经济的正常运转。**其丰富的石油资源被誉为"非洲的科威特"，并为之带来了丰厚的石油美元。**加蓬因此成为撒哈拉以南非洲"中等收入"国家之一，2002 年人均收入为 3120 美元，远远高于全非洲 650 美元的平均水平，位于塞舌尔和毛里求斯之后，列居第三位。若按购买力平价计算，加蓬人均收入为 5360 美元，在世界排名第 103 位。

根据人口调查，加蓬独立 40 多年来，加蓬人口增长了近 3 倍。人口总数 2011 年为 150 万，人口密度达每平方公里 5.5 人。

加蓬是个多民族国家。全国有两大种族，俾格米人和班图人。加蓬实行民族平等政策，反对以部族为纽带的地方民族主义，在政治生活中也体现了关注和平衡各民族利益的特点。《宪法》规定：**任何对种族、人种以及破坏国内安全或共和国领土完整的地域主义宣传，均应受到法律的处罚。**

加蓬的官方语言是法语。第二次世界大战以前，会使用法语的加蓬居民人口比例较小，仅仅是从事商务活动或政务的管理人员会讲法语。第二次世界大战以后，法国注重在非洲小学进行法语教育，一般小学生入学后都要接受 2～3 年的法语学习，同时也组织年轻人学习法语。

班图语是加蓬土著语言。约在 2000 年前，在非洲中、南部广泛使用的班图语流传到加蓬。班图语族又分为芳语、米耶内语、巴普努语、巴科塔语、巴尼亚比语等多种方言，但均无文字。

延伸阅读：

宗教多元化的国度

与其他大多数非洲国家一样，宗教多元化是加蓬社会的一个基本特征。在欧洲殖民者驻足加蓬以前。加蓬人多信仰传统宗教。但随着殖民者对加蓬地区的入侵，以天主教、新教为主体的基督教逐渐为大多数居民所接受。据有关资料记载，全国居民中有 55%～75% 的人口信奉基督教，是原法属赤道非洲国家中基督教渗透最甚的国家。另外不到 1% 的人是穆斯林，其余的信奉传统宗教。

2. 喀麦隆概况

喀麦隆位于非洲中西部，几内亚湾的东北。西接尼日利亚，东北接乍得，东与中非共和国、刚果为邻，南与加蓬、赤道几内亚毗连。面积 475650 平方公里，其中陆地面积 466050 平方公里，海域面积 9600 平方公里。海岸线长 354 公里。

在现在的喀麦隆地区，公元前约 5000 年已有人类活动踪迹。公元 5 世纪起，外来部族大量迁入现喀麦隆境内定居，并先后形成一些部落王国和部落联盟国家。1884 年成为德国的"保护国"。第一次世界大战期间，喀麦隆东、西部分别被法、英军队占领。1922 年，国际联盟将东、西喀麦隆分别交法、英"委任统治"。第二次世界大战后，联合国将东、西喀分别交法、英"托管"。1960 年 1 月 1 日，喀麦隆法托管区根据联合国决议独立，成立喀麦隆共和国，阿赫马杜·阿希乔出任总统。1961 年 2 月，喀英托管区北部和南部分别举行公民投票。6 月 1 日北部并入尼日利亚，10 月 1 日南部与喀麦隆共和围合并，组成喀麦隆联邦共和国。1972 年 5 月 20 日，公民投票通过新宪法，取消联邦制，成立中央集权的喀麦隆联合共和国。**1984 年 1 月改国名为喀麦隆共和国。**

喀麦隆国土形状呈三角形，南部宽，往北逐渐狭窄直至乍得湖。南从几内亚湾起北至乍得湖全长约 1232 公里，东西最宽处约 800 公里。全国地形复杂，境内大部地区为高原，平原仅占国土的 12%。全境大致可以分为五个地形区：西部山区、中部高原区、北部热带草原区、东南赤道雨林区、海岸森林平原区。

喀麦隆紧靠赤道，属于热带气候，以热、湿为其主要气候特征。然而，由于受时间、海拔高度和距海远近等因素的影响，南部和北部的气候差异较大。从北到南可以分为热带干草原、热带草原和热带雨林三种气候类型：**北部为热带干草原和热带草原气候；西部沿海和南部地区属典型的赤道雨林气候，终年湿热，往北过渡到热带草原气候。**每年 5～10 月为雨季，11 月至下一年 4 月为旱季。

地处非洲中心并易于同四周交往的喀麦隆，其部族分布是在历史上诸多部族的迁徙中形成的，不仅种类多，相互交错，而且关系也很复杂。据学者和专家估计，当今喀麦隆大约有 230～282 个部族，主要有班图族系、半班图族系、苏丹族系、波尔或富尔贝人、绍阿阿拉伯人。这些部族都有各自的语言和习惯，而且差别较大。

喀麦隆是世界上为数不多的同时使用两种官方语言的国家之一，而这两种语言都不是当地的民族语言，国家规定以法语和英语为官方语言。**英语使用于西喀麦隆，面积占全国的 1/10，人口占全国的 1/5；其他地区使用法语。**由于大多数人使用法语，所以实际上法语在喀麦隆占主导地位。但近年来，英语使用范围在扩大。喀麦隆还有 286 种民族语言，但均无文字。在喀麦隆南部，民族语言——芳语、杜阿拉语也广泛使用；在喀麦隆中部，各族除使用母语外，还广泛通用巴米累克语、豪萨语，尤其是富拉语。

延伸阅读：

多元宗教的国家

喀麦隆是一个具有多元宗教的国家。在欧洲殖民者入侵之前，喀麦隆人多信仰传统宗教和伊斯兰教。但随着殖民者对喀麦隆的渗透，以天主教、新教为主体的基督教逐渐为大多数居民所接受。据有关资料记载，1978 年全国居民中有 10% 的人信奉传统宗教，19% 的人信奉伊斯兰教。66% 的人信奉基督教（其中 36% 为罗马天主教徒、30% 是新教徒）。

喀麦隆矿产资源比较丰富，已查明的主要矿藏有：石油储量估计为上亿吨；天然气储藏量约 1100 亿立方米；铝矾土储量为 11 亿吨以上，矾土品位为 43%，硅石品位为 3.4%；铁矿约 3 亿吨；金红石约 300 万吨，钛含量 92% 至 95%；此外还有锡矿、黄金矿、钻石矿、钴矿、镍矿等，以及大理石、石灰石、云母等非金属矿产。

2. 刚果概况

刚果地处非洲中西部，横跨赤道线。西邻加蓬，西北部与喀麦隆接壤，北部靠中非共和国，东部以刚果河及其支流乌班吉河为界河与刚果为邻，南部同刚果和安哥拉的飞地卡宾达省相连，西南濒临大西洋，面积为 234.5 万平方千米。

13 ~ 14 世纪建立了刚果王国的一部分。1884 ~ 1885 年，柏林会议将刚果划为比利时国王的"私人采地"，称"刚果自由国"。1960 年 6 月 30 日宣告独立，定国名刚果共和国，卡萨武布当选首任总统。1965 年 11 月 24 日，国民军总司令蒙博托发动政变推翻卡萨武布，自任总统，宣布成立第二共和国，改国名为刚果民主共和国。1966 年 5 月首都改名金沙萨。1971 年 10 月 27 日改国名为扎伊尔共和国。1990 年 4 月实行多党制，并成立第三共和国。1997 年 5 月 17 日，洛朗·德西雷·卡比拉在乌干达、卢旺达等国支持下武装推翻蒙博托政权，自任总统，恢复"刚果民主共和国"国名和独立时的国歌、国旗。

刚果的人口为 940 万（2013 年）。全国有 254 个部族，较大的部族有 60 多个，分属班图、苏丹、俾格米三大族系。其中班图人占全国人口的 84%。主要分布在南部、中部和东部，包括刚果、班加拉、卢巴、蒙戈、恩贡贝、伊亚卡等部族；苏丹人多数居住在北部，人口最多的是阿赞德和孟格贝托两个部族；俾格米人主要集中在赤道密林里。**语言中法语为官方语言，主要民族语言有尼加拉语、斯瓦希里语、基孔果语和契卢巴语。**

居民 45% 信奉天主教，24% 信奉基督教新教，17.55% 信原始宗教，13% 信金邦古教，其余信伊斯兰教。

刚果是一个多河流的国家。全境大小河流 100 多条，其中 2/3 以上属于刚果河水系。

刚果的气候属于赤道型，全年气温平均在 24℃~28℃。全境终年高温多雨，全年温差较小，月际变化不大。但日温差较大，白天骄阳似火。夜间气温下降较快，倍觉凉爽，因而产生"夜为赤道之冬"的说法。

二、 中非有关国家的日常生活礼俗

1. 中非有关国家的服饰礼俗

◇ 加蓬的服饰礼俗

加蓬人的服装艳丽夺目，体现与众不同的异域风情。**妇女的服装通常以纯棉布为材料，制成连衣裙或套装，并有缠头习俗，可用于头顶重物。**妇女以长发为美，她们从小就将头发扎成许多小辫，其不同的发型不仅表明她们的年龄和社会地位，而且也可区别未婚和已婚、未生育和已生育、服丧守孝等不同状况的信息。妇女们也喜欢佩戴首饰。有的佩戴用熟铁和黄铜制成的项圈，有的则戴金银或宝石制品。耳环、手镯和脚镯更是常见的装饰品，与色彩鲜艳的服装相映，给人一种耳目一新的感觉。

◇ 喀麦隆的服饰礼俗

喀麦隆是个多部族国家，从人们的着装上就可以区分他们所属的部族和宗教信仰。富拉尼人是个游牧部族，男人着装非常简单，只有一件长达膝盖的上衣和适用于在草地敏捷行动的紧裤管的袋形裤子，头顶红土耳其帽，手拿赶牲口的棍子，有时候还有一把短剑；妇女身穿宽罩衫，腰间围着一块腰布，从左肩到右臂下也围着一块布，佩戴手镯和耳环。巴蒙族深受穆斯林文化的影响，在服装方面表现得特别显著，男人的裤子以及窄条和方块的料子上都有刺绣。威德昆族人在欧洲人和传教士到来以前，男人围着粗糙的树皮腰布，这种树皮腰布是用红木树的红色颜料染成的；而妇女则在身后披树叶，身前加穗饰来遮住私处。这种穿戴方法在喀麦隆其他许多部族中也很普遍。**随着欧洲人的到来和受外界的影响，在人民中流行着各式各样的服装。**威德昆族男人的服装，从短的腰布和无袖衬衣发展到穿上衣、裤子和长袍；女人的服装，从齐膝的裤子（通称翁多）发展到穿上衣、裙子和宽罩衫。现在男人中最普通的服装（特别是在恩格巴氏族的男子当中）是模仿巴利族和提卡尔族的一种刺绣很多的长袍，配上一条两边分开的四尾裙和一顶黑色拉菲亚便帽，或配饰有无数一寸左右短穗的棉布帽，有时也戴刺绣得很好的本地棉布帽。巴利族男人传统的服装是一种刺绣得很好的长袍，围绕腰间扎上一条分成两片的裙子。再配上一顶便帽，有时在脖子上挂着一串珠子，手腕上戴着象牙手镯；妇女着一块块折叠的布，前后约6寸宽。上述服装的样式现已不再流行，仅仅在传统的节日里才可以见到。

2. 中非有关国家的饮食礼俗

◇ 加蓬的饮食礼俗

在加蓬的乡村，村民常以山药、芋头、芭蕉、木薯为主食；城市居民则食用大米、面包等舶来品。副食多种多样，蕨类、蘑菇等山货，野牛、疣猪、羚羊、大象、野猪等动物肉食均在加蓬人餐桌上司空见惯。油炸田鸡腿是大受欢迎的上等国宴佳肴。另外，加蓬人善于制作味美的汤类，如芳族人喜食的纳尼汤、贡波树叶炖芋头汤等。

加蓬人喜食辣椒。但由于辣椒有刺激性，若主人向客人主动提供辣椒，则被认为是主人不友好。主人一般将辣椒放在旁边桌上，由客人根据饮食习惯自取。客人最好取吃一些，并说一些赞美辣椒味道的言辞，可增进同主人的感情。

在加蓬过着原始渔猎和采集生活的土著人俾格米人可烹饪独特的菜肴，如活烧乌龟、油炸蛇和毛虫等。

◇ 喀麦隆的饮食礼俗

喀麦隆北部居民的食品同南部居民的食品存在差异。南部居民的主食是木薯、谷类、香蕉、芭蕉等。人们将木薯捣碎磨成粉，加水熬成粥状，将西红柿同肉块或者鱼块熬得烂烂的，最后将上述食物混合，晾凉后用手抓食。芭蕉因有腥味，涩口，不能生吃，当地人便将芭蕉晾干磨成粉，加入面粉、鸡蛋和糖制成面包，或者去皮切片用油炸。北部居民的主食是小米、玉米、高粱等。他们将这些粮食捣碎磨成粉，加水调匀，制成蒸糕，同蔬菜一道食用，其味道格外鲜美。

◇ 刚果的饮食礼俗

刚果居民传统主食是木薯、小米和玉米。木薯是一种既耐旱又抗虫害的根茎植物，它能在贫瘠的土地上生长，产量较高。由于木薯内含毒性的氢氰酸，食之过多能引起人的甲状腺肿大，并且会压迫人的气管和血管，所以当地人食用前把它放在水中浸泡一段时间，使氢氰酸尽量溶解在水中。吃木薯方法：一是加工成粉。煮成糊糊，放些青菜，加点盐即可；另一种是把木薯煮熟，捣碎，用芭蕉叶包成团状或条状后再煮，做成味道清香的木薯糕。**刚果人一般将木薯糊与鱼块肉丁一起吃，就能防止缺钙引起的各种疾病。**刚果盛产花生，很多居民喜欢把花生捣碎，做成"花生面包"来吃。有的则把花生同香蕉、木薯粉、辣椒粉拌在一起，加上适量的棕榈油和食盐，做成一种名叫"尤乌马"的食品，香辣可口，既是主食，又当菜肴。大黄蚂蚁被视为至宝。用它制成的蚂蚁酱是一种营养丰富的美味。林区人常捕捉猴子，将猴肉熏熟，蘸着蚁酱吃，蔬菜在当地较为珍贵，主要有黄瓜、茄子、西红柿、辣椒等。刚果有一道名菜叫"上尉鱼"，这种河鱼身上因有 3 条鲜明的黑纹而得名。该鱼的做法有烧烤、油煎、红烧、清蒸等。热带水果很丰富，人们也喜食各种瓜果，每天少不了，而且主妇会用香蕉制作清凉的果冻和香味扑鼻的香蕉酒款待嘉宾。

礼仪习俗

刚果的俾格米人除集体猎取大象、羚羊、野猪、蟒蛇外，还视蜂蜜、乌龟和蚂蚁为"高级食品"。这些"森林之子"体格结实，肢体灵活，对饥渴有着超常的忍耐力，这与他们平时食用这些"高档食品"密不可分。

三、中非有关国家的社交礼仪

1. 中非有关国家的会面礼仪

◇ 喀麦隆的会面礼仪

喀麦隆人讲究礼仪，注重礼节。两人相遇，即使是初次相逢，总是相互热情握手，表示问候和祝愿。关系亲密的朋友相遇，双方常要相互拥抱并贴近对方的面颊，热情地嘘寒问暖，显得异常亲近。在一些少数民族地区，当地居民遇见外国客人时，总是真诚友好地鞠躬致意。以鼓掌表示欢迎，同时讲一些令人愉快与祝福的话。喀麦隆女性遇见外国客人，大多行弯腰屈膝礼。

◇ 刚果的会面礼仪

会面礼仪在刚果是有讲究的。**刚果人在与人会面时，打招呼、握手是**

知识界、机关工作人员、企事业职员及市民普遍礼仪。见到来客，他们彬彬有礼，先是热情打招呼，然后握手致意，对亲朋好友甚至要拥抱贴脸亲吻。在谈话的时候．当地人边谈话边用拇指、食指和中指弹出"达达"的响声表示交谈十分投机。头部上下轻轻摇动，表示对客人所讲的事情怀有异常惊讶的赞美之情。当你被别人介绍时，作为男子应伸出右手来。刚果人较看重身份，如果知道对方的职务与头衔，称呼时要加上以示尊重。在个别部族中，如两位朋友相遇，双方互相先伸出两手，然后躬下身子吹几口气以示问候致意。在城镇进行拜访或约会，要事先联系，以免唐突。

2. 中非有关国家的拜访礼仪

◇ 喀麦隆的拜访礼仪

喀麦隆人非常好客，尤其是对外来客人显得格外热情与友善，同外来客人稍稍熟悉便会真诚地邀请到家做客，倾其家中所有给予招待。喀麦隆人待客的传统主食有大米饭、面饼、甜食等，副食有番茄、辣椒、苋菜、葱头、马铃薯、牛肉、羊肉、鸡肉、鱼、虾等。常见的待客膳食是将牛肉、羊肉、鸡块、鱼块油炸后，拌上番茄、辣椒或者蔬菜，再用火炖熟，浇在米饭上或者用面饼卷着吃，别有风味。

在喀麦隆西部的撒可尼拉族人中还有献蛇迎宾的礼节，非常奇特。当贵宾临门时，主人就会毕恭毕敬地献上一条活蛇绕到客人的脖子上，以示对客人的热情欢迎和衷心祝愿。虽说这种迎宾方式使大多数客人感到恐惧，但客人还必须入乡随俗，向主人表示谢意和感到高兴。

◇ 加蓬的拜访礼仪

加蓬人们非常注重礼节。晚辈见到长辈总是主动打招呼问候，长辈也是彬彬有礼地点头致谢。熟悉的朋友相见，先是热情握手，再互相亲吻对方的面颊。

在农村地区，妇女们见到外来女客，会热情地围着客人转圈跳舞，当地人认为这是他们向客人表达最友好的情感。

加蓬还流行着开玩笑和说笑话的见面礼节，而且越是关系好所开的玩

笑越是放肆。他们认为这是一种感情交流、加深友好关系的方式。当地流行这样一句谚语："开玩笑是炎热时撒在头上的凉水，开玩笑是疲劳时注入的兴奋剂，不仅让人感到精神上的愉快，而且能够带来朋友之间更加真诚相待。"但须注意的是，如果对方没有与你开玩笑，你切不可冒失地说一些出格的笑话。

同加蓬人初次见面，应先作自我介绍，并直截了当地告诉此行的意图。在社交场合称呼人，一般可称呼姓后加职衔，不知对方姓名，可称先生，女士等。

在加蓬人家中作客时，不要随便对着主人打哈欠，脱鞋袜，也不要在房子里东张西望，否则主人会不高兴的。

四、 中非有关国家的节庆与旅游礼仪

1. 中非有关国家的节庆礼仪

◇ 加蓬的节日礼仪

加蓬全国庆祝公历新年和"五·一"国际劳动节。每年 8 月 17 日也是加蓬的公共节假日。另外，天主教徒和基督教新教徒过圣诞节、耶稣受难节、复活节、圣神降临节、万圣节等。伊斯兰教徒过古尔邦节、宰牲节、开斋节等。加蓬法定假日共有 13 天。由于复活节与圣灵降临节与周日重复．还有其他的重复情况，全年实际假日 10 天左右。如果法定假日与周日重复，则不另行补假，除主管部门另行通知外。

◇ 刚果的国节庆礼仪

刚果全国每年最重要的节日是 8 月 15 日，纪念 1960 年国家的独立，这也是国庆日。全国举行大型的庆典活动。1990 年民主化运动之前曾将每年的 8 月 13～15 日定为国庆节，纪念 1963 年 8 月革命的"光荣三天"。从

1978 年起把 3 月 18 日也作为节日，纪念恩古瓦比总统的遇害，现都已取消。**国际上的通用节日，如 5 月 1 日劳动节、3 月 8 日妇女节、6 月 1 日儿童节在刚果也有活动，是法定假日。**刚果（布）劳动党执政时，一度特别重视劳动节。现新增 6 月 5 日为战争纪念日，纪念 1997 年内战爆发。

刚果的民俗节日有 1 月 1 日新年元旦，3 月 24 日耶稣受难日，12 月 25 日圣诞节，还有每年 11 月 1 日的扫墓日（也称死人节）等。在扫墓日，全国放公假一天。举国上下组织各种悼念活动，总统要亲自到首都自由广场烈士墓地敬献花圈，其他领导人也要分别到首都四大公墓敬献花圈。同一天，身穿黑色礼服的普通居民，扶老携幼也要到墓地去，拔杂草，然后摆上供品和鲜花，点上蜡烛，边哭边唱，请上帝赐给死者幸福。这一天还有专门陪伴别人祭奠死者的人，他们受过特殊训练，有专门服装，谁家出钱邀请就上谁家墓前去哭泣、唱圣经、跳风俗舞蹈。

2. 中非有关国家的旅游礼仪

◇ 加蓬的旅游礼仪

加蓬政府重视开发旅游资源，投资 370 亿非洲法郎制定了 1996 ~ 1999 年 4 年发展规划。1998 年，全国有 5 家旅行社，近百家旅馆，旅游投资 7.64 亿非洲法郎，接待游客 19.2 万人次，营业额 139.66 亿非洲法郎，收入占国内生产总值的 3%。

◇ 喀麦隆的旅游礼仪

喀麦隆旅游资源丰富，有"微型非洲"之称。自然风光旖旎，人文景观迷人。闻名遐迩的北方"瓦扎国家公园"，林木葱茏，水草丰美，众多珍禽异兽在这里繁衍生息。东部省的原始森林，广袤苍莽，空气清新，环境静谧，林中猴子攀树觅果，小鸟啁啾枝头。南方著名的海滨城市克里比，椰林随风摇曳，海水轻吻金色沙滩，让人流连忘返。洛贝河瀑布直泻大西洋，风光绚丽。班琼部落有雕梁画栋的传统建筑。**被联合国教科文组织列入人类文化遗产的巴蒙酋长国，更是充满着神秘色彩，令人神往。**然而，喀麦隆的旅游资源大多处于未开发状态。

◇ 刚果的旅游礼仪

刚果有着丰富的旅游资源，刚果河风光闻名天下，壮观的海岸线和热带沙滩，赤道雨林带的动植物群，也都吸引着观光游客。1982 年刚果成立了一个新的部——旅游和环境保护部，布拉柴维尔和黑角被确定为旅游城市。这里有通往欧洲、南非和其他非洲城市的航班，交通方便、设施齐全。刚果河中太阳岛是游客必去的地方。岸上的回音壁公园、大黑石等景区也颇吸引人。布拉柴维尔整洁的市区大道竖有戴高乐像（纪念他在这里发表"布拉柴维尔宣言"）和恩古瓦比纪念碑。内战后又新竖起无头妇女纪念碑，纪念战争中死去的无辜妇女。诸多漂亮的建筑为城市增添了风采。黑角的纪念碑大街是该海滨城市的中心区，这里竖着布拉柴的纪念像，海滨沙滩是该城市的特色，游泳设施不断在改善。

北方位于曼比利河上游的西盆地省的奥扎拉国家公园是难得的热带雨林区野生动植园，近因病毒发作而暂封。奥多旺是北方的重要城市，附近的冯库瓦就建在赤道上，是观赏赤道风光的好地方。南方内地的自然景点要首推位于布昂扎河上的莫古古鲁瀑布，它平均流量每秒 117 立方米。但随着气候的变化而变化。瀑布下游 200 米处有一座中国援建的双拱桥，是观赏瀑布的最佳位置。上游有中刚共建的拦河坝。

五、中非有关国家的婚丧礼俗

1. 中非有关国家的婚姻礼俗

◇ 加蓬的婚姻礼俗

加蓬存在传统婚姻，有许多部族实行一夫多妻制。结发之妻需遵循父母之命，但从娶第 2 个妻子之始，便可本人做主。娶妻要支付女方家不菲的彩礼。结婚后，夫妇以核心家庭方式生活。在现代文明的洗礼下，加蓬的许多夫妇在银行设立了各自的账户，在经济上双方独立。另外，在一些母系社会色彩浓厚的部族，妻子死后，丈夫必须娶其妻姐妹为续弦，否则要将其子女送回外婆家抚养。

◇ 刚果的婚姻礼俗

刚果的部族以大家族为基础，北方部族多是以父系为中心，同一大家族的男女不能通婚；男女婚后所生子女属于父亲及其所在的大家族，父亲对儿女有养育责任，孩子长大后的婚姻全凭父母做主；但是家庭遗产不是传给儿子，而是由叔叔继承。南方部族多以母系为中心，婚姻所生子女归母亲的大家族，父亲对子女没有太多义务；孩子长到几岁后送到舅舅家抚养，并在那里成家立业，成为娘舅家最亲近的后代；如果有人在城里当官或工作，农村亲友进城可食宿在此人家，不能拒之门外。娘舅死后遗产不得传给其子，必须由外甥继承。部族的酋长、族长也均由外甥承袭。

有些地方的青年男女以玉米棒子定亲，男青年向年轻女子求婚时，必须向意中人送上一只烤熟了的鸟，并且说"这只鸟是我亲手打的"。如果姑娘看中了他，就回赠一个玉米棒子，并对他说："这玉米是我亲手种出来的"。

在南方的母系家族中，由于父母所生子女归母亲的大家族，孩子的培养、教育主要靠母亲娘家人，尤其是舅舅。所以孩子长大后男娶女嫁，除了征得父母同意外，还必须取得舅舅同意。男子娶妻不仅要给女方父母家送礼，而且特别要给女方舅舅送礼，否则就违背传统习俗并难以求娶成功。给女方舅舅送礼从男方第一次上门求婚时起，直到婚后生下第一个孩子为止。彩礼就是新娘的标价，没有彩礼就不能成亲。**彩礼有牲口、物品和现金，有的男子拿不出足够的聘礼。就把自己雇给新娘家，为女家干活抵偿彩礼**。支付彩礼是要表达本人的诚意，对部落来说，彩礼具有契约作用，可以保证将来的婚姻幸福。

延伸阅读：

富人多妻的刚果

刚果仍有"一夫多妻制"的风俗，农村中普遍，城市中也有。班图族的婚姻比较自由。姑娘可以同小伙子交往，并有挑选丈夫的权利。她们与某位男子结婚，大多出于自愿。一般传统习俗规定：男女不亲吻，亲族通奸算犯罪，女婿不能与岳母接触。在农村，一夫多妻制现象比较普遍，一个富裕的男子甚至可以娶7~8个妻子。而城市由于人们受的教育多，加上花销大。年轻人特别是年轻的知识分子趋向实行一夫一妻制。现在金钱在婚嫁中的地位越来越重要。男方需要支付日趋高昂的结婚费用。农村女方家庭要的彩礼很多，许多家境贫寒的小伙子往往因拿不出足够的聘礼而打光棍，而那些有钱有势的人，包括当地的一些大、小酋长，每人少则3~5个，多则10多个妻妾。在当地妻妾多少是财富的标志，老婆越多越富裕。有些地区把老婆当作劳动力，男子根本不下田，老婆实际上成了丈夫的奴隶。在北方一些地区还明确规定，妻子是丈夫财产的一部分，丈夫死后，妻子不能改嫁，连同丈夫的其他财产一块由丈夫的兄弟继承。

2. 中非有关国家的丧葬礼俗

◇ 喀麦隆的丧葬礼俗

在巴米累克族中流传着一种观念，认为人的死亡并不意味着生命的结束，死者将通过其继承人而继续生存，**因此，死亡并不是悲伤的事，而是值得欢庆的"喜事"**。酋长去世要组织全村人参加盛大的晚宴，以示庆祝。酋长的墓要安放在一个大圆坟内，坟内放一木制宝座，让其尸体端坐在宝座上，将土埋至头顶。一两年后再取出酋长的头骨，安放在豪华的大厅内做祭器，相传酋长的头骨能观察、通晓、判断一切，是酋长继续活着的象征。

在喀麦隆，铁匠被人们看成有控制风、火、水等自然因素的伟人，铁匠死后，全村要停止劳动一天。

◇ 刚果的丧葬礼俗

在刚果，人们对葬礼极为重视，无论成人或孩子，死后都要举行隆重的葬礼仪式。如果一个人死在城里医院，死者的亲属会聚集在医院的太平间门前，为死者举行驱魔仪式。死者的遗孀或母亲必须绕着医院跑3圈，边跑边喊，同时用土语念叨祝福死者的话语。其他人则用深沉的哀声和粗犷的舞姿来表达各自的哀思。仪式不分昼夜。时间长短，根据当时的情况而定，因为家属要在此时赶制棺木。一俟准备就绪，就举行接尸仪式。待唱歌跳舞的人安静下来，死者亲属轻轻叩敲太平间的房门并问到："你醒了吗?"稍等片刻，得到死者的所谓允许之后，才能打开门进去。接尸仪式的场面十分隆重，棺木置于黑色帐幔围裹的灵车之中，灵车前有警车鸣笛开道，后有死者亲属乘坐的数十辆护灵车队，其场面决不亚于国宾仪仗车队。无论是农村的乡间小道，还是在车水马龙的闹市中心，遇到灵车队经过，所有的车辆和行人都自觉停车驻足让行。即使是同一个方向驶来的车。也必须跟在灵车后面，这种约定俗成的规矩连警车甚至总统的专车也要遵守。倘有人贸然抢行，便会受到公众的严厉谴责。压阵的是妇女唱歌队，她们身着一色的缠腰布，有节奏地唱着哀歌，并不时地击掌和顿足。不过，这种隆重程度常由经济状况和身份而定。

延伸阅读：

隆重的葬礼

在刚果农村，人死后，死者的亲属就在门口不分昼夜地边哭边跳，甚至在地上打滚。村里的人死了，几乎全村的女子都会出来在路旁边哭边跳，守灵仪式也是颇为庄重的。不论城乡，灵柩一般放在离家不远处临时搭起的凉棚下，白天由死者直系亲属们轮流守灵，滴水不进，一律禁食；夜晚由亲友们通宵达旦地唱歌跳舞，同时请穿着盛装的巫师跳舞驱魔降福。翌日凌晨，即进行"起灵"和安葬仪式，随后，亲属好友们驱车回家吃丧饭。一年后才能进行正式安葬，实际上是在土坟上加修坟廓和竖立坟碑。做坟的规模大小主要根据死者家属经济条件及对死者感情深度而定，有的为水泥预制板铺盖，有的用进口黑色大理石雕筑，还有的在坟上加盖小亭台，立一个考究的墓碑。在人死后的一年里，亲属们都要穿素色衣服，不论男女都要剃光头，满一年后再为死者举行"脱黑"仪式。仪式前，要发请帖请亲友们参加，仪式上大家要伴随音乐跳舞，喝饮料、啤酒，吃点心。从这一天起，死者的亲属尤其是年轻妇女，有条件者每天换一身漂亮衣服，换一次发型、项链和耳环，直到第7天为止。

◇ 加蓬的丧葬礼俗

按传统习惯，加蓬人实行土葬。并在下葬之时，举行超度亡灵的仪式。妻子死后，其夫要头缠黑布守灵3天。并且，丈夫需作满3年鳏夫后，才可续弦。

第 十 四 章

南非有关国家的礼仪

　　非洲南部属于高原地带，整体上属于干燥的亚热带气候，博茨瓦纳、毛里求斯、津巴布韦、安哥拉、莫桑比克、利比里亚等南非各国，多是历史悠久和文化古老的国家，其文化传承十分久远，其风俗礼仪丰富多彩。在饮食、服饰、社交与商务活动中，十分重视礼貌礼节，并有很多礼仪上的禁忌。到这些国家参观旅游，先要学习了解当地的礼仪文化，以适应与南非各国人民的友好交往。

一、南非有关国家概况

1. 博茨瓦纳概况

博茨瓦纳是非洲南部内陆国家，南北最长处和东西最宽处均为 965 千米，平均海拔 1000 米左右，东接津巴布韦，西连纳米比亚，北邻赞比亚，南接南非。国土面积为 581730 平方公里。

博茨瓦纳独立前称贝专纳，茨瓦纳人于公元 13 世纪～14 世纪由北方迁居于此。1885 年沦为英国殖民地，称"贝专纳保护地"。1966 年宣告独立，改名为博茨瓦纳共和国，仍留在英联邦内。

2013 年博茨瓦纳全国人口约为 223 万。绝大部分为班图语系的茨瓦纳人（占人口的90%），全国有 8 个主要部族：恩瓦托族最大，约占人口的40%。欧洲人和亚洲人约 1 万人。

博茨瓦纳的国旗呈长形，长与宽比为 3：2，自上而下有淡蓝、黑、淡蓝三个长方形组成，黑色长方形上下有白色宽条。中间横贯一道黑色宽条。上下为两个淡蓝色的横长方形，黑色与淡蓝色之间是两道白色细条。黑色代表博茨瓦纳人口中的绝大部分黑人，白色代表白人等人口中的少数部分，蓝色象征蓝天和水。国旗的寓意是在非洲的蓝天下，黑人和白人团结、生活在一起。《博茨瓦纳共和国国歌》为该国国歌。9 月 30 日是国庆日，也是独立日。

多数居民信奉基督教新教和天主教，农村地区部分居民信奉传统宗教。博茨瓦纳语和英语是通用语言，官方语言为英语。

博茨瓦纳全境处于南非高原卡拉哈里盆地上，地势东高西低，平均海拔 1000 米左右，除东南地区为起伏不平的丘陵地外，其他地区大多平坦。全境可分为 3 个截然不同的地形区：中部和南部是卡拉哈里沙漠；西北部是奥卡万戈三角洲沼泽地；东南部是丘陵地带，平均海拔 1200 米。卡拉哈里沙漠大部分为半荒漠，还有草地和旱生刺槐灌丛，只有西南部多沙丘，是真正的沙漠地区。

博茨瓦纳整体上属干燥的亚热带气候，西部为沙漠、半沙漠气候，但有时也有大陆性极端气候出现。年均气温为 21℃，10 月至次年 4 月为湿季，5～10 月为干季，夏季气温可达 34℃，冬季则可降至 0℃。年平均降水量为 200～600 毫米。博茨瓦纳的降雨量极其多变，严重干旱和饥荒往往持续数年之久。

矿产资源丰富。主要矿藏为钻石，其次为铜镍、煤、钾盐、铂、金、锰等。石油勘探正在进行之中。钻石储量和产量均居世界前列。已探明的铜镍矿蕴藏量为 4600 万吨，煤蕴藏量为 170 亿吨。

哈博罗内是博茨瓦纳的首都，人口 23 万，是全国政治、经济、文化中心。位于东南边境的林波波河上游高地，于 1964 年兴建，是牲畜、羊毛、皮革的主要集散地。年均最高气温为 28.3℃，年均最低气温为 12.9℃。年均气温 20.7℃。该市有政府机构和商业中心，还有一座著名的德比尔矿业公司的金刚石大楼，是全国金刚石的集散地。市内有国家图书馆、艺术馆、教堂和一座高 43 米的大水塔。住宅区则建有一幢幢白色花园式洋房，显得格外洁净雅致。

弗朗西斯敦是博茨瓦纳第二大城市，人口 4 万，是牲畜、羊毛和皮革的重要集散地。市内有大型肉类和乳制品加工厂、皮革厂，以及机械、车辆维修等小型工业。

博茨瓦纳是非洲经济发展较快，经济状况较好的国家之一，以钻石业、养牛业和新兴的制造业为支柱产业。农业收入仅占国内生产总值的一小部分，养牛业为主要农业活动。矿业收入占国内生产总值的 2/5 以上，以金刚石、铜、镍矿的生产与出口为主，金刚石由南非的德比尔斯联合矿业公司与博茨瓦纳政府共同开采，制成品和食品依赖进口。

独立后，博茨瓦纳政府建立了自由市场经济体制，采取优惠措施吸引外资和国外先进技术，经济得到了快速、持续的发展。为了改变经济发展主要依赖钻石的状况，从 20 世纪 80 年代后期开始，博茨瓦纳政府开始推行经济多元化政策，并取得初步成效。以钻石开采为支柱产业的采矿业增长强劲，拉动博茨瓦纳经济继续以较快速度发展。

延伸阅读：

大发钻石财的博茨瓦纳

过去 50 年里经济增长最快的国家是哪个？答案可能会出人意料。不是亚洲四小龙，尽管他们的发展速度也很快；其实这个国家就是博茨瓦纳。

从 1966 年起，博茨瓦纳国内生产总值就保持着世界最高增长速度，世界银行报告显示，这个速度达到了平均每年 7%。博茨瓦纳为什么能取得如此大的成就呢？答案很简单：钻石。自从 1967 年第一次在沙漠中发现了钻石资源，钻石的开采就成了支撑博茨瓦纳经济的支柱。丰富的自然资源加上政府的有效治理，特别是和平机制和市场准则的真正运用，以及在克制官员腐败上的努力，较低的税收，尊重所有权和非国有化，使这个国家的经济保持了长期的良性发展。这些也使得博茨瓦纳从 1966 年的贫困国家到今天发展成了非洲少数经济繁荣的国家之一，人均年收入达到 6000 多美元，货币储备达到了 62 亿美元，名列世界前茅。

博茨瓦纳是非洲最大的畜产品加工中心之一，有现代化大型屠宰场和肉类加工厂。它也是非洲主要旅游国，数量众多的野生动物是主要旅游资源。政府把全国 38% 的国土划为野生动物保护区。

2. 毛里求斯概况

毛里求斯是印度洋西南部岛国，位于马斯克林群岛中央，包括本岛及罗德里格斯岛、圣布兰群岛、阿加莱加群岛、查戈斯群岛（现由英国管辖）等属岛。西距马达加斯加约 800 千米，距肯尼亚的蒙巴萨港 1800 千米，南距留尼汪 160 千米，东离澳大利亚 4827 千米，国土面积 2040 平方千米（包括属岛），海岸线长 217 千米。**毛里求斯起初为火山岛，四周几乎被珊瑚礁所环绕**。沿海多为平原，中部为高地，地势北高南低，海拔平均 200～700 米。小黑河峰为岛上最高峰，海拔 826 米，位于西南部。

毛里求斯原为荒岛，1598 年开始为荷兰人统治，称"毛里求斯"。1715 年被法国占领，改名为"法兰西岛"。1814 年沦为英国殖民地，改回现名。此后，英国从美洲、非洲、印度移入大批奴隶、囚犯和自由民到此垦殖。1968 年 3 月 12 日宣布独立，实行君主立宪制，奉英国女王为国家元首，工党领袖西沃萨古尔·拉姆古兰为首任总理。1992 年 3 月改行共和制，总统为国家元首，首任总统林加度。

毛里求斯属于热带海洋气候，年平均气温为 25℃。沿海地区平均气温 25℃，中央高原 20℃。11 月至次年 4 月为雨季，5～10 月为旱季。年平均降水量沿海 1270 毫米，高原约 5000 毫米。1～4 月常有飓风。

森林资源丰富，30% 的土地为森林覆盖，多桃花心木、黑紫檀木等名贵树种，另外还有多种濒危的动植物资源，如瓶状棕榈。

毛里求斯人口约为 128 万，自然增长率 1.1%。毛里求斯属多民族国家。居民主要由印度和巴基斯坦人后裔（68.4%）、克里奥尔人（欧洲人和非洲人混血）、华裔和欧洲人后裔组成。

国旗自上而下由红、蓝、黄、绿四个平行相等的横长方形组成。《祖国》为该国国歌。国鸟是多多鸟。国庆日是 3 月 12 日。居民中 51% 信奉印度教，31.3% 信奉基督教，16.6% 信奉伊斯兰教，另有少数人信仰佛教。

毛里求斯语言中官方语言为英语，法语亦普遍使用，克里奥尔语为当地人最普遍使用的口语。

延伸阅读：

"大洋都会"路易港

路易港是毛里求斯的首都，有"大洋都会"之称，是全国政治、经济、文化和交通中心。也是一个天然良港，人口 14.4 万，位于主岛西北岸，三面环山，风景秀丽，为全国最大港市，如今也是南印度洋重要的海底电缆站。夏季平均气温 27℃，冬季平均气温 18℃。路易港地处南大西洋和印度洋之间的航道要冲，港口位置优越，是全国进出口货物的唯一门户，是蔗糖和茶叶的出口港。主要工业有船舶修造、机修、炼油、卷烟、食品、日用化工、电子元件、纺织等企业。手工业亦很发达。市内有高等学校、自然历史博物馆、艺术馆、图书馆等文化设施，毛里求斯大学也设在路易港。

毛里求斯经济结构单一，仅生产蔗糖。农业约占国内生产总值的1/8。毛里求斯的粮食以大米为主，但主要依赖进口。虽然为岛国，但毛里求斯的渔业并不发达，依赖日本和澳大利亚的技术援助。工业约占国内生产总值的1/4，制造业产品以纺织品、电子设备、塑料与皮革制品为主。20世纪70年代末，毛里求斯在国际货币基金组织和世界银行的支持下，实行经济结构调整计划，形成以糖业、出口加工业和旅游业为三大支柱的经济格局，经济得到迅速发展。20世纪80年代以来出口加工业从劳动密集型逐步转向技术密集型，力争成为非洲"新兴工业国家"。**20世纪90年代，毛里求斯政府积极实施经济多元化政策，努力改善投资环境，鼓励外国投资，大力发展两岸金融业，并将路易港建为自由港。**目前，金融服务业已成为毛里求斯经济第四大支柱。进入新世纪，毛里求斯政府又开始致力于发展以信息技术和通讯业为核心的新经济，拟将毛里求斯建设成本地区的信息和通讯中心。在"世界经济论坛"最近对全非经济最具竞争力国家的排名中，毛里求斯连续两年居第二位。至2012年，国内生产总值达112.24亿美元，人均国内生产总值为8654美元。

毛里求斯的交通运输以公路为主。没有铁路，毛里求斯政府计划在各大城市间修建单轨铁路网。路易港是毛里求斯唯一的国际商港，1993年被宣布为自由港。**普莱桑斯机场为唯一的国际机场，在非洲机场客流量中排名第六位。**毛里求斯航空公司成立于1967年6月，由毛里求斯政府、罗杰斯航空公司和英、法、印度航空公司合资经营。毛里求斯与英、法、意、德、印度、新加坡、香港、南非、塞舌尔等15家航空公司合作，开辟有20多条国际航线，每周有150个航班。

ℐ. 津巴布韦概况

津巴布韦正式名称为津巴布韦共和国。"津巴布韦"在班图语和当地绍纳语中意为"石头城"。又称鳄鱼之乡。津巴布韦是非洲东南部内陆国，东邻莫桑比克，南接南非，西和西北与博茨瓦纳、赞比亚毗邻，其最西端的一角与纳米比亚相连。

津巴布韦是一个历史悠久和文化古老的国家，是烙着非洲历史强烈印记的南部非洲古国。公元 1100 年前后开始形成中央集权国家。13 世纪卡伦加人建立莫诺莫塔帕王国，15 世纪初王国达到鼎盛时期。1890 年，津巴布韦沦为英国殖民地，1965 年片面宣布"独立"，1980 年同年 4 月 18 日独立，定国名为津巴布韦共和国，穆加贝出任政府总理。

津巴布韦地形以高原为主，全境由三级高原组成，主要有马绍尔高原和马塔贝莱高原，平均海拔 1000 米。分高草原、中草原和低草原 3 种地形。东部伊尼扬加尼山海拔 2592 米，为全国最高点。主要河流有赞比西河和林波波河，均为赞比亚和南非的界河。全国属于热带草原气候，赞比西河沿着大断层造成的一个槽谷，形成津巴布韦同赞比亚之间的西北部边界。1959 年，赞比西河上筑起一个大坝，形成卡里巴水库，为世界上最大的人工湖之一。

津巴布韦属热带草原气候，平均气温 22℃，10 月份温度最高，达 32℃，7 月份温度最低，约 13～17℃。年降水量由东向西递减，由 900 毫米减到 400 毫米。

津巴布韦人口为 1330 万（2012 年），非洲人占人口的 97.6%，主要有绍纳族和恩德贝莱族。欧洲人占 0.5%，亚洲人约占 0.41%。

津巴布韦全国分为 8 个省，下设 55 个区，14 个市镇。8 省名称为：西马绍纳兰、中马绍纳兰、东马绍纳兰、马尼卡、中部、马旬戈、北马塔贝莱兰、南马塔贝莱兰。

英语、绍纳语和恩德贝莱语同为津巴布韦官方语言。

津巴布韦 40% 的人口信奉原始宗教，58% 的人信奉基督教，1% 信奉伊斯兰教。

国旗靠旗杆一侧为白色三角形，正中为一颗红色五角星，星内有一只津巴布韦鸟。右侧为七道平行横条，黑色居中，向上下两边依次为红、黄、绿色。《津巴布韦共和国国歌》为该国国歌。津巴布韦鸟是国鸟。国庆日是 4 月 18 日。

哈拉雷是津巴布韦的首都，是全国最大的城市，人口 187 万，为全国政治、经济、文化中心。11 月气温为 16℃～32℃，4～8 月气温为 7℃～21℃。哈拉雷兴建于 1890 年，原名为索尔兹伯里，海拔 1483 米，气候温和，是全国运输中心，也是全国工商业中心和周围地区物品集散中心。

津巴布韦自然资源丰富，有煤、铬、铁、石棉、金、银、锂、铅、锌、锡、铀、铜等。煤蕴藏量约 270 亿吨，铁蕴藏量约 2.5 亿吨，铬和石棉的储量均很大。水力资源贫乏。森林覆盖面积占全国总面积的 51%。野生珍稀动物品种多。

津巴布韦工农业基础较好。工业制成品向周边国家出口，正常年景粮食自给有余，为世界第三大烟草出口国，经济发展水平在南部非洲地区仅次于南非，制造业、矿业和农业为国民经济的 3 大支柱。

农牧业主要生产玉米、烟草、棉花、花卉、甘蔗和茶叶等，畜牧业以养牛为主。耕地面积 3328 万公顷，农业人口占全国人口的 67%，不仅粮食自给有余，还享有南部非洲"粮仓"的美誉。津已成为非洲主要粮食出口国、世界主要烤烟出口国和欧洲鲜花市场的第四大供应商，农产品出口约占全国出口收入的三分之一。

津巴布韦交通运输以铁路、公路和航空为主，水运主要通过南非的德班港和莫桑比克的贝拉港。铁路通往南非、莫桑比克、赞比亚和博茨瓦纳。铁路总长 4300 千米，其中哈拉雷至达布卡的 300 千米为电气化铁路。公路总长 8.5 万千米，其中 1.9 万千米为国家级公路、1.5 万千米为沥青路面。津巴布韦航空公司有波音 767、737 等客机 10 架，经营至周边国家以及伦敦、法兰克福、悉尼等 10 多条国际及国内航线，有 3 个国际机场。

津巴布韦旅游业发展快速，成为津主要创汇部门。著名风景点为维多利亚瀑布，还有 26 个国家公园和野生动物保护区。

4. 安哥拉概况

安哥拉位于非洲西南部，南北延伸约 1300 千米，东西平均约 1100 千米。安哥拉国土分为两部分，最北端的滨海区卡宾达飞地与安哥拉本土之间被刚果（金）境内的狭长走廊隔开，北面与刚果（布）交界，安哥拉本土北邻刚果（金），东接赞比亚，南连纳米比亚，西濒大西洋。国土面积为 124.6 万平方公里，海岸线长 1650 千米。

安哥拉总人口 2013 年估计约 2070 万。首都是罗安达。国旗旗面由红黑两个平行长方形构成，红在上，黑在下。中央是由齿轮、砍刀和五角星组成的黄色图案。《安哥拉共和国国歌》为该国国歌。国庆日是 11 月 11 日。近 50% 的人信奉罗马天主教，其余的人信奉基督教新教和原始宗教。官方语言为葡萄牙语，各主要部族有自己的语言，居民多数讲班图语。

安哥拉境内大部分地区为海拔 1000 米以上的高原，东高西低，呈阶梯下降。**西部的莫科峰海拔 2620 米，是全国最高峰，也是多数河川的发源地。**沿海为平原，呈带状，平均海拔 200 米。

安哥拉大部分地区属热带草原气候。年平均气温 22℃。仅西南部属干燥与半干燥气候。4～9 月为干季，10 月至次年 4 月为湿季。年降水量从东北高原向西南递减，由 1500 毫米减至 50 毫米。

安哥拉矿产资源丰富，已探明的有石油、天然气、钻石、铁、铜、锰、黄金、钨、钒、铅、锡、锌、铬、钛、煤、石膏、绿柱石、高岭土、石英、大理石等 30 多种。钻石储量约 1.8 亿克拉。森林面积约 5300 万公顷，出产乌木、非洲白檀木、紫檀木等名贵木材。水力、海洋资源较丰富。

罗安达是安哥拉的首都，是罗安达省省府，人口 450 万，是非洲西海岸天然良港之一。罗安达位于安哥拉西北部，濒大西洋本格湾，靠近宽扎河口，港区宽阔。始建于 1576 年，市内有建于 17～18 世纪的圣米格尔古堡和圣佩德罗·达巴拉古堡，还有王宫、天主教堂、博物馆等。有炼油、食品加工、机械制造、冶金、化学、水泥、建材、纺织、造纸和服装等部门。

安哥拉实行市场经济，有一定的工农业基础，工矿业是国民经济的支柱产业。农业仅占国内生产总值的 1/10。粮食作物包括木薯、甘薯、玉米和豆类等，经济作物包括咖啡、棉花、西沙尔麻、棕榈、甘蔗和烟草等。因受本格拉寒流影响，沿海一带捕渔业生产一度比较发达，但由于鱼群日趋减少，捕获量大幅度降低。制造业生产加工食品、水泥、精炼石油、纺织品、钢材等。近年工农业生产有所恢复，但由于长期战乱，基础设施遭破坏，300 余万人沦为难民，安哥拉经济仍面临严重困难。2000 年，为摆脱经济困境，多斯桑托斯总统调整了政府经济班子，加强对经济工作的领导，并与国际货币基金组织签定经济调改计划，经过调整，安哥拉汇率趋于相对稳定，长期的汇率市场双轨制状况有所改善，新货币"宽扎"贬值幅度初步得到控制，关税收入明显增加。至 2011 年，国内生产总值达 100

亿美元，人均国内生产总值达 741 美元，经济增长率为 9.3%。

安哥拉交通运输以公路为主。铁路总长 2800 千米，本格拉铁路全长 1350 千米，与刚果（金）的铁路连接，曾是南部非洲铁路运输干线之一。但多年的战乱铁路运输遭受严重破坏，只有部分路段维持运转。公路总长 7.37 万千米，其中 1.8 万千米为柏油路面。

水运海运船队总吨位 10 万多吨。主要港口罗安达、洛比托和纳米贝等均可停靠万吨级货船。

空运安哥拉航空公司是国际民航组织成员，客货机运输量居非洲第五位。全国共有 32 个机场。与葡、法、意、饿、巴西以及刚果（布）、刚果（金）、津、南非、纳米比亚、圣多美和普林西比等国有定期航班。

5. 莫桑比克概况

莫桑比克位于非洲大陆的东南部，北邻坦桑尼亚，西接马拉维、赞比亚和津巴布韦，西南面是南非和斯威士兰。东濒印度洋，隔莫桑比克海峡与马达加斯加相望。地理区域位于南纬 10°27′到 26°52′，东经 32°12′到 40°51′之间。

莫桑比克全国总人口约为 2289 万人，男女比例基本平衡。

莫桑比克是个多民族国家，全国有 60 多个族体。在语言学上，所有非洲族体大多具有各自的族体语言，但均属尼日尔—科尔多凡语系、尼日尔—刚果语族、贝努埃—刚果语支，即一般而言的班图语系。目前，主要有居于赞比西河以北的马夸人各族、马孔德人和尧人；萨韦河以南有聪加人各族，他们是南非矿工的主要来源；在萨韦河与赞比西河之间的地区居住着绍纳人各族。

1991 年宪法明确规定，莫桑比克共和国的官方语言为葡萄牙语。国家承认各民族语言的重要作用，并将推动民族语言的发展，不断发挥其在日常生活及教育中的作用。

礼仪提醒

莫桑比克是一个宗教多元化的国家。目前，通行莫桑比克全国的宗教有原始的传统宗教、基督教（包括天主教和各种新教等）、伊斯兰教和印度教。

　　莫桑比克的国土形状是南北向狭长，总长达 1750 公里，东西向北宽南窄，北部最宽处达 1100 公里，而南部最窄处仅几十公里。全国 40% 左右的面积处于海拔 200 米以下，海拔高于 200 米的高原、山地约占全国面积的 3/5。

　　莫桑比克的地势从西北向东南倾斜，大致可分三级台阶：**沿海地区大多为低地和平原；西北地区为高原和岛山；介于这两种地形之间的是高地或台地。**

　　莫桑比克水利资源丰富。全国的河流和湖泊面积约占全国总面积的 13% 左右。全国西高东低的地形与地势特征决定了该国的河流全部由西向东流入印度洋。莫桑比克位于南部非洲几条主要的国际河流的下游。与莫桑比克相邻的内陆国家的河流都通过这些河流汇入印度洋。全国水系密集，共有 100 多条大小河流，分别在入海口形成大小不等的海湾。其中较为重要的河流有 25 条，大多发源于邻国。

　　莫桑比克气候宜人，土地肥沃，降雨丰沛。但某些年份会发生水灾，如 1997 年和 2000 年的洪水都造成了，严重的灾害。该国南部地区有定期的干旱季节，但有时也会出现长期的干旱。

　　全国主要气候类型为热带气候，尤其是以热带草原气候和亚热带气候为主。但若更为详细地划分，全国气候有可分为北部的热带季风气候区，中部沿海的热带气候区和南部的亚热带气候区。

　　据初步统计的资料来看，目前莫桑比克全国蕴藏丰富的矿藏有石棉、铁矾土、膨润土（皂土）、黄金、宝石、煤炭、高级花岗岩、陶土、长石、石墨（铅粉）、石膏（硫酸钙）、石灰岩、镍矿、铜矿、铁矿石、瓷土（高岭土）、大理石、云母、钽矿石、萤石、硅藻土、绿宝石、磷灰石、电气石、珍珠岩、硅上（氧化硅）、伟晶岩、铂合金矿、钽铁矿、钛矿石、钻矿石、铬矿石、铝矾土以及天然气等。

延伸阅读：

流行南部非洲的悠感文化

南部非洲的黑人有着独特的良好心态，流行着悠感文化。"悠哉"、"悠闲"、"悠然"、"悠散"、"悠着"、"悠游"、"悠悠"等词，都可揭示悠感文化的特征，南部非洲人生活和工作的种种心态，都显示了他们的悠感文化。独特心态的产生，悠感文化的流行，是由当地独特的地理、历史环境所决定的。历史上，南部非洲远离欧亚、北非等人类活动的中心，生活的节奏一直比较缓慢；这里自然条件太好，不冷不热，花红柳绿，物产丰富，人口不多，即使不生产，靠野味、野果也饿不死。孟德斯鸠说过：自然条件好的地方人都比较懒惰。我们似乎可以换个说法：自然条件好的地方，才有条件悠闲，才可能孕育出悠感文化。

二、南非有关国家的生活礼仪

1. 南非有关国家的服饰礼俗

◇ 博茨瓦纳的服饰礼俗

在博茨瓦纳，日常生活与牛息息相关，虽然天气酷热，但妇女仍喜欢戴一种用牛皮做的帽子——牛角帽。服装、服饰上印有牛的图案。用兽皮制作的服装、服饰是外国游客竞相购买的纪念品。

由于曾经受西方殖民主义的长期统治，西方文化对安哥拉产生了很大影响，因此安哥拉既具有西方文化的特点，又有鲜明的非洲地方特色。

◇ 安哥拉的服饰礼俗

在安哥拉，城市里流行西装，运动服和休闲装。妇女的头发用一条条牛皮捆成二三十条牛皮辫子，头戴牛皮帽子，脖上挂着金项链圈。已婚男子和未婚男子在着装上有些不同，未婚男子衣服比较肥大，已婚男子一般用牛皮包着头。

同时，安哥拉国内各民族一般都有自己的着装特色，比如生活在这里的布须曼人衣着十分简单，男人通常只在下身围一块兽皮，成年妇女系一条皮围裙。

◇ 莫桑比克的服饰礼俗

在服饰方面，莫桑比克也接受了几种文化的影响。在城市和城镇地区，男人们经常穿着西装。所有的政府工作人员一般都身着西装，且多为深颜色的。在城镇的街道或商店里，妇女们往往穿戴用色彩艳丽的非洲花纹布料按西式裁剪的服装。但多数莫桑比克人至今还不赞成服饰习惯的西方化，包括蓝色牛仔裤、披肩发和短裙，等等。许多妇女喜爱穿戴传统的非洲服饰，尤其是在农村地区。她们用一块长布料，将一条肩膀及胳膊以下的身体包裹起来，多数人还穿戴头巾、披肩或包头布，等等。

2. 南非有关国家的饮食礼俗

◇ 博茨瓦纳的饮食礼俗

博茨瓦纳人的主食是玉米、高粱，副食有美味的兽肉、野生植物，还有牛羊肉和各种蔬菜、水果。当地人喜欢吃一种名叫"莫巴蛤蜊"的爬行毛虫，做法是盐水煮、火烤或油炸。在非洲的不少地方，吃饭时有着严格的礼仪，甚至连牛羊鸡鸭的每个部位归谁吃都有规定。**按照博茨瓦纳的习俗，宾客和男人吃牛肉，已婚的妇女吃杂碎，不得混淆，两者分开煮、分开食。**

在博茨瓦纳，每逢国庆或重大节日，新酋长上任通常要开设"百牛宴"，专吃各种牛肉菜；婚礼上要筹办"牛肉婚宴"。

◇ 毛里求斯的饮食礼俗

由于毛里求斯居住有不同的种族，因此便集合了各民族的独特饮食习惯，如印度咖喱、东非烧鸡、英国烧牛肉、客家梅菜扣肉等，岛上也盛产水果和海鲜。毛里求斯人的主食是大米。很多人喜欢用刀叉吃饭。绝大多数人喜食印度饭。南印度人一般喜欢吃鱼。**毛里求斯的蛋挞堪称世界上最美味的蛋挞，就是在普通蛋挞上加上一层精心烤制出的薄脆焦黄色糖霜。**用甘蔗酿的朗姆酒是当地的特产，甜而不腻，口感很好。当地人的喝法是在酒中加入不同的水果，泡制成不同的口味。毛里求斯很多人都穿西装。宗教节日很多，当地传统宗教的稽徒们常在脸部化妆、穿着奇异服饰游行。

◇ 津巴布韦的饮食礼俗

津巴布韦人爱吃毛毛虫。他们一般在 4～5 月份，到森林中去采摘蝴蝶虫，晒干，拿到市场上去卖，剩余的自己食用。在市场上，小贩们高声兜售他们的风味美食，故意把像江米条那样的毛毛虫干嚼得咯咯作响，引得旁观者垂涎欲滴，竞相购买。

◇ 安哥拉人的饮食礼俗

安哥拉人的主食为玉米和木薯，他们还吃高粱、小米、稻谷和小麦等。当地盛产热带水果，不少人家经常以香蕉、芒果、木瓜等为餐。

安哥拉饮食极其富于民族特色和地方特色。安哥拉盛产香蕉，食用香蕉的方法也很多，除了当水果食用外，他们还把香蕉晒干磨成粉制成香蕉糕等，或者火烤香蕉，然后去皮吃，或者油炸香蕉片，或者把香蕉去皮后蒸或煮成泥再浇上用蔬菜、鱼、肉、鸡等制成的浓汁食用。

延伸阅读：

安哥拉人的待客之道

安哥拉人热情好客。如果到安哥拉家中去做客，一进门，经常会看客厅里有一只盛着凉水的大瓷壶或者大瓦罐，当地气候炎热，从户外进入室内，经常口干舌燥，喝上一杯凉丝丝的水，其痛快的感觉是无法用语言来表达的。待客时，安哥拉人会把家中最好的饮食拿出来招待客人。临别时可能还会赠送一些当地的土特产或者民间工艺品作为纪念礼物。

但是商务宴请一般会安排在宾馆或者饭店吃西餐，用餐那时，虽然会摆上各种酒，但是主人并不劝酒，而由客人自己选择。

◇ 莫桑比克人的饮食礼俗

在饮食方面，莫桑比克继承了非洲人、阿拉伯人和葡萄牙人三种饮食风格。**莫桑比克北方以玉米、木薯为主食，南方多吃大米。就全国农村来讲，木薯是最普遍的日常食品。**木薯的非洲语含义是"一切都够了"。营养丰寓的木薯块茎可以像土豆那样烤食、可以磨成粉、可以像水果那样晾干、还可以磨成浆并做成饮料。

三、南非有关国家的社交礼仪

1. 南非有关国家的会面礼仪

◇ 博茨瓦纳的会面礼仪

博茨瓦纳人注重礼节，待人真诚，热情好客。他们遇见外国客人，总是主动问候一声"杜迈格拉"，意思为"先生好"或者"阁下好"；他们或者说一声"杜迈格·妈"，意为"女士好""夫人好""小姐好"。**熟悉的朋友彼此见面，嘴里不停地说着"普拉"，那是发自内心的真诚问候。**

博茨瓦纳人通常行握手礼。身份相仿、年龄相当的人见面，相互先说一声"你好"，然后相互握手表示问候；熟悉的朋友见面除握手问候外，还要相互拥抱和亲吻对方的面颊；关系异常亲密的人握手问候之后，还要双方双手拉着双手，直到谈话结束彼此才会松手；见到长辈，为了表示谦恭和尊敬，总是先用左手握住自己的右手，然后再伸出右手去握对方的手；外来男性客人切勿主动伸手同当地女性握手，也不可单独同女性交谈，更不可对女性显得格外热情。

博茨瓦纳人喜爱结交朋友，认识新朋友交谈一阵后，常常会称兄道弟，并且真诚地邀请你到他家中做客，拿出家中储备的最好食物款待你。

礼仪禁忌：

在与博茨瓦纳交谈时，不能目不转睛地看着对方，那会被误解为灾祸或死神将至。要注意自己的穿着并容忍他们的不拘小节。合影拍照要征得他们的同意。女性游客穿白衣或斗篷，会受到尊重并不易遭遇危险。

◇ 毛里求斯的会面礼仪

毛里求斯人讲究礼貌，待人诚恳。朋友见面都要热情地打招呼，常用的礼节是行握手礼。在国际社交场合，他们多采用国际通用的称谓。**毛里求斯人有一种非常强烈的身份意识。在与他们交往之中千万不要流露出傲慢或恩赐的神态。**另外，毛里求斯没有给小费的习惯。

◇ 津巴布韦的会面礼仪

津巴布韦人注重礼仪，讲究礼节。在社会交往活动中，津巴布韦人一般行握手礼；见到非常熟悉的朋友，不少人会热情拥抱，相互左右各亲吻一下对方的面颊；对待年长者常要弯腰鞠躬致意；在任何场合都流行女士先行的习惯。**津巴布韦人注重语言美，文明用语不绝于耳。**在社交场合采用国际称谓。外国客人称呼津巴布韦人要把姓名和职务连起来称呼。

◇ 安哥拉的会面礼仪

安哥拉是一个礼仪之邦，人们非常注重礼节。晚辈见到长辈总是主动打招呼问候，长辈也是彬彬有礼地点头致谢。熟悉的朋友相见，先是热情握手，再互相亲吻对方的面颊。

在农村地区，妇女们见到外来女客，会热情地围着客人转圈跳舞，当地人认为这是他们向客人表达最友好的情感。

◇ 莫桑比克的会面礼仪

莫桑比克的礼仪形式多样。在莫桑比克，两个男性朋友见面，一般是握手问候，久别重逢时，则相互拥抱。妇女之间的问候方式是亲吻对方的面颊。男女初次见面时，一般是握手，但比较亲近的同事或朋友之间则习惯互吻两腮。莫桑比克人很重视礼仪，在正式场合，无论天气多么炎热，男人也要穿上西装，打上领带，没有条件的就穿上最好的衣服，女子也穿上最漂亮、颜色最艳丽的衣服，带上各式各样的金属饰物。在外交场合采用国际通用的称谓。莫桑比克人们之间的交往淳朴自然。人们很少称呼对方的名字，而是称呼其姓。如果知道对方的头衔、职务的话，就应该称呼他们的职称。

2. 南非有关国家的拜访礼仪

◇ 津巴布韦的拜访礼仪

应邀到津巴布韦朋友家做客，要准时赴约，失约是有辱于主人的行为。要等主人邀请才能入室，切不可擅自闯入。**客人可带一束鲜花送给女主人或主人夫妇，但要交到女主人手中，切忌送给男主人**。主人会用传统饭菜招待客人。主食多为大米饭、面包和各种点心，副食品肉类和各种蔬菜，经过用当地传统的烹制方法，制成各种风味的佳肴。饮料有牛奶、咖啡、果汁和矿泉水等。饭后还要请客人品尝当地的各种热带水果。**进餐时，要真诚地感谢主人盛情款待，这是当地流行的表达对主人尊重的一种方式**。进餐过程中要注意文雅，客人取饭菜时不可一次太多，不可埋头光顾吃好吃的东西而不理睬主人，吃食物或喝汤不可发出声音，不可用嘴去吹热饭菜，不可在嘴里有食物时与主人说话。在津巴布韦，除穆斯林外，当地人也喜爱用各种酒类招待客人，但客人切忌开怀畅饮，酒后失态更被视为不懂礼教、不尊重人的表现。对主人奉送的礼品，客人应当有礼貌地接过来，真诚地向主人表示感谢。

> 津巴布韦人注重仪态美，与人交谈时，不可跷二郎腿，不可因某个兴奋话题而笑得前仰后合。忌讳伸出舌头，当地人认为对着人吐舌头是污辱人的举动。

◇ 安哥拉的拜访礼仪

应邀到安哥拉朋友家中做客。一定要准时赴约，早到或迟到都是不礼貌的行为。进入主人的家门要观察主人是否穿着鞋，要学着主人的做法。**客人要按主人指定的位置就座，精神要集中，不可东张西望，不可对着主人打哈欠**。安哥拉人惯用咖啡、汽水、香蕉汁、茶水和凉水作为待客的饮料。安哥拉人热情好客，招待客人往往倾其家中最好的食物，临别时还要赠送一些当地的土特产或民间工艺品等。需要提示的是，客人与主人交谈时，要避开政治、宗教问题，可以多谈一些他们国家的成就以及人民的勤劳和智慧。

四、南非有关国家的节庆与旅游礼仪

1. 南非有关国家的节庆礼仪

◇ 毛里求斯的主要节日

毛里求斯是把华人春节定为法定节日的国家。独立日和圣诞节是各民族共同的传统节日。毛里求斯的塔莫伊斯人，每年都要举行三次洗礼活动。洗礼前的数日，受洗者男女不得同房，须严格斋戒。洗礼仪式大多在庙宇前举行，洗礼之日每个人要手拿黄花束、肩挂黄花环、身披黄袍聚集于庙宇前，在男巫的带领下点燃巨大的木材堆。受礼人先到"洗礼湖"沐浴，再接受其亲属的"针刺"。**亲属可在受礼人的胳膊、前胸、耳部、下额、大腿乃至舌部扎各种针，数量多达几十或上百根，以示祝福**。针刺后，受礼人要赤脚走过由燃烧的煤渣铺成的小路，完成走火焰的仪式。整个受洗仪式需要一天。仪式程序结束后，受洗者还要邀请众亲属共进晚餐，向亲友表示感谢，共庆受洗成功。

◇ 津巴布韦的主要节日

津巴布韦的主要节日有新年、独立日、非洲日、圣诞节等。凡遇到喜庆节日，妇女均会穿上民族盛装，载歌载舞，气氛非常活跃。津巴布韦人信奉基督教。在农村中，相当多黑人信奉本地原始宗教。此外，大部分部族还保持着图腾崇拜的传统，部族和个人崇拜不同的图腾，以此作为各自的标记。

2. 南非有关国家的旅游礼仪

◇ 博茨瓦纳的旅游礼仪

博茨瓦纳是非洲主要的旅游国，数量众多的野生动物是主要的旅游资源。政府把全国38%的国土划为野生动物保护区，设立了3个国家公园、5个野生动物保护区。主要名胜有：

奥卡万戈三角洲位于西北部，是非洲少数几个保存完好的自然景观之一。奥卡万戈河从安哥拉蜿蜒入境，逐步消失在地下喀斯特洞穴中，形成一个独特的内陆三角洲，溪流潺潺，湖泊澄澈，珍禽鸟兽栖息其间，每年都吸引着成千上万的外因游客前来观光。

乔贝国家公园，是著名天然动物园。位于东北部与赞比亚交界处。占地1.1万多平方千米。园内茂密的原始森林里，栖息着各种成群的非洲动物。

国家羚羊公园，是位于该国南部浩瀚的卡拉哈里大沙漠中，面积约9000余平方千米，建于1932年。这里除南非大、小羚羊、角马等食草动物以外，黑毛狮子甚为有名。

◇ 毛里求斯的旅游礼仪

毛里求斯是世界著名的旅游胜地，旅游为毛里求斯第三大创汇产业，从业人员 18 万人。游客主要来自法国、德国、南非、英国、意大利、瑞士等国。

主要名胜有：黑河山，毛里求斯岛名山，位于岛西南部，紧靠海岸。

庞普勒穆斯植物园，是毛里求斯的古老植物园，在毛里求斯的庞普勒穆斯岛上。

◇ 津巴布韦的旅游礼仪

津巴布韦旅游业获得快速发展，成为主要创汇部门。1999 年，接待游客 240 万人次，收入达 100 亿津元。津巴布韦劳动力总数中有 4.5% 从事旅游业，另有 4% 从事与此相关的行业。全国有 70 多家星级旅馆。2000 年，旅游业面临困难，收入仅为上年的 1/3，56 家旅游机构倒闭，工作岗位减少了 5000 个。同年 7 月，津巴布韦政府启动旅游复苏计划。

津巴布韦遗址是非洲著名古代文化遗址。位于东南部、维多利亚堡东南约 27 千米处。建于公元 6 ～ 8 世纪，占地 725 公顷。**整个遗址是一片相互联系的建筑群，全部用长约 30 厘米、厚约 10 厘米的花岗岩石板垒成（石块之间未用任何黏合剂）遗址包括大围场、卫城和两者之间的谷地。**

维多利亚瀑布是世界最大瀑布之一，是著名游览胜地，位于赞比西河中游。赞比亚人称之为"莫西奥图尼亚"，津巴布韦人则称之为"曼吉昂冬尼亚"，语意均为"声若雷鸣的雨雾"。19 世纪中叶，英国传教士戴维·利文斯通来此"探险"，并以英国女王维多利亚的名字给该瀑布命名。瀑布高 106 米，宽 1600 米，平均流量每秒 1400 立方米，雨季可达 5000 立方米。由"魔鬼瀑布"、"主瀑布"、"马蹄瀑布"、"彩虹瀑布"和被称为"沸腾锅"的"东瀑布"等五部分组成。

延伸阅读：

"旅游天堂"津巴布韦

津巴布韦地处南部非洲高原，有"非洲天堂"之称。境内华恩盖野动物园位于西北边境，占地 14000 平方千米，是津巴布韦最大的野生动物保护区，非洲五大动物狮子、河马、犀牛、豹子和大象出没其间，引人神往……此外，在津巴布韦还有许多其他美丽的景色，如奇石公园，这是哈拉雷重要旅游景点之一，由几块数吨重巨石叠加而成，夕阳西下时景色甚为壮观。而麦拜尔市场则是最能代表津巴布韦民俗的贸易市场，每天早8点到晚8点永远热闹非凡。位于首都西北17千米，可以看到东博夏娃岩洞画，这是津巴布韦最早的岩洞画。在布拉瓦约市以南33千米，是著名花岗岩国家公园，这里有古代的花岗岩山和雕刻，以及大象和豹子出没的野生动物保护区。大津巴布韦石头城古迹位于布拉瓦约东南300千米处，它是南撒哈拉沙漠古代人类最伟大的建筑石城，石头洞穴内的所有摆设都是模仿古津巴布韦国王的官殿所建。

◇ 安哥拉的旅游礼仪

安哥拉重要的旅游区有首都罗安达市及其附近的英洛斯岛和贝拉斯海岸、卡库亚克海岸村落及库依卡马国家公园。该市的圣米格尔古堡耸立于山脊，有筑成不规则多边形的长呷墙，颇为雄伟，从这里可以俯瞰月牙形本枪拉湾全景。坐落在宫殿广场上的纳萨·塞尼奥拉·多卡英教堂和耶稣教会教堂，是17世纪的古建筑。南部的主要旅游点有安哥拉古城木萨米迪什，昔日为黑人5国的城镇。附近还有1957年建造的木萨米迪什自然保护区。

◇ 莫桑比克的旅游礼仪

莫桑比克的主要旅游开发领域有海滩、海洋、野生动物、文化，这里的生活成本低廉。民风淳朴友善，气睽适宜。目前，这些有利条件使莫桑比克强有力地吸引着国际的、南部非洲地区的和本国的游客。因而，在可以预见的未来，重建旅游业部门的前景足令人鼓舞的。

政府还希望将自然保护区和野生动物保护区发展为吸引游客的主要资源。全国绵延亘长的海岸线分布着优良的海滩，这里的热带气候造就了丰富的野生动植物资源，现存的几个著名的历史景点和天性好客的居民也为该国旅游业的开发提供了有利条件。

全国大约10%的国土面积被划为野生动物保护区或公园区，包括国家公园、禁猎区和狩猎区等。该国拥有丰富的野生动物、鸟类和野生植物资源。精美绝伦的珊瑚和鱼类广布在近海海岸，为开发潜水和水下钓鱼提供了绝佳条件。尼亚萨湖是各种热带淡水鱼的乐园，也具有很高的旅游开发潜力。

五、南非有关国家的婚丧礼俗

1. 南非有关国家的婚姻礼俗

◇ 博茨瓦纳的婚姻礼俗

博茨瓦纳有一句流行语："在博茨瓦纳，青年人没有牛是娶不到媳妇的。"结婚聘礼当然非牛不可，女儿出嫁，父母也要送数头牛作为嫁妆。婚礼上男方家还要请宾客吃"牛肉婚宴"。

◇ 津巴布韦的婚姻礼俗

津巴布韦法律允许"一夫多妻"。直到现在，津巴布韦人仍然保持着古老而奇特的婚嫁习俗。当男方去女方家求亲时，要和女方家人商定聘礼的金额。聘礼可以"分期付款"，对于急于结婚而又手头不富裕的年轻人来说，这的确很人性化。结婚聘礼对津巴布韦人来说，往往算是一生中最大的一笔支出。**如果花重金娶回来的妻子"英年早逝"，丈夫还可以去岳父那里哭诉，要求岳父从妻子的姐妹中选一个"替补"。**而按照当地习俗，岳父往往会答应这个请求，至于给哪个女儿，就不是这个丈夫能做主的了。

津巴布韦的通加人盛行服役婚姻，新郎常常要在岳父家服上几年劳役，方能结婚，还要以"罗波拉"（牛或锄）为聘礼。文达人允许姐妹共夫，从父或从舅居住。马拉维人按母系组织社会。

◇ 安哥拉的婚姻礼俗

在安哥拉的沙木辛达，塔巴一带，男子在未婚前要戴帽子，婚后可终生免冠。农村的男女青年的婚姻大事仍操纵在父母手中，尤其是女子的父母要为女儿置办嫁妆花一笔钱财。在安哥拉的许多地方，人死后在入殓前要换上新装，并要化妆成图腾的样子。

2. 南非有关国家的丧葬礼俗

南部非洲人对死亡看得很淡。对死亡的淡然心态表现这些国家在追悼死者的方式很特别。例如，津巴布韦哈拉雷旅旅长迦纳将军 2007 年 6 月因车祸死亡，穆加贝总统致悼词时，讲得追悼会场里笑声一片。人们追悼死者、表达敬意的一个重要之处是追忆死者生前给大家带来的快乐和幽默。

南部非洲艾滋病流行，斯威士兰、博茨瓦纳、津巴布韦是世界上 3 个艾滋病发病率最高的国家。艾滋病死亡者平均每天 500 人，导致平均年龄下降的原因并非仅仅是艾滋病，实事求是地说，艾滋病感染率在下降。真正原因在于它们受西方制裁，缺少外汇，没钱进口药品，导致婴儿死亡率迅速上升。**由于当地人对死亡看得很淡，得了艾滋病、癌症等严重疾病，远不如中国人着急。**这里的艾滋病携带者都表现得十分坦然，生活该怎么过还是怎么过，丝毫没有影响到他们的生存质量，跟健康人一样乐观。

非洲安哥拉北部的席卡帕河流域的部落利用蚂蚁吃尸的习惯，流行独特的蚁葬。人死后，人们用水清洗尸体后，涂上一层蜂蜜，然后把放在木板上的尸体用绳子吊下蚁坑，再围着蚁坑跳起葬礼舞。一至两小时后，死尸只剩下一具白骨骷髅。人们把木板拉起，让死者家属把白骨抬回晒干，保存在木箱中。